U0744383

暨南大学成人教育会计本科系列教材编委会

会计学国家级教学团队系列教材

暨南大学成人教育会计本科系列教材

Cost Accounting

成本会计

罗绍德　肖继辉　主编

暨南大学出版社
JINAN UNIVERSITY PRESS

中国·广州

图书在版编目（CIP）数据

成本会计/罗绍德，肖继辉主编．—广州：暨南大学出版社，2011.8（2022.8 重印）
（暨南大学成人教育会计本科系列教材）
ISBN 978－7－81135－797－4

Ⅰ.①成…　Ⅱ.①罗…②肖…　Ⅲ.①成本会计—成人高等教育—教材　Ⅳ.①F234.2

中国版本图书馆 CIP 数据核字(2011)第 058929 号

成本会计
CHENGBEN KUAIJI
主　　编：罗绍德　肖继辉

出 版 人：张晋升
责任编辑：赵　伟
责任校对：吴彩珍
责任印制：周一丹　郑玉婷

出版发行：暨南大学出版社（511443）
电　　话：总编室（8620）37332601
　　　　　营销部（8620）37332680　37332681　37332682　37332683
传　　真：（8620）37332660（办公室）　37332684（营销部）
网　　址：http：//www.jnupress.com
排　　版：广州市天河星辰文化发展部照排中心
印　　刷：广东虎彩云印刷有限公司
开　　本：787mm×1092mm　1/16
印　　张：17.75
字　　数：418 千
版　　次：2011 年 8 月第 1 版
印　　次：2022 年 8 月第 5 次
印　　数：6501—6900 册
定　　价：42.80 元

总　序

会计作为经济信息系统的重要组成部分和一种国际商业语言，将会计主体的财务信息真实、完整、及时地传递给外部财务信息使用者和内部财务信息使用者，并满足这些财务信息使用者决策的需要，其对政府、投资者、债权人、管理者来说是非常重要的。近年来，我国资本市场的诞生、规范和发展，彻底改变了我国企业传统的财务管理理念与方法，企业的投融资管理面临新的环境、方式和方法。财务与会计执业者所面临的各种外部环境（包括经济、政治、法律、文化环境等）发生了深刻变化，在经济全球化和管理信息复杂化的时代，会计人才不仅应具有较系统、完备的有关我国会计与公司理财等方面的知识和技能，而且还必须具备国际视野，全面掌握国际会计准则，懂得国外主要经济体的相关会计法规、国际资本市场运行规律和其他相关知识与技能。在这种背景下，为了满足会计人员不断学习、及时更新知识的需要，暨南大学会计学系、暨南大学教育学院、暨南大学出版社共同筹划了《暨南大学成人教育会计本科系列教材》，邀请暨南大学会计学系在各个学科具有丰富教学经验、有影响力的专家组成教材编写委员会，组织编写该系列教材，力求推出一套“理论与实务并重，本土化与国际化相融合，能够反映当前学科发展前沿水平，符合成人教育会计学本科特点的精品系列教材”。

“理论与实务并重”就是要针对会计学是实务性很强的经济管理科学这一特点，研究各成教会计教材所涉及的相关理论、方法及其应用，分析每一本教材的特点、难易程度和导读规律，既要讲清楚理论概念，又要设计必要的实例，通过案例教学，培养学生的实操能力。

“本土化与国际化相融合”就是要针对会计准则国际趋同化与财务管理国际市场化等趋势，在教材中充分借鉴国际标准、国外知名企业的先进管理理念和方法，并充分体现中国会计的特色和经验，力争做到本土化与国际化的有机结合。

“能够反映当前学科发展前沿水平”是指本系列教材应该在继承现有教材的优点和特色的基础上，吸收当前相关理论和实务操作的最新研究成果和发展动态，补充和修改相关教材体系与内容，其目的是使教材能够更好地适应新的环境变化、满足学生获取更多知识、增强其专业技能的要求。

成人教育会计本科系列教材建设是一项长期且十分艰巨的任务，多年来我们为此作了不懈努力。我国经济发展与改革日新月异，环境变化多样且复杂，相关理论和实务操作的研究成果不断涌现，由于我们的水平有限，本系列教材不周之处在所难免，恳请读者批评指正。

暨南大学成人教育会计本科系列教材编审委员会

2011 年 3 月

前　言

成本作为一个价值范畴，在社会主义市场经济中是客观存在的。研究成本会计，加强成本管理，促使企业不断地降低成本，运用低成本战略，对于提高企业经济效益具有重要的现实意义。

在成本会计中，成本核算是基础，也是重点。它既是成本分析和考核的依据，又是进行成本预测、成本决策、编制成本计划的前提。因此，我们在构建本书的内容和结构时，是以成本核算作为主线的。

在本书编写过程中，我们结合我国过去几十年来的成本管理工作和成本会计教学的实践经验，吸收中外成本会计学教材的优点，系统地阐述了成本会计的理论和方法。本书的特点是体系完整、重点突出。本书内容涵盖事前成本预测、决策和计划，事中成本控制和事后成本核算、分析三大内容，并对成本核算、成本控制和成本分析进行了重点讲解。

本书由暨南大学管理学院会计系罗绍德、肖继辉主编。其中，第1、12、13、14、15、16、17章由罗绍德教授编写；第2、9、11章由张珊副教授编写；第5、6、7章由罗淑贞副教授编写；第4、7、18章由肖继辉副教授编写；第3、8、10章由杨晓珍硕士编写；全书由罗绍德教授总纂定稿。

作为一部教材，坚持与时俱进，并不断充实和提高，是其生命力的来源。要做到这些，就要广泛吸取广大读者的意见和建议，因此，我们恳求各位读者批评指正，提出宝贵的意见。

编　者

2011年3月

目　录

第一章　导　论

成本会计是基于生产管理的需要而产生，并随着生产力的发展和管理要求的加强而不断发展和完善的。企业的成败，关键在于“成本”和“质量”。企业要在竞争激烈的市场中占有一席之地，并不断地发展，就应该有较低的产品成本和较高的产品质量。因此，企业都应注重成本管理，坚持成本与效益的原则，开源节流、增收节支、控制费用、降低成本，以保证企业经济效益的不断提高。

通过本章学习，应掌握以下内容：

（1）成本及成本会计的基本含义与作用；

（2）成本会计的对象和内容；

（3）成本会计的研究目标；

（4）成本会计的工作组织原则。

第一节　成本会计的概念

成本是商品经济的产物，是商品经济的重要组成部分。成本作为一个价值范畴，在社会主义市场经济中是客观存在的。加强成本管理，努力降低成本，无论对提高企业经济效益，还是对整个国民经济的宏观经济效益，都是极为重要的。

一、成本的基本概念

马克思政治经济学的劳动价值理论、剩余价值理论和企业再生产理论，是市场经济条件下的成本内涵的理论基础，也是会计理论中的一个非常重要的概念。

马克思指出，按照资本主义方式生产的每一个商品 W 的价值，用公式表示是 $W=c+v+m$。如果我们从这个产品价值中减去剩余价值 m，那么，在商品中留下的，只是一个在生产要素上耗费的资本价值 $c+v$ 的等价物或补偿价值，只是补偿使资本家自身耗费的东西。所以对资本家来说，这就是商品的成本。

社会主义市场经济与资本主义市场经济虽有所不同，但两者都是商品经济。在社会主义市场经济中，企业自主经营、自负盈亏，其基本的经营目标就是向社会提供商品，满足社会的需求，同时以产品的销售收入抵偿自己在生产过程中所支出的各种劳动费用，并取得盈利。因此，产品的价值仍由三部分组成：①已耗费生产资料的转移价值（c）；②劳动者为自己劳动创造的价值（v）；③劳动者为社会劳动创造的价值（m）。从理论上讲，前两项构成商品的理论成本。

需要说明的是，以上只是从理论上说明了成本的经济实质和基本内容，但在实务中的开支范围是由国家通过有关法规制度来界定的。在我国成本实务中，为了促使企业加强核算，减少生产损失，把某些不形成产品价值的损失（如废品损失，季节性和修理期间的停工损失），也计入产品成本。对于形成产品价值的费用，如企业的行政管理部门发生的各项费用（如财产保险费），由于大多按时期发生，难以按产品归集与分配，为简化成本核算工作，都作为期间费用处理，直接计入当期损益，从当期利润中扣除，没有分配计入产品成本。这就说明实务中产品实际成本是以产品的理论成本为基础的，但它不完全等同于理论成本。

美国会计学会（AAA）1951 年在《成本概念与标准委员会报告》中对成本的定义为："成本是指为了一定目的而付出的或可能付出的用货币表现的价值牺牲。"该定义强调成本的目的性，即"不同目的，不同成本"，并认为成本是一种价值牺牲且必须具备可计量性。这一定义很宽泛，基本涵盖了所有适用于成本会计的成本类型，同时该定义也很抽象，没有明确说明成本的目的及价值牺牲的具体形态，因而不便于操作。

美国会计师协会（CICPA）1957 年发布的《第 4 号会计名词公告》（Accounting Terminology Bulletin No. 4）对成本作了更具体的定义："成本是指用货币计量的，为获取货物或劳务而支付的现金或转移的其他资产、发行的股票、提供的劳务或发生的负债。成本可分为未耗成本（Unexpired Cost）和已耗成本（Expired Cost）。未耗成本可由未来的收入负担，如存货、预期付费用、厂房、投资、递延费用等；已耗成本不能由未来的收入负担，故应列为当期收入的减项或借记保留盈余。"这里的成本是一种广义的成本概念，它是指为获得某一项资产或劳务所要付出的代价。该定义比 AAA 的成本定义更具体、更具有可操作性，但其外延较小，仅适用于产品成本或者劳务成本。

我国会计学会（1996）对成本的解释是："成本就是企业为实现一定经济目的而耗费的本钱。"

事实上，成本是一个不断发展的概念，随着社会经济的发展和企业管理要求的细密，成本概念的内涵也在不断变化。传统的成本侧重于生产过程中的制造成本，而现在的成本已涵盖了产品生产的全过程，而且也加入了对事前、事中的考虑，根据成本管理职能的扩大，又加入了质量成本、机会成本等内容。

二、成本的作用

成本是企业管理中一个相当重要的概念，其作用表现在以下几个方面：

1. 成本是补偿生产耗费的尺度

作为自负盈亏的商品生产者和经营者的企业，要确保其简单再生产的正常进行，就需要定期从收入中将相当于已耗成本的数额划分出来，用来补偿其资金耗费。同时，已耗成本也是企业确定纯收入的依据，在一定的销售收入中，成本越低，企业的纯收入就越多。可见，成本起着衡量生产耗费的作用，对经济发展具有重要的影响。

2. 成本是综合反映企业工作质量的重要指标

成本指标是一项综合性的经济指标，成本的高低反映着企业各职能部门的工作质量。例如，产品设计的好坏、生产工艺的合理程度、固定资产的利用情况、原材料的消耗节约和浪费、产品质量的高低及供、产、销各环节的工作是否衔接协调等，都可以通过成本直接或间接反映出来。这就要求企业实行全过程和全员的成本管理，以确保经营目标的实现。

3. 成本是制定产品价格的其中一项重要因素

在商品经济中，产品价格是产品价值的货币表现。无论国家还是企业，在制定产品价格时都应遵循价值规律的基本要求，使产品价格大体符合其价值。现阶段，人们还不能正确计算产品的价值，只能通过计算成本间接得到产品价值。因此，成本就成了制定产品价格的重要因素。当然，产品的定价还要考虑一系列其他的因素，如国家的政策及其他经济政策、各种产品的比价关系、产品在市场上的供求关系等，所以成本只是制定产品价格的其中一项重要因素。

4. 成本是企业进行决策的重要依据

努力提高在市场上的竞争能力和经济效益，是市场经济条件下每个企业的目标。而要做到这一点，就必须进行正确的生产经营决策。当进行产品生产决策时，就要在预测价格因素基础上决定生产哪种产品、生产多少产品，产品的成本水平是其中一个非常重要的因素。因为企业要选择毛利比较大的产品，较低的成本可以使企业在市场竞争中处于有利地位。

三、成本会计的发展与含义

成本会计是适应社会经济发展需求而逐步形成和发展起来的，成本会计的理论和实务，也是随着社会经济的发展变化而不断变化的。因而，不同时期成本会计的含义也就不尽相同。

19 世纪末，美国早期研究成本会计的会计专家劳伦斯（W. B. Lawrence）对成本会计作如下的定义："成本会计乃应用普通会计之原理，以有秩序之方法，记录一个企业之各项支出，并确定其所产物品（或所提供劳务）的生产和销售之总成本和单位成本，使企业的经营达到经济、有效而又有利之目的。"这里强调应用会计原理、原则来计算成本，是针对过去应用统计方法计算成本而言的，这也充分反映了当时的历史水准。就当时来说，成本会计刚刚形成，它还是财务会计的一个组成部分。

到 20 世纪中期左右，随着"泰罗制"的广泛实施，会计上提出了与之配合的"标准成本"、"预算控制"和"差异分析"。这一时期的成本会计的含义可引用英国会计专家杰·贝蒂（J. Batty）的表述："成本会计是用来详细地描述企业在计划和控制其资源利用情况方面的原理、惯例、技术和制度的一种综合术语。"成本会计的范围扩大了，它不仅是会计核算与成本计算的结合，而且还包括成本预算和成本控制，从而使成本会计的方法和理论得到了进一步的发展和完善。相对财务会计而言，成本会计已经有了一定的独立性。

第二次世界大战以后，跨国公司大量涌现，企业规模扩大，市场竞争激烈。企业必然要求大幅度降低成本，并把眼光放在生产过程之前，十分重视预测、决策和事前规划。此时，成本会计的含义可引用美国会计学家查尔斯·T. 霍恩格伦的表述："成本会计目前涉及收集和提供各种决策所需的信息，从经常反复出现业务的经营管理直至制定非经常性的战略决策及制定组织机构重要的方针。”

20世纪90年代后，成本会计作为记录企业全部生产成本数据，以提供对外报告和企业产品定价的传统作用依然很大。但是，客观环境要求企业站在战略的高度，培育长期竞争优势以适应激烈的市场竞争，战略成本管理（Strategy Cost Management，简称SCM）逐渐被企业重视，成本会计用于企业决策制定和业绩评价已日益显得重要了。

综上所述，成本会计是会计的一个分支，是以成本为对象的专业会计。成本会计是以成本资料为依据，采用成本预测、成本决策、成本规划、成本控制、成本核算及成本分析的专门方法，对成本资料进行加工整理，为企业管理当局和其他方面提供一个以财务成本信息为主的管理信息系统。

第二节　成本会计的对象与目标

一、成本会计的对象

1．成本会计的对象

成本会计的对象是指成本会计反映和监督的内容。明确成本会计的对象，对于确定成本会计的任务，研究和运用成本会计的方法，更好地发挥成本会计在经济管理中的作用，具有重要的意义。

成本会计（Cost Accounting）是会计的一个分支，同样，成本会计的对象也就是会计对象的一部分，即涉及有关成本、费用的那一部分，而不是会计对象的全部。由于成本会计主要研究物质生产部门为制造产品而发生的成本即产品生产成本，所以，成本会计核算和监督的内容主要是指产品生产成本。另外，不同行业的产品生产工艺和流程、经营业务的特点均不相同，因而成本核算的具体内容也不相同。下面以制造业为例，说明成本会计的研究对象。

制造企业的基本生产经营活动是生产和销售工业产品。在采购原材料的过程中，企业成本会计需要反映和监督各项物资的采购成本情况。在产品的直接生产过程中，即从原材料投入生产到产成品形成的过程中，一方面制造出新的产品，另一方面要发生各种生产耗费。生产耗费包括劳动资料和劳动对象等物化劳动的耗费和工人活劳动的耗费。由于劳动资料，即各种机器设备、运输设备、管道设备等在生产过程中长期发挥作用，其价值随生产的使用而磨损，通过计提折旧的方式，逐渐地、部分地转移到所生产的产品中去，构成产品生产成本的一部分；原材料、燃料等物资作为劳动对象，在生产过程中一次性消耗，其价值也随之一次全部地转移到所生产的产品中去，也构成产品生产成本的一部分；劳动者为自己劳动创造的那部分价值，则以工资的形式支付给劳动者，用于个人消费，这部分工资同样也构成产品生产成本的一部分。因此，在产品生产过程中发生的劳动资料的耗费，劳动对象的耗费及活劳动的耗费就构成了制造业在制造产品过程中的全部生产费用，将这些生产费用分配计入一定种类和数量的产品中，就构成了产品的生产成本。上述产品制造过程中发生的各种生产费用的支出和产品生产成本的形成，是成本会计反映和监督的主要内容。

制造企业为销售产品，在销售过程中需要发生各种费用，如广告费、运输费、业务费等，所有这些为销售企业产品而发生的费用，构成了企业的销售费用。企业行政管理部门为组织和管理企业的生产经营活动所发生的各项费用，如管理部门的办公费、管理人员的工资及福利、管理部门的固定资产折旧等统称为管理费用。此外，企业为筹集生产经营所需资金而发生的各项费用，如借入资金的使用成本、筹资手续费等被叫做财务费用。以上三项费用与企业产品生产没有直接的联系，按规定不计入产品生产成本，而列为期间费用，直接计入当期损益。但是，此三项费用同样是企业生产经营过程中发生的耗费，需要用已实现的产品销售收入进行补偿，因而期间费用也应成为成本会计所反映和监督的内容。

制造业的成本流转过程如图 1－1 所示。

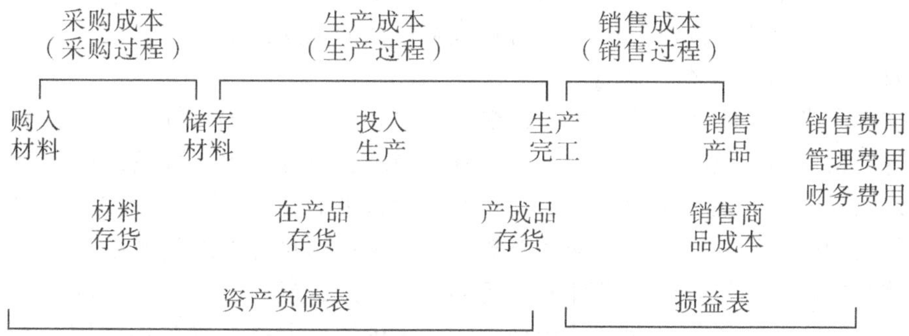

图 1－1 制造业成本流转图

该图的重点是在产品存货账户。这一账户的内容既描述了从投入到产出的转变，也汇集了在生产过程中发生的成本，即直接材料、直接工资和制造费用。所有制造成本都累积到在产品存货账户的借方，这就是成本累积。当产品生产完工时，产成品的成本从在产品存货账户转入到产成品存货账户。当产品出售时，该产品的成本应转入产品销售成本中。在企业生产经营管理过程中，还需要发生不构成产品生产成本的“管理费用”、“销售费用”、“财务费用”等期间费用，全部列入当期损益，以作企业收益及申报纳税之用。

由此可见，可以把制造业成本会计的对象概括为：制造企业生产经营过程中发生的产品生产成本和期间费用。

商品流通企业、交通运输企业、农业企业等其他行业的企业，它们的生产经营过程虽然各有特点，但从总体上来看，它们在生产经营过程中所发生的各种费用，同样是部分形成了企业的生产经营成本，部分作为期间费用计入当期损益。因此，成本会计的对象可以概括为：各行各业企业生产经营过程中发生的产品生产经营成本和有关的期间费用。

2. 成本会计的内容

成本会计的对象就是成本会计反映和监督的内容。成本会计的内容就是成本会计对象的具体化。成本会计的具体内容一般包括三个部分，即建立事前成本预算管理体系，加强事中成本日常控制管理，实行事后成本核算、成本分析和成本考核制度。

（1）建立事前成本预算管理体系。

成本的事前预算管理体系包括成本预测、成本决策和成本计划，它主要是为企业有计划地进行成本管理提供基本依据。

成本预测是根据前期各种历史成本资料和生产经营现状等相关资料对未来的成本水平及其变化趋势进行科学的估计和测算。通过成本预测，可以为成本决策提供重要的依据，为成本计划奠定坚实的基础，是寻找降低成本、节约费用的有效途径。

成本决策是根据成本预测提供的多个可供选择的生产经营成本方案进行可行性研究和技术经济分析，据以作出最优化的成本决策，确定成本目标。进行成本决策，是确定成本目标、编制成本计划的前提。

成本计划是根据成本决策所确定的成本目标，考虑市场及企业本身的生产经营实际情况，具体规划企业在计划期内为完成一定的生产经营任务所应发生的成本费用，并提出为达到此成本费用水平所要采取的各项措施。成本计划是建立成本管理责任制的基础，是成本目标的具体化，是成本控制、成本分析和成本考核的重要依据。

（2）加强事中日常成本控制管理。

成本控制是指在成本的形成过程中，根据成本计划，对各项实际发生或将要发生的成本费用进行严格控制，及时发现偏差，采取有效措施，将各项生产耗费限制在计划或目标成本之内，以保证目标成本实现的过程。企业作为自主经营、自负盈亏的商品生产者和经营者，应贯彻增产节约的原则，加强经济核算，不断提高自己的经济效益。成本控制是成本管理的重要内容，是搞好成本管理的关键环节。为此，成本会计必须以国家有关成本费用开支范围和开支标准以及企业有关计划预算等为依据，严格控制各项费用的开支，监督企业内部各单位严格按照计划和规定办事，防止和克服生产经营过程中超支、浪费和损失的现象，使企业的人力、物力和财力得到充分合理的利用，以达到节约各项消耗、降低成本费用的目的。

（3）实行事后成本核算、分析和考核制度。

事后的成本管理主要包括正确的成本核算、有效的成本分析和合理的成本考核。

成本核算是指按照企业的生产工艺和生产组织的特点及对成本管理的要求，对生产经营过程中实际发生的各种费用，采用规定的成本计算方法，归集分配到一定的成本对象中去，以计算出各成本对象的实际总成本和单位产品成本。及时、正确地进行成本核算，提供真实、有用的成本信息，是成本会计的核心内容。这是因为成本核算所提供的信息，不仅是企业正确进行存货计价、正确确定利润和制定产品价格的依据，同时也是企业进行成本管理的基本依据。在成本管理中，各项费用的监督与控制主要是在成本核算中利用有关核算资料进行的；成本分析和成本考核等也是以成本核算提供的信息为基本依据的。

成本分析是根据成本核算提供的成本数据和其他费用资料与本期计划成本、上期实际成本及国内外同行业成本水平进行比较，确定成本差异，分析产生差异的原因，分清责任，以便采取措施改进生产经营管理，降低成本费用，提高经济效益。通过成本分析既可以发现差异，分清原因，落实责任，又可以认识和掌握成本费用的变动规律，为未来的成本预测和决策及编制新的成本计划提供重要的参考依据。

成本考核是指以成本核算和成本分析为依据对成本计划及有关责任单位和责任人实际

完成成本的情况进行评价。成本考核一般以责任部门、单位或个人为成本责任对象，以成本可控为前提，以责任的归属来考察其成本完成情况，评价其工作业绩并实行奖罚制度。成本考核的目的在于通过分析、总结、评价、奖惩，寻找降低成本的途径，鼓励先进、鞭策落后，进一步调动全体职员的积极性。

综上所述，成本会计的各项内容是一个相互联系、不可分割的体系。其中，成本核算是成本会计的基本内容和中心环节。基于此，本书的主要内容是以生产经营环节最为全面的、典型的制造企业为例，全面、系统地阐述成本核算的基本原理和各种成本计算方法（品种法、分批法、分步法、分类法、定额成本法），以及成本会计其他方面的内容。为了使学习者对成本会计的新的领域有一定的了解，本书还对其中的一种成本方法——作业成本法进行概括性讲述。成本会计的内容体系如图 1－2 所示。

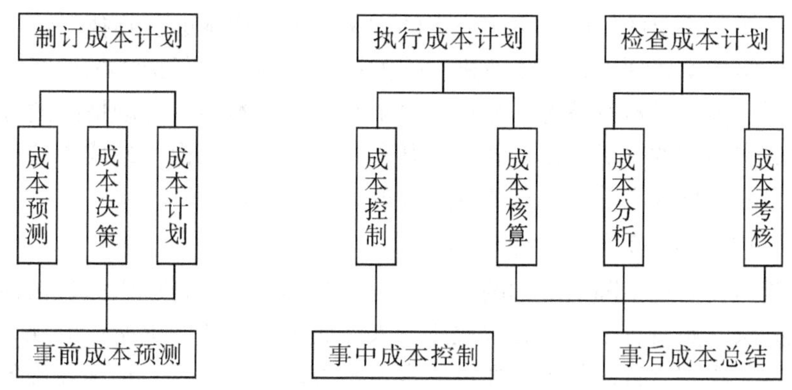

图 1－2 成本会计的内容体系

二、成本会计的目标

成本会计的目标是指成本会计的目的、任务或宗旨。成本会计的目标是会计人员在一定时期内和一定条件下从事成本会计实践工作所追求和希望达到的预期结果。成本会计的目标分为整体目标和具体目标。成本会计的整体目标与企业的整体目标是一致的，即不断地提高企业经济效益。成本会计的具体目标包括以下几个方面：

1．进行成本预测，优化成本决策

成本会计的目标之一，就是通过对成本的预测作出明智的决策，争取企业经济效益的最优化。成本会计人员要根据企业生产技术和财务计划及历史的成本资料，结合市场调查，运用科学的方法，预测计划年度的成本水平，拟出各种成本预测方案，并从中选择最佳的、可行的成本决策方案供企业管理当局作出正确的经营决策，同时为企业编制财务成本计划打下坚实的基础。

2．编制成本计划，加强成本控制

编制科学的成本计划，为成本控制提供依据并采用有效的成本控制方法，保证成本计划的顺利实施。要达到这一目标，企业成本会计人员首先必须制定可行的日常成本控制标准。如制定各种物资消耗定额、费用定额、工时定额，并且根据标准严格控制日常成本费用的发生，消除浪费、减少损失，节约开支。同时要运用先进的、科学的成本控制方法，如标准成本、责任成本、作业成本及战略成本等做好成本控制工作，促使企业不断增强自身竞争力，提高经济效益。

3. 正确计算产品成本，及时提供成本信息

成本会计人员按照成本核算制度的规定计算产品成本和归集经营管理费用是成本会计的日常和基础工作。企业只有正确地计算出产品成本和费用，及时地提供成本费用资料，才能保证盈亏计算和存货估价的正确性，有效地分析和考核成本计划的完成情况，满足管理当局评价各成本责任单位和责任人工作业绩的要求，为下期成本预测、决策和规划提供参考信息。因此，企业成本会计的重要目标之一就是要正确计算成本，及时提供成本信息。

4. 开展成本分析，寻求降低成本的途径

成本分析是按照一定的原则，采用一定的方法，揭示成本的计划执行情况，查明成本升降的原因，落实成本责任人，提出改进工作的措施，寻求降低成本的途径。因此，加强成本分析，包括成本计划执行情况的分析，成本水平和成本结构变动情况的分析，技术经济指标变动对成本影响的分析，以及新产品开发、老产品升级换代的成本分析。挖掘降低成本的潜力，寻求降低成本的途径是成本会计的又一重要目标。

5. 进行成本考核，落实成本责任制

成本责任制是提高职工降低成本的责任心与发挥其在成本管理中的积极性、主动性和创造性的有效办法，是对各部门、各层次执行人在成本方面的职责所作的规定。而成本考核则是责任成本制顺利进行的保证，通过成本考核可以分清责任，正确评价各责任单位的工作，起到鼓励先进、鞭策落后的作用。因此，必须通过成本考核落实成本责任制，把成本管理的好坏和每个人的切身利益结合起来，促使各部门采取有效措施，改进工作，努力降低成本，提高企业经济效益。

第三节　成本会计的工作组织

为了充分发挥成本会计的作用，圆满完成成本会计的目标，企业必须科学地组织成本会计工作。成本会计工作的组织，一般应包括成本会计机构、成本会计人员和成本会计制度等。

一、成本会计工作的组织原则

一般来说，企业应根据本单位生产经营的特点、生产规模的大小和成本管理的要求等具体情况来组织成本会计工作。具体来说，应包括以下几点：

1. 成本会计工作必须与技术工作相结合

成本是一项综合性的经济指标，它涉及多个职能部门，受多种因素的影响。其中，产品的设计、加工工艺过程等技术是否先进、经济上是否合理，对产品成本的高低有决定性的影响。但专职的成本会计人员不可能完全通晓成本耗费所涉及的各个部门的各种技能，

而技术部门的人员又不懂得如何设计才能节约成本，这就造成了成本会计工作和技术工作的脱节，也严重影响了成本会计工作的作用。因此，为了降低产品成本，提高企业经济效益，我们不仅要使技术部门和会计部门共同合作，还要强化技术人员的成本意识，提高会计人员对新技术方面的了解。只有这样，才能使成本管理实现经济与技术的结合，发挥成本会计应有的作用。

2. 成本会计工作必须与经济责任制相结合

成本管理的经济责任制的建立和健全，是进行有效成本管理的保证。企业应在实行成本分级管理的情况下，发挥成本会计工作的核心作用，具体负责组织成本指标的制定和分解落实，日常监督检查，成本信息的反馈和调节，以及成本责任的考核、分析、奖惩等工作。因此，应不断完善从厂部到车间再到生产组的纵向成本会计工作，有效贯彻经济责任制原则。

3. 成本会计工作必须建立在广泛的职工群众基础之上

不断挖掘潜力，努力降低成本，是成本会计的根本性目标。但各种耗费都是在生产经营的各个环节发生的，成本的高低取决于各部门、车间、班组和职工的工作质量。同时，各环节的职工最熟悉本环节生产经营情况，知道哪里最有可能造成浪费，哪里有节约的潜力。因此，我们必须依靠广大职工的力量，强化职工的成本意识，与广大职工建立良好的关系，增强广大职工的参与意识，最大可能地节约成本。

4. 成本会计工作必须树立社会经济效益的整体意识

在人类可利用资源日益稀缺、环境污染日趋严重的情形下，企业在原材料配置等方面应充分考虑避免使用不可再生资源，并对经营产生的噪音污染、水污染、空气污染等做出处理，并将其内容列入企业经营成果的考察范围。在企业利益与国家利益发生矛盾时，应以大局为重，服从国家和人民的长远利益。

二、成本会计机构设置

成本会计机构，是指在企业中从事成本会计工作的职能单位，一般是企业会计机构的组成部分。一般来说，大中型企业应在专设的会计部门中，单独设置成本会计机构；在小型企业中，可以在会计部门中指定专人负责成本会计工作。另外，企业的有关生产车间和职能部门，也可以根据工作需要配备专职或兼职的成本会计工作人员。

企业内部各级成本会计机构之间的组织分工，通常有集中核算和非集中核算两种基本方式。采用集中核算的方式，厂部的成本会计部门要集中处理全厂的成本会计工作。也就是说，成本会计的成本预测、成本决策、成本计划、成本控制、成本核算、成本分析及成本考核都由厂部成本会计机构集中处理，车间等二级机构的成本会计人员只负责登记、汇总原始凭证，为厂部的成本计算工作提供资料。在这种方式下，除厂部成本机构以外的二级单位大多只配备专职或兼职的成本会计或核算人员。采用这种方式，厂部成本机构可以比较及时、集中地掌握全厂的成本信息，便于使用计算机处理成本资料，可以减少核算层次和核算人员。但这种方式不利于实行责任成本核算，不利于基层单位掌握和控制成本，不利于调动全体职工降低成本的积极性。非集中核算方式，也叫分散核算方式，是指企业成本计划的编制、成本控制、成本核算和成本分析均由车间成本会计组或会计核算员进行。厂部的成本会计机构除对车间成本工作进行指导以外，还负责成本数据的汇总和成本预测、成本决策等工作。

非集中核算方式的优缺点与集中核算方式正好相反。究竟采用何种方式比较好，应视企业具体情况而定。企业应根据其规模大小、内部各单位经营管理的要求以及这些单位成本会计人员的数量和素质，从有利于充分发挥成本会计工作的作用、提高成本会计工作效率的角度出发，确定采用哪一种核算方式。一般来说，大中型企业由于规模较大，组织结构复杂，会计人员较多，为了调动各级部门控制成本费用、提高经济效益的积极性，一般采用非集中核算方式；中小型企业为了提高成本会计工作的效率和降低成本管理的费用，应采用集中核算方式。

三、成本会计人员

在成本管理中，根据企业的规模大小、业务繁简，配备适当数量思想品德优秀、精通业务的成本会计人员是做好会计工作的关键。为了充分调动成本会计人员的工作积极性，《中华人民共和国会计法》规定了会计人员的职责和权限。这些职责和权限对于成本会计人员也是完全适用的。

1．成本会计人员的职责

首先，成本会计机构的负责人应该在企业总会计师或财务副总经理的领导下，按照有关财经政策和法规，结合企业本身的实际情况，组织全厂的成本会计工作，执行本企业成本会计制度和核算办法，并督促成本会计人员履行其职责，组织成本会计人员学习专业知识，不断提高成本会计的业务水平，定期考核成本会计人员的工作情况，合理选任成本会计人员，以保证企业成本会计机构有一支知识水平高、业务能力强的成本会计队伍。其次，成本会计人员应该在企业总会计师和会计主管人员的领导下，忠实履行自己的职责，认真完成成本会计的各项工作，并从降低成本、提高企业经济效益的角度出发，参与制定企业的生产经营决策。为此，成本会计人员应深入了解企业生产经营的各个环节，通过成本会计的各种职能，充分挖掘企业控制成本、费用的潜力，参与与成本有关的生产经营管理会议，提出改进企业生产经营管理的建议。

2．成本会计人员的权限

根据成本会计人员的职责，应赋予他们相应的权限。这些工作权限包括：

（1）有权要求企业各单位、职工认真执行成本计划，严格遵守成本会计法规和制度。

（2）有权参与制订企业与成本有关的生产经营计划和各项消耗定额、工时定额和费用定额等。

（3）有权督促检查企业内部各成本责任单位和个人对其责任的执行情况，按其责任完成情况实行物资利益分配。

3．成本会计人员的素质

成本会计人员应该认真履行自己的职责，正确行使自己的职权。在思想品德方面，要求成本会计人员具备脚踏实地、实事求是、敢于坚持原则的作风和高度的敬业精神；在业务素质方面，要求成本会计人员不仅要具备较为全面的会计专业知识，还要掌握一定的生产技术和经营管理方面的知识，以适应经济发展对成本会计越来越高的要求。

四、成本会计制度

成本会计制度是组织和从事成本会计工作必须遵循的规范和具体依据，是企业会计制度的重要组成部分。建立和健全成本会计制度对规范成本会计工作，保证成本会计信息质量具有重要意义。

每一个企业成本会计制度或办法既要符合社会主义市场经济的要求，遵守国家有关方针、政策和法规，与国家颁布的《会计法》、《成本管理条例》、《企业会计准则》、《企业财务通则》及《企业会计制度》保持一致，又要结合企业的实际情况，适应企业生产经营的特点，满足内部经营管理的需要，符合简便易行、实用有效的原则。

制造企业内部的成本会计制度，一般包括如下几个方面的内容：

（1）成本会计工作的组织分工及职责权限。

（2）成本核算的具体规定，包括成本计算对象、成本计算方法的确定、成本项目的设置、生产费用归集和分配方法、在产品计价方法的确定及成本核算的一些基础工作要求等。

（3）成本报表制度，包括成本报表的种类、格式、指标体系、编制方法、报送对象与日期。

（4）成本定额、成本计划与费用预算的编制方法。

（5）成本预测、成本控制与成本分析制度。

本章小结

本章阐述了成本会计的基本理论问题。通过本章的学习，应理解成本会计的基本概念，认识成本会计的对象和目标，了解成本会计的工作组织。

1. 产品的理论成本由三部分组成：①已耗费的生产资料转移价值（c）；②劳动者为自己劳动创造的价值（v）；③劳动者为社会劳动创造的价值（m）。

2. 成本会计的作用：①成本是补偿生产耗费的尺度；②成本是综合反映企业工作质量的重要指标；③成本是制定产品价格的一项重要因素；④成本是企业进行决策的重要依据。

3. 成本会计的对象是指成本会计反映和监督的内容。制造业成本会计的对象是制造业生产经营过程中发生的产品生产成本和期间费用。

4. 成本会计的内容：①建立事前成本预算管理体系；②加强事中日常成本控制管理；③实行事后成本核算、分析和考核制度。

5. 成本会计的目标是指成本会计的目的、任务或宗旨，其整体目标与企业的整体目标是一致的，即不断提高企业经济效益。具体目标包括：①进行成本预测，优化成本决策；②编制成本计划，加强成本控制；③正确计算产品成本，及时提供成本信息；④开展成本分析，寻求降低成本的途径；⑤进行成本考核，落实成本责任制。

6. 成本会计的组织工作主要包括：①成本会计机构设置；②配备成本会计人员；③建立成本会计制度。

主要名词

理论成本　成本预测　成本决策　成本计划　成本控制　成本核算　成本分析　成本考核　集中核算　非集中核算　成本会计对象　成本会计目标

练习与思考

一、单选题

1. （　　）构成商品的理论成本。

A. 已耗的生产资料转移的价值

B. 劳动者为自己创造的价值

C. 劳动者为社会劳动创造的价值

D. 已耗费的生产资料转移的价值和劳动者为自己劳动所创造的价值

2. 成本会计最基本的环节是（　　）。

A. 进行成本预测，编制成本计划　　B. 审核、控制各项成本费用

C. 准确计算成本，提供成本信息　　D. 参与企业经营决策

3. 将成本会计的主要工作集中在厂部成本会计机构进行的方式称为（　　）。

A. 集中工作方式　　B. 非集中工作方式

C. 统一工作方式　　D. 松散工作方式

4. 在成本会计环节中，称为核心环节的是（　　）。

A. 成本计划　　B. 成本核算　　C. 成本预测　　D. 成本分析

5. 马克思理论成本 $c+v+m$ 中 c 指（　　）。

A. 劳动者为自己创造的价值　　B. 劳动者为社会劳动创造的价值

C. 已耗费生产资料的转移价值　　D. 已耗费的劳动对象转移的价值

二、多选题

1. 下列说法中，正确的是（　　）。

A. 成本决策应建立在成本预测的基础上

B. 进行成本决策是编制成本计划的前提

C. 成本考核是进行成本分析和成本控制的依据

D. 成本核算是成本会计最基本的职能

2. 成本会计的内容有（　　）。

A. 成本预测、决策　　B. 成本计划

C. 成本控制　　D. 成本核算与成本分析

3. 成本的作用主要表现在（　　）。

A. 是产品生产耗费的补偿尺度　　B. 是反映企业工作质量的重要指标

C. 是制定产品价格的一个重要因素　　D. 是进行有效决策的重要依据

4. 成本会计的具体内容一般包括（　　）。
   A. 建立事前成本预算管理体系
   B. 加强事中日常成本控制管理
   C. 实行事后成本核算、分析和考核制度
   D. 参与企业的经营决策
5. 企业组织成本会计工作时应考虑的因素有（　　）。
   A. 企业生产经营特点　　B. 企业规模的大小
   C. 会计人员的素质　　D. 企业管理的要求
6. 成本会计组织工作主要包括（　　）。
   A. 设置成本会计机构　　B. 配备成本会计人员
   C. 建立成本会计制度　　D. 正确进行成本核算
7. 成本会计制度设计必须考虑（　　）等法规和制度。
   A.《会计法》　　B.《成本管理条例》
   C.《企业财务通则》　　D.《企业会计准则》

三、判断题

1. 制造企业中的经营管理费用也应作为成本会计的对象。（　　）
2. 分散工作方式有利于进行责任成本的核算。（　　）
3. 总括来讲，成本会计的对象就是产品的生产成本。（　　）
4. 成本会计的组织就是设置成本会计机构和配备成本会计人员。（　　）
5. 企业某一时期实际发生的产品生产费用总和等于该期产品成本总和。（　　）
6. 企业的成本会计机构是独立于企业会计机构的职能部门。（　　）
7. 成本会计的任务是由企业经营管理要求决定的。（　　）

四、简答题

1. 企业理论成本包括哪几部分？
2. 简述成本会计的作用。
3. 成本会计的对象是什么？成本会计的内容包括哪几方面？
4. 成本会计的具体目标包括哪几方面？
5. 组织成本会计工作的原则有哪些？如何组织成本会计工作？

第二章　成本会计的基础工作

成本是衡量企业经济效益的重要指标，也是会计核算的基本内容之一。为了健全成本管理，科学组织成本计算，企业必须做好一系列成本会计的基础工作，以确保成本核算顺利地开展。本章将介绍成本核算的基本要求，成本费用的分类以及成本计算的一般程序。

通过本章学习，应该掌握如下内容：

（1）成本核算的作用；

（2）成本会计的基础工作；

（3）成本费用按经济内容的分类；

（4）成本费用按经济用途的分类；

（5）成本核算的基本程序。

第一节　正确划分费用界限

一、成本核算的作用

在成本会计的各种职能中，成本核算是最基本的职能。它是对生产经营过程中所发生的各种费用，按照一定的对象和标准进行归集和分配，以计算各个成本对象的总成本和单位成本的一项工作。成本核算是成本会计的核心，成本核算资料是成本分析和成本考核的重要依据。工业企业通过成本核算，可以反映和监督各项费用支出，促使企业加强成本管理，努力降低成本费用；可以分析和考核成本计划的执行情况，科学地进行成本的预测和决策；可以为企业产品的定价提供重要的依据，参与企业生产技术和经营管理的决策；还可以为企业计算利润及利润分配提供数据。

加强成本核算，对于企业寻找降低成本费用的途径、增加利润、提高经营管理水平，具有重要的现实意义。成本核算的作用体现在算管结合，算为管用。

成本核算是成本管理的重要手段，因此，成本核算应满足成本管理的要求，并与企业的成本管理相结合，为企业管理和决策所用。

进行成本核算，首先，要依据国家的有关法规和制度，以及企业的成本计划和消耗定额，对企业发生的各项费用进行审核，看是否符合开支的规定和标准，对于符合规定的开支，看是否应计入产品成本。脱离定额或计划的费用差异，应进行分析和反馈。对于不符合规定的开支，不合理的超支、浪费或损失要坚决制止；已无法制止的，应追究当事人的责任，并采取措施杜绝再次发生；对于定额或计划不符合实际情况而发生的差异，应按规定程序及时修订定额或计划。其次，进行成本核算，要对生产过程中已经发生的各项费用进行归集和分配，计算出产品的实际成本。成本计算必须准确、及时，以便为成本分析和考核提供资料。在成本计算中，既要防止为算而算，搞烦琐哲学，不注重核算效益，也要防止片面的简单化，不能满足成本管理的需要。成本计算必须从管理要求出发，繁简恰当，粗细合理，既算又管，算为管用，算管结合。

二、正确划分费用界限

为了正确地核算生产费用和经营管理费用，正确地计算产品的实际成本，必须严格划清各种费用界限，确保成本核算的准确性。

1. 正确划分计入产品成本与不计入产品成本的费用界限

在企业的日常经济活动中，可能发生各种各样的支出。支出是指企业的一切开支及耗费。一般情况下，企业的支出可分为资本化支出、费用化支出、营业外支出和利润分配性支出四大类。

资本化支出（Capital Expenditure）是指支出的效益惠及多个会计年度（或营业周期）的支出，如企业购置和建造固定资产、购买无形资产以及对外投资的支出等。

费用化支出（Revenue Expenditure）是指支出的效益仅惠及本会计年度（或营业周期）的支出，如生产过程中发生的原材料消耗、职工工资和福利费、制造费用及期间费用的支出等。

营业外支出（Non-operating Expenditure）是指与企业的生产经营活动没有直接关系的支出，如罚款支出、捐赠支出等。

利润分配性支出（Profit Distribution）是指利润分配环节所发生的支出，如所得税支出、股利分配支出等。

为了正确计算各期产品的实际成本，必须划清计入产品成本与不计入产品成本的费用界限。一般应包括如下内容：

（1）企业用于产品生产的生产费用，应计入产品成本。与生产经营业务无直接关系的营业外支出不应列入产品成本，应该计入当期损益。

（2）用于购建固定资产、无形资产的支出不应在发生当期直接计入产品成本，而应先将其资本化，然后分期计入产品成本或期间费用。

（3）利润分配中发生的分配性支出已退出企业资金的循环过程，也不应列入产品成本。

总体来看，当期部分收益性支出和当期分摊的前期资本性支出，以及一些应计费用是构成当期产成品成本的主体。企业在进行产品成本核算时，如果把不应计入产品成本的支出计入了产品成本，会造成成本的虚增，利润会减少，进而减少国家的财政收入；如果把属于产品成本的支出不计入产品成本，则会造成少计成本，虚增利润，超额分配，不利于补偿已消耗的生产资料价值，影响企业再生产的顺利进行。因此，无论是多计成本还是少计成本，都会影响成本计算的正确性，企业必须正确划分计入产品成本与不计入产品成本的费用界限。

2. 正确划分生产费用与期间费用的界限

企业发生的费用，并不都是成本费用。生产费用是在一定期间内为了生产产品所发生的，按规定应计入产品成本的各种耗费。生产费用主要包括产品生产过程中发生的直接材料费用、直接人工费用和应分摊的制造费用等。企业的生产费用，应计入产品成本。产品成本要在产品完工（或劳务提供）并在收入实现以后才转化为费用，计入企业的损益。

期间费用包括为管理和组织企业生产经营活动而发生的管理费用、为筹集生产经营所需资金而发生的财务费用，以及由于产品销售发生的销售费用，这些费用不应计入产品成本，而应直接计入当期损益，从当期利润中扣除。

为了正确计算产品成本，必须分清哪些支出属于产品的制造成本，哪些应作为期间费用。防止混淆两者的界限，将某些期间费用计入产品成本，或者将产品的制造成本计入期间费用，夸大或少计产品的成本，借以调节各期损益的错误做法。

3. 正确划分各个会计期间的费用界限

会计分期假设是会计核算的基本假设之一。按照该假设的要求，企业应该定期编制报告以反映各期间的财务状况与损益，这也包括成本核算。为此，成本核算必须划清各个月份的费用界限。本月发生的成本、费用，应在本月内入账，不得延至下月入账，企业不应在月末提前结账，变相地把本月成本、费用的一部分作为下月成本、费用处理。企业应按照权责发生制原则的要求，正确核算待摊费用和预提费用，对于本月支出的，但属于以后各月受益的成本、费用，应记作待摊费用（受益期超过一年的预付费用，记作递延资产），分期摊销分配并计入以后各月的成本、费用；对于本月虽未支付，但本月已经受益的成本、费用，应记作预提费用，预先计入本月的成本、费用，到实际支付时予以冲销。企业要防止利用费用待摊和预提的办法，人为调节各月的产品成本和经营管理费用，任意操纵各月损益。

4. 正确划分各种产品的费用界限

为了便于分析和考核产品成本计划的执行情况，对于计入本期产品成本的生产费用，还应该在各种产品之间进行合理划分。属于某种产品单独发生，能够直接计入该种产品成本的生产费用，应该直接计入该种产品成本；属于几种产品共同发生的费用，不能够直接计入某种产品成本的，应该采用适当的方法，分配计入各种产品成本。

划分各种产品的费用界限时，应该特别注意划清盈利产品与亏损产品、可比产品与不可比产品、征税产品与减免税产品之间的费用界限。防止在盈利产品与亏损产品之间、可比产品与不可比产品之间任意调节生产成本，以盈补亏、掩盖超支、弄虚作假和粉饰业绩。

5. 正确划分完工产品与在产品之间的费用界限

月末计算产品成本时，如果某种产品已全部完工，那么，已分配到这种产品中的生产费用之和，就是这种产品的完工产品成本；如果某种产品月末没有完工产品，这种产品的各项生产费用之和，就是这种产品的月末在产品成本。但是，当产品生产周期与会计核算期不一致时，往往出现月末某种产品一部分已经完工，另一部分尚未完工。这时，应当采用适当的分配方法，把这种产品的生产费用在完工产品与月末在产品之间进行分配，分别计算出完工产品成本与月末在产品成本。要防止通过月末在产品成本的升降来人为调节完工产品成本的错误做法。

在进行以上五个方面费用界限的划分时，应贯彻受益原则，即何者受益何者负担费用，何时受益何时负担费用，负担费用多少应与受益程度大小成正比。这五个方面界限的划分过程，也是产品成本的计算过程。

第二节　做好各项基础工作

成本核算工作的顺利开展需要前期的准备工作，包括各种计量、记录和考核制度的建立。为了加强成本审核、控制，正确、及时地计算成本，企业还应做好以下几项基础工作：

一、科学合理地确定财产物资的计价和价值结转的方法

工业企业拥有的财产物资，有相当一部分是生产资料，它们的价值会随着生产过程的进行而转移到产品成本中去。因此，这些财产物资的计价和价值结转的方法会直接影响产品成本的计算。例如，涉及固定资产的计价和价值结转有固定资产原值的计算方法、折旧方法、折旧率的高低、固定资产修理费的入账方法等。涉及流动资产的计价和价值结转则更为复杂，有低值易耗品和包装物的计价及摊销方法、摊销期限；材料采购成本的构成内容，材料按实际成本核算时发出材料单位成本的确定（先进先出法、后进先出法、加权平均法、移动平均法、个别计价法等）；材料按计划成本核算时材料成本差异率的种类（个别差异率、分类差异率、综合差异率等）及计算，材料成本差异的按期结转并将计划成本调整为实际成本；还有固定资产与低值易耗品划分标准的确定等。

对于这些财产物资的计价和价值结转，应制定既科学合理又简便易行的方法。国家有统一规定的，应采用国家统一规定的方法，以方便各企业产品成本的对比。方法一经确定，应保持相对稳定，不得任意改变。

二、建立和健全客观的原始记录和凭证制度

原始记录（Original Document）是对企业生产经营管理活动中的具体事实所做的最初的书面记载，它是成本核算的第一手材料，是预测成本、编制成本计划、组织成本核算、分析消耗定额和成本计划执行情况的依据。如果企业成本核算的基础工作不扎实、不完善，就不可能提供正确的成本资料，成本核算就没有实际意义。为了满足成本核算的要求，符合各方面管理的需要，企业应制定相应的原始记录，使之既简便易行，又科学有效。常用的与成本核算相关联的原始记录主要有工时记录、产量记录、财产物资收发领用的原始记录、有关费用支出的原始记录等。

企业必须建立健全原始记录和凭证制度，做好原始记录的登记、传递、保管和审核工作，落实责任人。企业还应该明确各种原始凭证的填制方法、传递程序、处理要求以及审核和保管要求，以便正确、及时地为成本核算和其他有关方面提供资料和信息。

三、建立和健全科学的定额管理制度

定额（Quota）是指企业在一定的生产技术和设备条件下，对生产经营活动中消耗的人力、物力和财力所制定的消耗标准和应达到效能的水平。它主要包括：生产工时定额、机器工时定额、材料消耗定额、燃料动力消耗定额等。定额管理制度是指以定额为依据，制订生产计划、组织生产、控制消耗的一种科学管理制度。

定额不仅是企业编制成本计划、进行成本控制和分析考核的依据，而且是企业开展全面经济核算，加强成本管理的基础。有时，在计算产品成本时，需要根据原材料定额和工时的定额消耗量或定额费用作为分配实际费用的标准。因此，定额是衡量企业工作数量和评价企业工作质量的客观尺度。

制定定额的方法一般有统计分析法、技术分析法和经验估计法等。统计分析法是指根据统计数据资料，在分析比较的基础上制定定额的方法。技术分析法是指通过技术测定和技术计算，结合生产实践经验及可能采用的技术组织措施制定定额的方法。经验估计法是指由生产工人、技术人员和定额管理人员一起，以过去的经验为依据，参考有关技术文件和资料制定定额的方法。不管采用哪一种方法，企业均应根据当前的设备状况、技术水平、职工素质等因素来综合分析，制定既先进又可行的定额。定额制定以后，如果技术、劳动生产率等方面的条件发生变化，应及时修订定额，以保证定额水平的先进性和合理性，调动职工完成定额的积极性，充分发挥定额管理的作用。

四、建立和健全存货计量、验收、领退和盘点的制度

成本核算依据的各种原始数据，主要是反映企业各项财产物资增减变动的数量资料。为了保证财产物资在实物数量上的真实可靠，必须建立健全财产物资的计量、验收、领退和盘点的制度。它们是企业加强定额管理和成本控制的基本条件。

建立计量验收制度，首先，必须在思想上提高认识，没有准确的计量，便不能提供准确的数量和实物消耗资料，从而使成本核算失去真实的数据基础，成本管理也就无从谈起；其次，必须根据不同的计量对象，配置必要的计量工具，而且对计量工具要做好管理和定期校验工作；再次，要设立专职的质验机构和责任人，以明确计量责任，同时应有审核制度；最后，计量工作不仅要保证数量的准确，而且要注意对质量的检验。

为了保证计量的准确性，企业必须做好对原材料、在产品、半成品、产成品等各项财产物资的收发、领退、转移、报废和清查盘点工作，建立健全审批手续，填制必要的凭证，防止任意转移、丢失、积压、损坏变质和被贪污盗窃。保证账实相符，保证成本计算的正确性。

五、建立企业内部结算制度

对于规模较大、组织结构复杂、计划管理基础较好的企业，为了分清企业内部各部门的经济责任，便于分析和考核内部各部门的成本计划完成情况，应该制定合理的内部结算价格，建立企业内部结算制度。

内部结算制度是指企业内部各部门、车间相互提供原材料、燃料、动力、半成品、产

成品和劳务等，按规定的内部结算价格进行内部转账结算的制度。

制定企业内部结算价格（Internal Price），通常采取三种方式：一是采用生产单位的计划成本作为企业内部价格；二是以生产单位的计划成本加上一定的内部利润作为企业内部价格；三是按内部供需双方协商确定的价格作为企业内部价格。企业内部结算价格，应由企业管理当局根据管理的需要统一制定，无论采用哪种方式制定，都应尽可能接近实际并保持相对稳定，年度内一般不作变动。

企业制定了内部结算价格，对于内部各单位的材料领用、半成品转移、劳务提供，都应先按计划价格结算，月末再按一定的方法计算价格差异，据以调整计算产品实际成本。这样既可以加速和简化核算工作，又可以分清内部各单位的经济责任。

六、适应生产特点和管理要求，采用适当的成本计算方法

产品的生产过程同时也是产品成本的形成过程。产品生产组织和工艺特点不同，以及管理的要求不同，决定了企业应选择不同的成本计算方法。产品生产的特点主要表现在产品的生产工艺过程和生产组织方式两方面。从生产工艺过程的特点看，有单步骤生产和多步骤生产，多步骤生产又可分为装配式多步骤生产和连续式多步骤生产。从生产组织方式的特点看，有大量生产、成批生产和单件生产。成本管理的要求主要表现为对主要产品要求提供详细的成本信息，对次要产品可以提供简要的成本信息，详略要适当。企业选择成本计算方法时，应适应各种类型生产的特点和与其相适应的管理要求。

第三节　成本费用的分类

工业企业生产经营过程中的费用种类繁多、用途各异，为了科学地进行成本管理，便于归集、分配、计算各项费用，正确分析和考核生产费用计划和产品成本计划的执行情况，有必要对这些费用进行合理分类。其中，最基本的是按照经济内容和经济用途来划分。

一、按经济内容分类

企业在产品的生产经营过程中，所发生的费用主要体现为生产资料和劳动力的消耗，该种费用的消耗体现其包含的经济内容，费用按照经济内容进行的分类，在成本会计中称为费用要素（Expense Element）。为了更详细、具体地反映工业企业各种费用的内容及消耗水平，还应在此基础上，将工业企业的费用进一步划分为八个费用要素。

1. 外购材料

外购材料（Purchased Material）是指企业为进行生产经营而耗用的一切从外部购进的原料及主要材料、半成品、辅助材料、包装物、修理用备件和低值易耗品等，不包括在建工程和福利部门耗用的材料。

2. 外购燃料

外购燃料（Purchased Bunker）是指企业为进行生产经营而耗用的一切从外部购进的

各种燃料，包括固体、液体和气体燃料，不包括在建工程和福利部门耗用的燃料。

3. 外购动力

外购动力（Purchased Power）是指企业为进行生产经营而耗用的一切从外部购进的各种动力，如电力、热力（蒸汽）等，不包括在建工程和福利部门耗用的动力。

4. 职工薪酬

职工薪酬（Salary）是指企业因职工提供劳务而支付给职工的各项报酬及计提的各种福利（包括五险一金）。

5. 折旧费

折旧费（Depreciation）是指企业按照规定计算的应计入生产经营费用的固定资产折旧费用。

6. 利息费用

利息费用（Interest Expense）是指企业应计入财务费用的银行借款利息费用减去利息收入后的净额。

7. 税金

税金（Taxation）是指企业应计入经营管理费用的各种税金，包括房产税、车船使用税、印花税、土地使用税等。

8. 其他费用

其他费用（Other Expense）是指企业发生的不属于以上各要素的费用，如办公费、水电费、邮电费、差旅费、修理费、租赁费、外部加工费、保险费、劳动保护费、检验费等。

按照费用的经济内容进行分类核算的作用有：

(1) 可以反映工业企业在一定时期内发生了哪些费用，数额是多少，据以分析企业各个时期各种费用的构成和水平，加强费用管理。

(2) 这种分类反映了企业在生产经营中有关外购材料、外购燃料及支付职工工资情况，为企业核定材料储备定额、编制材料采购计划和劳动工资计划提供依据。

(3) 它还可以为计算工业净产值和国民收入提供资料。

工业企业费用的这种分类也有不足之处，它不能反映各种生产经营费用的经济用途，不便于分析各项费用的支出是否合理。因此，在此分类的基础上，还必须进一步按其经济用途进行分类。

二、按经济用途分类

工业企业的各种费用按其经济用途分类，首先分为计入产品成本的生产费用和不计入产品成本的经营管理费用。其中，应计入产品成本的生产费用在生产过程中有的直接用于产品生产，有的间接用于产品生产。因此，有必要把这些用途不同的生产费用进一步划分为若干个项目，即产品生产成本项目，简称产品成本项目或成本项目（Cost Item）。工业企业一般应设立以下五个成本项目：

1. 直接材料

直接材料（Direct Material）是指直接用于产品生产，构成产品实体的原料、主要材料及有助于产品形成的辅助材料。具体有：原材料、辅助材料、设备配件、外购半成品、燃料、动力、包装物、低值易耗品及其他直接材料。

2. 燃料与动力

燃料与动力（Bunker and Power）是指企业为生产产品所发生的各种燃料和消耗的动力及电力成本。在当今高科技时代，生产过程的机械化和自动化都要消耗大量的燃料和动力。为了正确地计算和考核产品生产过程中所消耗的燃料和动力，有必要将生产过程中消耗的燃料和动力成本单独作为一个成本项目反映。

3. 直接人工

直接人工（Direct Labor）是指企业直接从事产品生产人员（工人）的工资、奖金、津贴和补贴，以及按规定为直接从事产品生产人员（工人）计提的各种福利费。车间生产管理人员的工资及福利费用是计入“制造费用”的。

4. 制造费用

制造费用（Manufacturing Overhead）是指直接用于产品生产，但不便于直接计入产品成本，因而没有专设成本项目的费用，如机器设备的折旧费、修理费、低值易耗品摊销费、设计制图费、实验检验费等，以及间接用于产品生产的各种费用，如机物料消耗、车间管理人员的工资及福利费、车间厂房的折旧费、修理费、劳动保护费、办公费、水电费等。

5. 废品损失

废品损失（Spoiled Goods Losses）是指企业在生产过程中，产出了不符合产品质量要求的废品所产生的损失，包括可修复废品发生的修复费和不可修复废品的全部生产成本。为了计算和考核企业因产生废品而造成的损失，这一损失应由当期生产的合格品负担，所以废品损失就构成了合格品产品的生产成本的一个项目。

这种分类方法可以明确地反映产品成本中各种生产耗费的水平与构成，从而有利于加强成本监督、成本控制、成本分析和业绩考核。

成本项目的设置，应根据企业的生产特点和成本管理的要求来确定。但是同行业的成本项目应尽量一致，以便于比较。在确定或调整成本项目时，应考虑几个因素：一是这项费用在管理上是否需要单独反映；二是这项费用在产品成本中所占比重是否较大；三是为这项费用专设成本项目所增加的核算工作量的大小。如果企业在生产过程中发生的废品损失占产品成本的比重较大，在管理上需要单独反映就需要专设“废品损失”成本项目；有的企业在生产过程中产生的废品较少，发生的废品损失占产品成本的比重也较小，可以不必单独设立“废品损失”成本项目；有的企业在工艺上需要耗用较多的燃料和动力，则可以单独设立“燃料及动力”项目；有的企业在工艺上需要耗用较少的燃料和动力，则可以不单独设立“燃料及动力”项目。

第四节　成本核算的程序

制造业的成本核算涉及的内容广泛，是一项复杂的工作。按照不同的工艺过程和成本管理要求，采取的核算方法有所不同，但它们都遵循着相同的基本程序，即确定成本计算对象、确定成本计算期、确定成本项目和设置成本明细账、归集和分配生产费用、计算完工产品成本和月末在产品成本。

一、确定成本计算对象

成本计算的最终目的是要将企业发生的成本费用归集到一定的成本计算对象上，计算出该对象的总成本和单位成本。因此，要进行成本计算，首先必须确定成本计算对象。由于企业的生产工艺特点、管理水平和管理要求、企业规模大小不同，成本计算对象可以分为产品品种、产品批别、产品生产步骤三种，企业应根据自身的生产经营特点和管理要求选择适合本企业的成本计算对象。

二、确定成本计算期

成本计算期是指每次计算成本的间隔期间，即每隔多长时间计算一次完工产品成本总额和单位成本。企业应根据产品生产组织的特点确定各成本对象的成本计算期。成本计算期分为定期和不定期两种。通常在大量大批生产的情况下，每月都有一定的产品完工，应定期按月计算产品成本，即成本计算期与会计核算期一致。在成批、单件生产的情况下，一般不要求定期按月计算产品成本，而是等一批完工才计算该批产品成本，所以成本计算期与生产周期一致。

三、确定成本项目和设置明细账

企业除了设置“基本生产成本”、“制造费用”、“辅助生产”、“废品损失”等成本核算相关的总账外，还要根据生产特点和管理的要求设置明细账。明细账设置的主要依据是按照费用发生地点或者受益对象，以及成本项目等来设置。企业在成本核算中，应根据自身的特点和管理的要求，确定成本项目。一般可以确定直接材料、直接工资及福利费、制造费用三个成本项目，如果需要，也可作适当调整。

四、归集和分配生产费用

归集和分配生产费用时，也应遵循一定的步骤：

首先，必须对支出的费用进行审核和控制，确定各项费用是否应该支出，已支出的费用是否应该计入产品成本。

其次，确定应计入本月产品成本的费用。本月支付的生产费用，不一定都计入本月产品成本；属于本月产品成本负担的，也不一定都是本月支付的费用。企业应根据权责发生制原则和配比原则的要求，分清各项费用特别是跨期摊配费用的归属期：本月支付应由本月负担的生产费用，计入本月产品成本；以前月份支付应由本月负担的生产费用，分配摊入本月产品成本；应由本月负担而以后月份支付的生产费用，预先计入本月产品成本；对于本月开支应由以后月份负担的生产费用，记作待摊费用处理。

最后，将应计入本月产品成本的原材料、燃料、动力、工资、折旧费等各种要素费用在各有关产品之间，按照成本项目进行归集和分配。对于为生产某种产品直接发生的生产费用，能分清成本计算对象的，直接计入该产品成本；对于那些几种产品共同负担的，或为产品生产服务发生的间接费用，可先按发生地点和用途进行归集汇总，然后分配计入各受益产品。可见，产品成本的计算过程也就是生产费用的归集、汇总和分配过程。

五、计算完工产品成本和月末在产品成本

将生产费用计入各成本计算对象后，对于既有完工产品又有月末在产品的产品，应把生产费用在其完工产品和月末在产品之间进行分配。从在产品成本确定的先后顺序上看，分配的方法主要有两种类型：一是先确定月末在产品成本，然后确定完工产品成本；二是完工产品成本与在产品成本同时确定，也就是将本月生产费用与月初在产品费用之和，按一定比例在完工产品与月末在产品之间进行分配，不分先后地计算出完工产品成本和月末在产品成本。可采用的方法有：在产品不计价法、在产品按固定成本计价法、在产品按定额成本计价法、定额比例法、约当产量比例法等。无论采用哪类方法，都必须先取得有关在产品实物数量的核算资料。

本章小结

本章重点介绍了成本核算的基本要求，成本费用的分类及成本计算的一般程序。

1. 成本核算应正确划分五个方面的费用界限，包括正确划分计入产品成本与不计入产品成本的费用界限、划分生产费用与期间费用界限、划分各个会计期间的费用界限、划分各种产品的费用界限、划分完工产品与在产品之间的费用界限。

2. 成本核算应做好的基础工作：①正确确定财产物资的计价和价值结转的方法；②建立和健全客观的原始记录和凭证制度；③建立和健全科学的定额管理制度；④建立和健全存货计量、验收、领退和盘点的制度；⑤建立企业内部结算制度；⑥适应生产特点和管理要求，采用适当的成本计算方法。

3. 费用可以按不同的标准和要求进行分类，最基本的是按费用的经济内容和经济用途的分类。费用按经济内容分类，可以分为外购材料、外购燃料、外购动力、职工薪酬、折旧费、利息费用、税金及其他费用八大类；按经济用途的分类，包括直接材料、燃料和动力、直接工资、制造费用及废品损失等方面。

4. 成本核算一般应遵循以下的基本程序：确定成本计算对象、确定成本计算期、确定成本项目和设置明细账、归集和分配生产费用、计算完工产品成本和月末在产品成本。

主要名词

资本性支出　收益性支出　利润分配性支出　定额　费用要素　成本项目　直接费用　间接费用

练习与思考

一、单选题

1. 为了正确计算企业产品成本，必须正确划分的费用界限是（　　）。

A. 生产费用与经营管理费用　　B. 制造费用与期间费用

C. 管理费用与销售费用　　D. 待摊费用与预提费用

2. 下列不能计入产品成本费用的是（　　）。

A. 生产用厂房折旧费　　B. 形成产品直接材料

C. 外购燃料、动力　　D. 房产税、车船使用税等

3. 根据工业企业费用要素的划分，下列各项中不属于“外购材料”项目的有（　　）。

A. 外购半成品　　B. 外购包装物

C. 外购低值易耗品　　D. 外购燃料

4. 财产物资的计价和价值结转一经确定，要（　　）。

A. 经常变动　　B. 可以任意变动

C. 保持绝对稳定　　D. 保持相对稳定

5. 正确计算产品成本，应做好的基础工作是（　　）。

A. 划分各种费用界限　　B. 确定成本计算对象

C. 建立和健全原始记录工作　　D. 各种费用的分配

二、多选题

1. 为了正确计算企业产品成本，必须正确划分（　　）方面的界限。

A. 资本性支出和收益性支出　　B. 计入和不计入产品成本的费用

C. 各会计期间和各产品　　D. 完工产品和在产品的费用

2. 原材料按实际成本计价，其价值结转方法有（　　）。

A. 先进先出法　　B. 后进先出法

C. 加权平均法　　D. 个别计价法

3. 下列项目中属于产品成本项目的有（　　）。

A. 直接材料　　B. 外购燃料、动力

C. 直接人工　　D. 制造费用

4. 下列项目中，不能计入成本费用的是（　　）。

A. 资本性支出　　B. 劳动保险支出

C. 长期投资支出　　D. 印花税

5. 属于直接生产费用的有（　　）。

A. 生产工人计时工资　　B. 生产工人计件工资

C. 车间管理人员工资　　D. 车间厂房折旧费用

6. 下列不能计入产品成本的费用是（　　）。

A. 燃料和动力　　B. 生产工人工资及福利费

C. 厂部管理人员工资及福利费　　D. 销售机构发生的费用

7. 为了正确计算产品成本，应该做好的基础工作有（　　）。

A. 正确选择各种分配方法　　B. 定额的制定与修订

C. 建立健全原始记录　　D. 制定和修订厂内计划价格

三、判断题

1. 如果将资本性支出列作收益性支出，会虚增当期企业利润。（　　）

2. 产品成本的计算可以做到绝对准确，因为四个费用界限划分绝对清楚准确。（　　）

3. 应该计入管理费用的税金包括房产税、城建税、土地使用税、印花税等。（　　）

4. 不同生产工艺和不同管理要求下的企业产品成本核算一般都共同遵守一个基本程序。（　　）

5. 凡是计入产品成本的费用都应设置专门的成本项目。（　　）

6. 凡是计入产品生产成本的费用，都是产品的直接费用。（　　）

7. 制定和修订定额，只是为了进行成本控制，与成本计算无关。（　　）

四、简答题

1. 为了正确计算产品的成本，应该划清哪些费用界限？

2. 试论成本核算的基本原则与要求。

3. 成本核算的费用有哪些基本分类方法？各种分类方法有何利弊？

4. 工业企业一般应设立哪些成本项目？

5. 用图表形式说明成本核算的一般程序。

第三章　工业企业要素费用核算

工业企业生产经营中发生的各种费用，包括材料费用、动力费用、工资及福利费用、折旧费用和其他费用，按其经济用途，直接或间接计入各种产品成本或期间费用。为了将生产费用计入各成本计算对象，正确地计算各成本计算对象的生产成本，应当严格划清各种费用的界限，建立一个完整的账户体系，系统地归集和分配。而各项要素费用的归集和分配是成本核算工作的主要内容。

通过本章学习，应该掌握如下内容：

（1）成本核算的账户设置和要素费用分配的基本原则；

（2）材料费用的归集与分配；

（3）燃料及动力费用的归集与分配；

（4）工资的计算，工资及福利费用的归集与分配。

第一节　账户设置和费用的归集原则

一、账户设置

企业在产品生产过程中要耗用原材料、燃料和动力，要支付职工工资、提取职工福利费，以及发生各种其他费用。有些费用发生时可以直接记入成本计算对象，有些费用则属于多种产品共同耗用的费用，不能直接记入成本计算对象，而要采用科学的方法进行合理的分配。因此，成本计算的首要任务是要在不同的产品或成本计算对象之间正确地归集和分配各种费用。

工业企业的成本核算设置“基本生产成本”、“辅助生产成本”和“制造费用”总账，并且按产品品种、批次或者费用发生所在地设置一级明细账，一级明细账和所属二级明细账按成本或费用项目设置专栏登记。

基本生产是指为完成企业主要生产目的而进行的产品生产。“基本生产成本”账户核算生产各种产品（产成品、自制半成品等）、自制材料、自制工具、自制设备等所发生的各项费用。该账户应按产品品种等成本计算对象分设基本生产成本明细账，也称产品成本计算单或产品成本明细账。账中应按成本项目分设专栏或专行，登记该产品各成本项目的月初在产品成本、本月发生的生产费用、本月完工产品成本和月末在产品成本。

辅助生产是指为基本生产服务而进行的产品生产和劳务供应。“辅助生产成本”账户核算的是为基本生产车间及其他部门提供产品、劳务所发生的各项费用。该账户应按辅助生产车间生产的产品、劳务分设辅助生产成本明细账。

“制造费用”账户核算的是企业生产车间（部门）为生产产品和提供劳务而发生的各项间接费用。该账户应按不同车间、部门设置明细账。

二、费用的归集、分配原则

1．直接归集的费用

企业发生的要素费用，视不同情况作不同的归集、分配。各项费用的归集和分配应按以下要求进行：

（1）凡是直接用于产品生产，专门设有成本项目，能够辨认为哪种产品所耗的费用，直接计入“基本生产成本”、“辅助生产成本”总账及其所属明细账。

（2）凡是直接用于产品生产，专门设有成本项目，如为几种产品共同耗用的费用，需要采用一定标准分配计入“基本生产成本”、“辅助生产成本”总账及其所属明细账。

（3）凡是直接用于产品生产，但没有专设成本项目，或是间接用于产品生产的费用，都先计入“制造费用”总账及其所属明细账，然后将“制造费用”及服务于基本生产车间的“辅助生产成本”通过一定程序、方法分配转入“基本生产成本”总账及其所属明细账。

（4）凡是用于行政部门管理、组织生产经营、筹集资金及销售所耗用的要素费用，不需分配计入产品成本，而是作为期间费用，分别在“管理费用”、“财务费用”、“销售费用”账户中进行归集，直接计入当期损益。

2．需要分配的费用

需要分配计入生产成本的要素费用，其分配应遵循以下原则：

（1）重要性（Materiality）原则。凡是费用在产品成本中占比重较大的，应作为独立成本项目，单独分配；反之，则并入其他项目。如原料及主要材料，应单独列示；又如燃料和动力，可视其占成本比重大小，既可作为成本项目单独分配，亦可并入“直接材料”及“制造费用”项目分配。

（2）直接性（Directness）原则。要求尽量扩大直接计入费用的范围，因为这部分费用越大，人为标准分配的费用就越小，产品成本计算的准确性就越高。

（3）一致性（Consistancy）原则。一致性原则指分配标准前后一致。分配标准可根据不同的分配对象进行选择，但一经确定，不应随意改变，以保证前后期一致及成本的可比性。

第二节　材料费用的归集和分配

在工业企业中材料主要是用于产品生产且在产品成本中占较大比重，因此，材料费用的核算对正确进行产品成本核算，加强材料费用的控制和管理具有特别重要的意义。

材料费用（Material Cost）包括企业在生产经营过程中实际消耗的各种原材料、辅助材料、外购半成品、修理用备件配件、燃料、动力、包装物和低值易耗品等费用。

在会计核算上，原料及主要材料、辅助材料、修理用备件配件等均反映在“原材料”账户上。在生产经营中发生的这些费用，按其不同的经济用途归集：构成产品成本的原材料费用分别计入“基本生产成本”、“辅助生产成本”及其所属明细账的有关成本项目（如原料及主要材料、修理用备件配件的耗用）或“制造费用”及其所属明细账有关项目（如辅助材料耗用）；不构成产品成本的原材料费用属于期间费用，计入“管理费用”、“财务费用”、“销售费用”账户及其所属明细账有关项目。

材料费用的归集分为直接归集和间接归集。

1. 直接归集（Direct Accumulating）

材料费用的直接归集，是指可根据材料的用途，具体确定原材料费用归集于哪一总账及哪一明细账。

直接归集的基本程序为：根据审核后的各种领料凭证，定期编制领料凭证汇总表或按具体用途分类汇总编制原材料费用汇总表，然后根据汇总表编制记账凭证并登记有关账户。

企业的各种领料凭证包括领料单或限额领料单、领料登记表及退料单。对于已领未用，下月将继续耗用的材料，可采用“假退料”办法，即材料实物不动，只填一份本月退料单，同时编制一份下月的领料单。

材料的日常核算可按实际成本计价，也可按计划成本计价。如采用实际成本计价，材料的发出计价可采用先进先出法、加权平均法、个别计价法等来计算确定。若采用计划成本计价，则材料的发出，除按计划成本进行分类汇总外，还要计算应负担的材料成本差异，将计划成本调整为实际成本。

$$材料成本差异率=\frac{月初结存材料成本差异+本月收入材料成本差异}{月初结存材料计划成本+本月收入材料计划成本}$$

$$发出材料应负担的材料成本差异=发出材料计划成本\times 材料成本差异率$$

$$发出材料实际成本=发出材料计划成本+发出材料成本差异$$

上述公式中，若材料成本差异为超支，则按正数（+）计算；若材料成本差异为节约，则按负数（-）计算。

实际工作中，材料费用的分配一般是通过“材料费用分配表”进行的，这种分配表应该按照材料的用途和材料的类别，根据归类后的凭证编制。如果材料按计划成本核算，还应分配材料成本差异。

【例1】在某企业原材料以实际成本进行日常核算，下表所示为根据领料凭证编制的“原材料费用分配表”。

表 3－1　原材料费用分配表

20××年×月

应借账户		成本项目	直接计入	分配计入	费用合计
基本生产成本	A 产品	原材料	75 600	22 680	98 280
	B 产品	原材料	41 700	12 510	54 210
	小　计		117 300	35 190	152 490
制造费用	基本生产车间	机物料消耗	2 360		2 360
辅助生产成本	机修车间	机物料消耗	1 410		1 410
	运输车间	机物料消耗	1 100		1 100
	小　计		2 510		2 510
销售费用		包装物	500		500
管理费用		其他材料	860		860
合　计			123 530	35 190	158 720

根据“原材料费用分配表”，应作如下会计分录：

借：基本生产成本——A 产品　　98 280
　　　　　　　　——B 产品　　54 210
　　辅助生产成本——机修车间　　1 410
　　辅助生产成本——运输车间　　1 100
　　制造费用　　2 360
　　销售费用　　500
　　管理费用　　860
　贷：原材料　　158 720

【例 2】某企业某月初结存 B 材料的计划成本为 100 000 元，材料成本差异的月初数 1 500 元（超支），本月收入 B 材料的计划成本为 150 000 元，材料成本差异为 4 750 元（超支），本月发出 B 材料的计划成本为 80 000 元。

$$材料成本差异率 = \frac{月初结存材料成本差异 + 本月收入材料成本差异}{月初结存材料计划成本 + 本月收入材料计划成本}$$

$$= (1\ 500 + 4\ 750)/(100\ 000 + 150\ 000) \times 100\% = 2.5\%$$

$$发出材料应负担的材料成本差异 = 发出材料计划成本 \times 材料成本差异率$$

$$= 80\ 000 \times 2.5\% = 2\ 000（元）$$

$$发出材料实际成本 = 发出材料计划成本 + 发出材料成本差异$$

$$= 80\ 000 + 2\ 000 = 82\ 000（元）$$

$$期末结存材料的实际成本 = 期初结存材料的实际成本 + 本期收入材料的实际成本 - 本期发出材料的实际成本$$

$$= 100\ 000 + 1\ 500 + 150\ 000 + 4\ 750 - 82\ 000 = 174\ 250（元）$$

2. 间接归集（Indirect Accumulating）

材料费用的间接归集，或分配归集，是指不能从领料凭证直接确定原材料费用为哪一类产品的实际耗用，而需选用适当的方法分配，方可归集于某一总账及其所属明细账。例如，同一车间生产几种产品，其共同领用的同一种材料，归集时需分配计入各种产品成本。

分配归集是通过“原材料费用分配表”进行的，“原材料费用分配表”应根据领料凭证和有关资料编制，然后根据分配表编制记账凭证，登记有关账户。

如何将不能直接计入而要分配归集的材料费用分配计入各成本计算对象中，关键是选择合理的和简便易行的分配标准。所谓合理，是指分配标准要尽可能与被分配费用有密切的关系或因果关系；所谓简便易行，是指作为分配标准的资料应容易取得，以保证分配过程的经济性、可行性。

原材料费用的分配标准一般有：按产品的重量（产量）或体积分配、按标准产量比例分配、按材料定额消耗量或材料定额费用分配等。

（1）按产品的重量（产量）或体积分配。这种分配方法是以产品的重量或产量、体积为分配标准进行分配。其计算公式如下：

$$\text{原材料费用分配率}=\frac{\text{各产品共同耗用的原材料费用}}{\text{各产品重量之和}}$$

$$\text{某产品应分配原材料费用}=\text{该产品重量(或产值)}\times\text{原材料费用分配率}$$

【例3】某企业生产甲、乙两种产品，共耗用A种材料3 000千克，每千克180元，甲产品重2 000千克，乙产品重1 200千克。要求：根据上述资料，采用产品重量比例分配法分配材料费用。

$$\text{原材料费用分配率}=\frac{3\,000\times180}{2\,000+1\,200}=168.75$$

$$\text{甲产品应分配的材料费用}=2\,000\times168.75=337\,500\text{（元）}$$

$$\text{乙产品应分配的材料费用}=1\,200\times168.75=202\,500\text{（元）}$$

使用此种方法时须注意：作为分配标准的重量的计量单位必须一致，如不一致必须调整，否则无法加总。

【例4】某厂装配车间生产甲、乙产品，共同耗用一种原材料。根据各种产品的材料单耗比例，以甲产品为标准产品，乙产品按甲产品的1.2倍折合为标准产品分配原材料成本。本月份车间耗用材料成本32 400元，生产甲产品1 200件，乙产品800件。

$$\begin{aligned}\text{单位产品材料费}&=\text{材料耗用成本}\div\sum\text{产品产量}\\&=32\,400\div(1\,200+800\times1.2)=15\text{（元/件）}\end{aligned}$$

$$\text{甲产品材料成本}=1\,200\times15=18\,000\text{（元）}$$

$$\text{乙产品材料成本}=800\times1.2\times15=14\,400\text{（元）}$$

采用这种方法和按重量比例分配一样，须注意计量单位要一致。一般情况下，不同的产品，其实物产量或重量是不能直接相加的，如一台电视机与一台电脑相加是没有意义的。但可选定一种标准产品进行折算。

（2）按标准产量比例分配。这种方法是以产品的标准产量作为标准进行分配的。因标准产量是各种产品产量通过系数换算的产量，故此法亦称系数分配法。

产品系数是以某产品的产量作为标准产量，将其系数定为1，其他产品产量系数则按产品材料消耗定额、定额成本或重量等折合成相应的产量系数，并以此计算标准产量。产品系数和标准产量的确定为：

$$某产品系数=\frac{该产品材料消耗定额}{标准产品材料消耗定额}$$

$$某产品标准产量=该产品实际产量\times 该产品系数$$

按标准产量比例分配的计算公式为：

$$原材料费用分配率=\frac{各产品共同耗用的原材料费用}{各产品标准产量之和}$$

$$某产品应分配原材料费用（数量）=该产品标准产量\times 原材料费用分配率$$

【例5】某企业生产A产品200件和B产品300件，共同消耗某材料17 600千克，每千克5元。该材料消耗定额为A产品50千克，B产品20千克。产量：A产品200件，B产品300件；定额消耗量：A产品为200件×50千克/件，B产品为300件×20千克/件。

$$\begin{aligned}材料消耗量分配率&=材料实际消耗量\div 分配标准总和\\&=17\,600\div(200+300)=35.2（千克/件）\\A产品应负担的材料消耗量&=A产品的分配标准数\times 分配率\\&=200\times 35.2=7\,040（千克）\\A产品应负担的材料费&=耗用量\times 材料单价\\&=7\,040\times 5=35\,200（元）\\B产品应负担的材料消耗量&=B产品的分配标准数\times 分配率\\&=300\times 35.2=10\,560（千克）\\B产品应负担的材料费&=耗用量\times 材料单价\\&=10\,560\times 5=52\,800（元）\end{aligned}$$

（3）按材料定额消耗量比例分配原材料费用。在材料消耗定额比较准确的情况下，原材料费用可以按产品的材料定额消耗量比例进行分配。

材料定额消耗量比例分配，就是以各产品的消耗定额为基础，计算出各产品材料定额消耗量，以此作为分配标准进行分配。材料消耗定额是指单位产品消耗的材料数量限额；材料定额消耗量，是指一定产量下按消耗定额计算的消耗材料总的数量。此法的计算公式如下：

$$某产品原材料定额消耗量=该产品产量\times单位产品原材料消耗定额$$

$$原材料费用分配率=\frac{各产品共同耗用的原材料费用}{各产品原材料定额消耗量之和}$$

$$某产品应负担原材料费用=该产品原材料定额消耗量\times原材料费用分配率$$

【例6】某企业生产甲、乙两种产品，均耗用M材料，本月投产甲产品800套，乙产品600套，实际耗用M材料3 690千克，实际单价2元/千克。甲产品材料消耗定额为2.5千克/套，乙产品材料消耗定额为3.5千克/套。

M材料成本费用分配如下：

甲、乙产品材料定额消耗量总和 = 800 × 2.5 + 600 × 3.5
= 2 000 + 2 100 = 4 100（千克）

材料定额消耗量比例（系数）= 3 690 ÷ 4 100 = 0.9

甲产品应分配材料 = 2 000 × 2 × 0.9 = 3 600（元）

乙产品应分配材料 = 2 100 × 2 × 0.9 = 3 780（元）

原材料的归集，在实际工作中可以将直接归集和间接归集结合起来进行，以简化核算的手续。

【例7】某企业将原材料费用的直接归集和分配归集结合进行，编制原材料费用分配汇总表如表3－2所示，集中反映原材料费用直接归集和分配归集的全部内容。

表3－2　原材料费用分配汇总表

20××年×月　　　　单位：元

应借科目		成本费用项目	直接计入费用	分配计入费用		费用合计
总账科目	明细科目			分配标准	分配额（分配率：2）	
基本生产成本	甲产品	直接材料	360 000	12 000	24 000	384 000
	乙产品	直接人工	240 000	8 000	16 000	256 000
	小　计		600 000	20 000	40 000	640 000
制造费用			14 000			14 000
辅助生产成本	机修车间	材料费	6 000			6 000
	供电车间	材料费	2 000			2 000
	小　计		8 000			8 000
销售费用		包装费	3 000			3 000
管理费用		机物料	5 000			5 000
合　计			630 000		40 000	670 000

$$原材料费用分配率 = \frac{40\ 000}{12\ 000 + 8\ 000} = 2$$

$$甲产品应分配的原材料费用 = 12\ 000 \times 2 = 24\ 000（元）$$

$$乙产品应分配的原材料费用 = 8\ 000 \times 2 = 16\ 000（元）$$

借：基本生产成本——甲产品　　384 000
　　　　　　　　——乙产品　　256 000
　　制造费用　　14 000
　　辅助生产成本——机修车间　　6 000
　　　　　　　　——供电车间　　2 000
　　销售费用　　3 000
　　管理费用　　5 000
　贷：原材料　　670 000

第三节　燃料和动力费用的归集与分配

一、燃料费用归集分配

燃料（Fuel）实际上也是材料，如果燃料费用很少，占成本费用比重不大，可并入原材料，即“燃料”只作“原材料”的明细科目，成本项目也不需单独设置，燃料费用的归集分配与上述原材料费用的归集分配相同。

如果燃料费用比重大，为加强对能源消耗的核算和控制，应将燃料费用单独处理，成本项目专门设立“燃料及动力”。根据领料用途可确定燃料费用为哪一产品生产或部门领用的，分别记入“基本生产成本”、“辅助生产成本”及其所属明细账的“燃料及动力”成本项目或“制造费用”、“管理费用”、“销售费用”及其所属明细账的有关费用项目。对不能从领料凭证直接确定燃料费用为哪一产品耗用（几种产品共同耗用）的，则需要采用适当的方法分配计入各种产品成本。

燃料费用的分配标准一般有：产品的重量、体积、消耗机器工时、燃料的定额消耗量或定额费用等。

【例 8】某企业燃料及动力费用如表 3－3 所示。

表 3－3　燃料费用分配表

20××年×月　　　　单位：元

应借科目		成本费用项目	直接计入费用	分配计入费用		费用合计
总账科目	明细科目			分配标准	分配额（分配率：0.96）	
基本生产成本	甲产品	燃料及动力		26 000	24 960	24 960
	乙产品	燃料及动力		24 000	23 040	23 040
	小　计	燃料费		50 000	48 000	48 000

（续上表）

应借科目		成本费用项目	直接计入费用	分配计入费用		费用合计
总账科目	明细科目			分配标准	分配额（分配率：0.96）	
制造费用		燃料费	3 000			3 000
辅助生产成本	机修车间	燃料及动力	2 000			2 000
	供电车间	燃料及动力	4 000			4 000
	小　计		6 000			6 000
管理费用		燃料费	5 000			5 000
合　计			14 000		48 000	62 000

根据“燃料费用分配表”编制会计分录，登记有关账户。

$$燃料费用分配率=\frac{48\ 000}{26\ 000+24\ 000}=0.96$$

$$甲产品分配燃料费用=36\ 000\times 0.96=24\ 960（元）$$

$$乙产品分配燃料费用=24\ 000\times 0.96=23\ 040（元）$$

借：基本生产成本——甲产品　24 960
　　　　　　　——乙产品　23 040
　　制造费用　3 000
　　辅助生产成本——机修车间　2 000
　　　　　　　——供电车间　4 000
　　管理费用　5 000
　贷：燃料　62 000

二、动力费用的归集和分配

企业耗用的动力包括外购的和自制的。外购动力如向外单位购买电力、煤气等；自制动力如自产电力、对外来电力进行变压等。动力费用的核算是按发生地点和用途进行的，只要用途相同，无论外购或自制都归在一起进行核算。动力费用的主要用途是：①生产工艺过程所耗用，这是直接用于产品生产的；②组织管理生产耗用，如车间照明、行政管理部门照明用电等。

对于生产工艺过程耗用的动力费用，为加强能源核算和控制，可单独设立成本项目“燃料及动力”，若不单独设立，则该动力费用并入“原材料”成本项目。

动力费用的归集分配通常依照仪表、仪器记录确定，分为直接归集和分配归集。

1．直接归集动力费用

直接归集是根据计量仪器仪表确定各产品、各部门的实际耗用量再乘以单价进行归集。外购动力的单价可按供电部门收取的电费总额除以各电表读数总和；自制动力的单价为辅助生产车间（发电车间）的单位成本。

$$\text{某产品（部门）应负担动力费用} = \text{该产品（部门）实际耗用量} \times \text{单价}$$

企业各车间、部门的动力用电和照明用电，一般都分别装有电表，可根据电表读数直接归集动力费用。但对于车间动力用电，若不能按产品分别安装电表，则动力费用需分配归集。

2. 分配归集动力费用

分配归集是指生产工艺上耗用的动力，不能根据计量工具测定各种产品的耗用量，而需按一定分配标准将耗用的动力费用分配于各产品，以确定各产品应负担的动力费用。

动力费用的分配标准可以是产品的机器工时或马力工时、生产工时、定额耗用量等。其计算公式如下：

$$\text{动力费用分配率} = \frac{\text{各产品共同耗用的动力费}}{\text{各产品机器工时(或马力工时等)之和}}$$

$$\text{某产品应负担的动力费用} = \text{该产品机器工时(或马力工时等)} \times \text{动力费用分配率}$$

【例9】某企业某月生产车间生产甲、乙产品共同耗用外购动力费240 000元，甲产品机器工时60 000小时，乙产品机器工时20 000小时。

$$\text{车间动力用电费用分配率} = \frac{240\ 000}{60\ 000 + 20\ 000} = 3$$

$$\text{甲产品应分配电费} = 60\ 000 \times 3 = 180\ 000\ \text{（元）}$$

$$\text{乙产品应分配电费} = 20\ 000 \times 3 = 60\ 000\ \text{（元）}$$

根据以上资料，编制外购动力费用分配表：

表3-4　外购动力费用分配表

20××年×月　　　　单位：元

应借科目		成本费用项目	用电度数	直接计入（0.4元/度）	分配计入费用		费用合计
总账科目	明细科目				分配标准	分配（3元/时）	
基本生产成本	甲产品	燃料及动力			60 000	180 000	180 000
	乙产品	燃料及动力	600 000		20 000	60 000	60 000
	小　计		600 000		80 000	240 000	240 000
制造费用		燃料费	2 000	4 000			4 000

（续上表）

应借科目		成本费用项目	用电度数	直接计入（0.4元/度）	分配计入费用		费用合计
总账科目	明细科目				分配标准	分配（3元/时）	
辅助生产成本	机修车间	燃料及动力	50 000	20 000			20 000
	供电车间	燃料及动力	70 000	28 000			28 000
	小　计		120 000	48 000			48 000
管理费用		燃料费	20 000	8 000			8 000
合　计			742 000	60 000		240 000	300 000

根据动力费用分配表编制会计分录，登记有关账户。

借：基本生产成本——甲产品　　180 000

　　　　　　　　——乙产品　　60 000

　　辅助生产成本——机修车间　　20 000

　　　　　　　　——供电车间　　28 000

　　制造费用　　4 000

　　管理费用　　8 000

　贷：应付账款　　300 000

第四节　职工薪酬的归集和分配

一、职工和职工薪酬的范围

根据新的职工薪酬准则，企业的“职工”比较宽泛，与《劳动法》中的“劳动者”相比，既有重合，又有拓展，包括以下三类人员：①与企业订立劳动合同的所有人员，含全职、兼职和临时职工；②未与企业订立劳动合同，但由企业正式任命的人员，如董事会成员、监事会成员等；③在企业的计划和控制下，虽未与企业订立劳动合同或未由其正式任命，但为其提供与职工类似服务的人员。

职工薪酬是企业因职工提供服务而支付或放弃的所有对价。它主要包括以下内容：

（1）职工工资、奖金、津贴和补贴，是指按照国家统计局的规定构成工资总额的计时工资、计件工资、支付给职工的超额劳动报酬和增收节支的劳动报酬、为了补偿职工特殊或额外的劳动消耗和因其他特殊原因支付给职工的津贴，以及为了保证职工工资水平不受物价影响支付给职工的物价补贴等。

（2）职工福利费，主要是尚未实行分离办社会职能或主辅分离、辅业改制的企业，内设医务室、职工浴室、理发室、托儿所等集体福利机构人员的工资、医务经费、职工因公负伤赴外地就医路费、职工生活困难补助、未实行医疗统筹企业职工医疗费用，以及按规定发生的其他职工福利支出。

（3）医疗保险费、养老保险费、失业保险费、工伤保险费和生育保险费等社会保险费，是指企业按照国务院、各地方政府或企业年金计划规定的基准和比例计算，向社会保险经办机构缴纳的医疗保险费、养老保险费、失业保险费、工伤保险费和生育保险费。企业以购买商业保险形式提供给职工的各种保险待遇属于职工薪酬，应当按照职工薪酬准则进行确认、计量和披露。

（4）住房公积金，是指企业按照国务院《住房公积金管理条例》规定的基准和比例计算，向住房公积金管理机构缴存的住房公积金。

（5）工会经费和职工教育经费，是指企业为了改善职工文化生活、为了职工学习先进技术和提高文化水平与业务素质，用于开展工会活动和职工教育及职业技能培训等相关支出。

（6）非货币性福利，是指企业以自己的产品或外购商品发放给职工作为福利，或提供给职工无偿使用自己拥有的资产或租赁资产供职工无偿使用等。比如，向职工提供企业支付了一定补贴的商品或服务，以低于成本的价格向职工出售住房等。

（7）因解除与职工的劳动关系给予的补偿，是指企业在职工劳动合同尚未到期之前解除与职工的劳动关系，或者为鼓励职工自愿接受裁减而提出补偿建议的计划中给予职工的经济补偿，即国际财务报告准则中所指的辞退福利。

（8）其他与获得职工提供的服务相关的支出，是指除上述七种薪酬以外的其他为获得职工提供的服务而给予的薪酬，比如企业提供给职工以权益形式结算的认股权、以现金形式结算但以权益工具公允价值为基础确定的现金股票增值权等。

二、工资的计算

要做好工资及福利（Wage and Welfare）费用核算，首先要做好产品数量、质量和工作时间等原始记录的基础工作。工资制度（Wage System）不同，工资及福利费所依据的原始记录就不同：计时工资应以考勤记录为依据；而计件工资则以产量记录为依据。考勤记录是登记出勤和缺勤时间与情况的原始记录；产量记录是登记工人或生产班组出勤时间内完成产量和耗用工时的原始记录。

工资费用包括：计时工资、计件工资、奖金、津贴和补贴、加班加点工资和特殊情况下支付的工资。工资费用不包括：根据国家有关规定颁发的创造发明奖；劳动保险和职工福利方面的各项费用；有关离休、退休人员待遇的各项支出、劳保支出；出差伙食补助；支付给承租人的风险性补偿收入；购买本企业股票和债券所得到的股息收入和利息收入。

工资费用包括应付职工的工资费用和提取的职工福利费两部分。其中，应付工资的计算包括计时工资、计件工资、奖金、津贴和补贴、加班加点工资、特殊情况下支付的工资等六个方面。

1. 计时工资的计算

职工的计时工资是根据考勤记录登记的每个职工出勤或缺勤日数，按照规定的工资标准计算的。工资标准按其计算的时间不同，有按月计算的月薪，按日计算的日薪或按小时计算的小时工资。

(1) 采用月薪制，不论各月日历日数为多少，职工每月的标准工资（全勤工资）相同。如果有缺勤，需按出勤或缺勤日数计算计时工资。采用月薪制的计算公式为：

应付计时工资 = 月标准工资 - 缺勤工资
= 月标准工资 - 事假日数 × 日工资率 - 病假日数 × 日工资率 × 病假扣款率

从公式可见，要计算计时工资，首先应根据月标准工资计算每日平均工资，即日工资率（Wage Rate）。日工资率的计算有如下两种方法：

① 每月固定按30天计算：

日工资率 = 月标准工资 ÷ 30 天

这样计算日工资率，其特点是休假日、节假日都计算工资，因此缺勤期间的休假日、节假日都算缺勤，照扣工资。

② 每月固定按平均工作日20.83天计算：

日工资率 = 月标准工资 ÷ 20.83

其中，月平均工作日为(365 - 104 - 11) ÷ 12 = 20.83天，104天为全年的星期休假日，全年法定的节假日为11天。

这样计算日工资，其特点是法定的工作日才算工资，休假日、节假日不算工资，所以缺勤期间的休假日、节假日不扣工资。

(2) 采用日薪制，应付职工的计时工资就按日薪乘以某月出勤日数计算，如果有一日内出勤不满8小时的（每日工作时数为8小时），应按日薪计算每小时工资，计算出应扣的缺勤（小时）工资。多数企业对临时职工的计时工资采用日薪计算。采用日薪制计算职工应付工资的公式为：

应付计时工资 = 出勤日数 × 日工资率 + 病假日数 × 日工资率 × (1 - 病假扣款率)

当日工资率按30天计算时，意味着每天应支付工资给职工，其出勤日数应为实际出勤日数加节假日数。如果缺勤期间有节假日，应算缺勤，出勤日数应为实际出勤日数加全部节假日数，减去缺勤期间的节假日数。但在后面计算病假缺勤应得工资时要注意：如果病假缺勤期间有节假日，则应按规定比率支付工资；如果事假期间有节假日，则算缺勤，不计算缺勤应得工资。如果日工资率按20.83天计算，意味着节假日不支付工资给职工，出勤日数为实际出勤日数。

月薪制按照缺勤扣款的方式计算，计算比较方便；而日薪制有利于正确计算生产工人的工资，但是每个月都要计算，因而工作量较大。

【例10】假定某工业企业某工人的月工资标准为840元。某月份，该工人病假3日，事假2日，周末休假9日，出勤17日。根据该工人的年龄，其病假工资按工资标准的90%计算。该工人的病假和事假期间没有节假日。

① 按30日计算日工资率，按缺勤日数扣月工资

日工资率 = 840 ÷ 30 = 28 （元）
应扣缺勤病假工资 = 28 × 3 ×（100% − 90%）= 8.4 （元）
应扣缺勤事假工资 = 28 × 2 = 56 （元）
应付工资 = 840 − 8.4 − 56 = 775.60 （元）

② 按30日计算日工资率，按出勤日数计算月工资

应付出勤工资 = 28 ×（17 + 9）= 728 （元）
应付病假工资 = 28 × 3 × 90% = 75.60 （元）
应付工资 = 728 + 75.60 = 803.60 （元）

③ 按20.83日计算日工资率，按缺勤日数扣月工资

日工资率 = 840 ÷ 20.83 = 40.33 （元）
应扣缺勤病假工资 = 40.33 × 3 ×（100% − 90%）= 12.10 （元）
应扣缺勤事假工资 = 40.33 × 2 = 80.66 （元）
应付工资 = 840 − 12.10 − 80.66 = 747.24 （元）

④ 按20.83日计算日工资率，按出勤日数计算月工资

应付出勤工资 = 40.33 × 17 = 685.61 （元）
应付病假工资 = 40.33 × 3 × 90% = 108.89 （元）
应付工资 = 685.61 + 108.89 = 794.50 （元）

2. 计件工资的计算

职工的计件工资，应根据产量记录中登记的每个职工的产品数量，乘以规定的计件单价计算。完成的产量中如果有废品，若是料废造成的，即材料本身质量原因造成的，应照常付工资；若是工废，即工人本人过失造成的，不但不能付工资，而且还会向过失人索取赔偿。

应付计件工资 =（合格品数量 + 料废数量）× 计件单价
计件单价 = 某等级工资标准 ÷ 产量定额
　　　或 = 某产品定额工时 × 某等级小时工资率

每位职工或班组月内可能从事多种产品生产，计件单价不同，就需逐一计算相加，计算出班组的计件工资。同时还需按一定标准分配到班组职工个人。

（1）个人计件工资。

【例11】职工张丽新6月份加工甲、乙两种产品，加工甲产品300件，乙产品150件。验收时发现甲产品有废品30件，其中料废10件，工废20件；乙产品全部合格。该职工的小时工资率为5元，甲产品的定额工时为30分钟，乙产品的定额工时为2小时。

要求：根据上述资料，计算张丽新本月份的应付计件工资。

甲产品计件单价 =（30 ÷ 60）× 5 = 2.5（元/件）
乙产品计件单价 = 2 × 5 = 10（元/件）
应付计件工资 =（300 − 20）× 2.5 + 150 × 10 = 2 200（元）

（2）班组集体计件工资。如果实行班组集体计件工资制，应将班组集体计件工资在班组内按每人贡献大小进行分配。通常是按照每人的标准工资和实际的工作时间（日数或工时数）的综合比例进行分配，因为工资标准和工作时间可体现职工的劳动质量、技术水平和劳动数量，其计算公式为：

班组内工资分配率 = 班组集体计件工资额/∑[每人日工资率（或小时工资率）× 出勤日数（或工时数）]

某工人应得计件工资 = 该工人日工资率（或小时工资率）× 出勤日数（或工时）× 班组内工资分配率

【例12】某企业的一个再生产小组，本月份生产 A 产品 200 件，每件计件单价为 6 元。该小组共有职工 5 人，每位职工的小时工资率分别为：张刚强 6 元，李金明 7 元，王码 6 元，孙小朋 8 元，赵越 8.8 元。本月份工作时间：张刚强 180 小时，李金明 175 小时，王码 160 小时，孙小明 169 小时，赵越 182 小时。

要求：根据上述资料，计算该小组应得的计件工资，并采用计件工资和计时工资的比例分配计算每一位职工应得的计件工资。

表 3－5　计件工资分配表

工人姓名	小时工资率	实际工作小时	计时工资	分配率	应付计件工资
张刚强	6	180	1 080		2 775.60
李金明	7	175	1 225		3 148.25
王　码	6	160	960		2 467.20
孙小朋	8	169	1 352		3 474.64
赵　越	8.8	182	1 601.60		4 134.31
合　计	—	866	6 218.60	2.57	16 000

除上述计时工资和计件工资外，职工的工资性奖金、津贴应根据标准和有关原始记录计付。加班加点工资按加班天数或小时数及日工资率或小时工资率计算，星期休假日加班应以 2 倍工资计付，法定节假日加班应以 3 倍工资计付。

3．工资的结算

工资费用的汇总结算，是以上述工资计算为基础的，通过工资结算单和工资结算汇总表（Wage Summary）完成。

在实务工作中，工资结算单应每月按车间（或部门）进行编制，单内应分职工类别和每一职工分行填列应付工资、发给职工的但不属于工资总额组成内容的款项（如上下班交通补贴费、洗理费等）、应从职工工资中支付的各种代扣款项（如个人所得税等）及实发工资。工资结算单一般一式三份：一份按职工姓名裁成工资条，连同实发工资一起发给职工，以便职工查对；一份作为劳动工资部门进行劳动工资统计的依据；一份经过职工签收后作为工资结算和付款的原始凭证，并据以进行工资结算汇总。

根据工资结算汇总表可编制工资结算的会计分录，登记有关账户。

借：应付职工薪酬——工资

　　　　　　　　——福利费

　　管理费用

　贷：其他应付款

　　　应交税费——代扣个人所得税

　　　现金

三、工资费用的归集和分配

企业的工资费用按其发生的地点与用途进行归集和分配。生产工人、生产车间、分厂的工程技术人员和管理人员的工资，应计入产品生产成本，其中生产工人工资计入“基本生产成本”或“辅助生产成本”总账及其明细账的“工资及福利费”成本项目；其余未专设成本项目的，在“制造费用”账户内归集。行政管理部门人员的工资、专设销售机构人员的工资、在建工程人员的工资等分别计入“管理费用”、“销售费用”、“在建工程”总账及所属明细账。

工资费用的归集也分为直接归集和分配归集。

1. 直接归集

如果车间只生产一种产品的生产工人工资费用，或生产多种产品的生产工人计件工资，可按发生地点和用途直接归集，即根据审核后的工资费用凭证（如工资结算单或工资结算汇总表）编制记账凭证和登记有关账户。

2. 分配归集

生产多种产品的车间，其生产工人的计时工资以及工资总额中的奖金、津贴和补贴、特殊情况下支付的工资，通常都不能根据工资结算原始凭证确定计入哪一种产品，而需通过一定的分配方法，方可将工资费用归集于有关账户及其所属明细账。

如果实行计时工资，生产工人的工资费用（含工资总额中的奖金、津贴和补贴等），一般按照产品的实际生产工时比例分配计入各产品。如果取得各种产品实际生产工时的资料较困难，或采用实际生产工时明显不合理，而各种产品的单位工时定额较准确，则可采用定额工时比例进行分配。其计算公式为：

生产工人工资费用分配率＝各产品共同负担的生产工人工资费用/各产品实际生产工时（或定额工时）之和

某产品应负担的工资费用＝该产品实际生产工时（或定额工时）×分配率

【例13】资料如表3－6，假设该企业基本生产车间采用计时工资，该车间工人生产A、B两种产品。A耗用工时3 000小时，B耗用工时2 000小时。根据工资结算汇总表等有关资料，编制的工资费用分配汇总表如表3－6所示。

表3－6　工资费用分配汇总表

20××年×月

应借科目＼项目		成本或费用项目	直接归集	间接归集			合　计
				生产工时	分配率	工资分配额	
基本生产成本	一车间A产品	工资及福利费		3 000		15 877.2	10 500
	一车间B产品	工资及福利费		2 000		10 584.8	7 000
	小　计			5 000	5.292 4	26 462	17 500
辅助生产成本——机修车间		工资及福利费	14 420				1 200
制造费用——一车间		工　资	2 898				
管理费用		工　资	9 615				
销售费用		工　资	3 080				
在建工程		工　资	7 325				
合　计			37 338			26 462	63 800

表中一车间的工人工资费用分配率＝26 462÷（3 000＋2 000）＝5.292 4

根据“工资费用分配汇总表”（Wage Allocation sheet）可编制会计分录，登记有关账户。

借：基本生产成本——A　　15 877.2
　　基本生产成本——B　　10 584.8
　　辅助生产成本——机修车间　　14 420
　　制造费用——一车间　　2 898
　　管理费用　　9 615
　　销售费用　　3 080
　　在建工程　　7 325
　贷：应付职工薪酬——工资　　63 800

四、计提职工福利费的归集和分配

企业除支付职工工资外，还按工资的规定比例（国家现行规定为14%）计提职工福利费，用作职工的医药费、职工困难补助、职工医疗室医务费及其他生活福利部门的经费等。

在实际工作中，工资费用及其计提的各项福利费是同步进行核算的，编制一张“工资及福利费分配汇总表”。工资费用是归集计入哪一类总账及所属明细账，以工资的14%计提的福利费亦是归集计入该总账及所属明细账，如工资是归集计入“基本生产成本”总账及所属的 A 产品明细账，则以该工资 14% 计提的福利费也是计入“基本生产成本”总账及所属 A 产品明细账；又如工资是归集计入“制造费用”，则以此工资 14% 计提的福利费也是计入“制造费用”。

生活福利部门人员计提的福利费如果也像工资一样由“应付福利费”开支，是减少福利费，而计提福利费是增加福利费，这样一增一减，实际上福利费并没增加。为了足额地计提职工的福利费，在实际工作中，规定按生活福利部门人员工资的 14% 计提的福利费，不由“应付福利费”开支，而将其归集计入“管理费用”。

【例 14】2011 年 6 月，丙公司当月应发工资 1 000 万元，其中：生产部门直接生产工人工资 500 万元，生产部门管理人员工资 50 万元，公司行政管理部门人员工资 200 万元，公司专设销售部门人员工资 80 万元，在建工程人员工资 20 万元。根据所在地政府规定，公司分别按照职工工资总额的 10%、12%、2% 和 10.5% 计提医疗保险费、养老保险费、失业保险费和住房公积金，缴纳给当地社会保险经办机构和住房公积金管理机构。分别按职工工资总额的 2%、2%、1.5% 计提职工福利经费、工会经费和职工教育经费。

应计入生产成本的职工薪酬金额

=500+500×(10%+12%+2%+10.5%+2%+2%+1.5%)=700(万元)

应计入制造费用的职工薪酬金额

=50+50×(10%+12%+2%+10.5%+2%+2%+1.5%)=70(万元)

应计入管理费用的职工薪酬金额

=200+200×(10%+12%+2%+10.5%+2%+2%+1.5%)=280(万元)

应计入销售费用的职工薪酬金额

=80+80×(10%+12%+2%+10.5%+2%+2%+1.5%)=112(万元)

应计入在建工程的职工薪酬金额

=20+20×(10%+12%+2%+10.5%+2%+2%+1.5%)=28(万元)

会计分录如下：

借：基本生产成本——A 产品	7 000 000	
制造费用	700 000	
管理费用	2 800 000	
销售费用	1 120 000	
在建工程	280 000	
贷：应付职工薪酬——工资		8 500 000
——职工福利		170 000
——社会保险		2 040 000
——住房公积金		892 500
——工会经费		170 000
——职工教育经费		127 500

本章小结

本章介绍了工业企业各种要素费用的归集和分配，包括原材料费用、燃料及动力费用、职工薪酬等费用分配。

1. 工业企业的成本核算设置“基本生产成本”、“辅助生产成本”和“制造费用”总账。对于发生的要素费用，视不同情况作不同的归集、分配。

2. 原材料费用的归集分为直接归集和间接归集（分配归集）。对于间接归集，其分配标准一般有：按重量比例分配、按产品产量（产值）比例分配、按标准产量比例分配以及按原材料定额消耗量比例分配原材料费用。

3. 对于企业的动力费用，直接归集是指根据计量仪器仪表确定各产品、各部门的实际耗用量再乘以单价进行归集。分配归集是指生产工艺上耗用的动力，不能根据计量工具测定各种产品的耗用量，而需按一定分配标准将耗用的动力费用分配于各产品，以确定各产品应负担的动力费用。

4. 工资的具体计算方法有计时工资和计件工资两种。计时工资包括月薪制、日薪制；计件工资包括个人计件工资，班组集体计件工资。对于不能直接归集的工资，而需通过一定的分配方法，将工资费用归集于有关账户及其所属明细账。

主要名词

直接分配　间接分配　定额比例　原材料　燃料动力　标准工资　计时工资　计件工资　日薪制　月薪制

练习与思考

一、单选题

1. 材料按计划成本计价时，“材料采购”账户借方登记购入材料的（　　）。

   A. 实际采购成本　　B. 计划采购成本

   C. 材料成本差异　　D. 暂估价款

2. 生产车间所耗物料费用应借记（　　）科目，贷记“原材料”科目。

   A. 生产成本　　B. 基本生产成本

   C. 制造费用　　D. 辅助生产成本

3. 下列各项费用中，不能直接借记“基本生产成本”账户的是（　　）。

   A. 车间生产工人福利费　　B. 车间生产工人工资

   C. 车间管理人员工资　　D. 构成产品实体的原料费用

4. 生产车间耗用的有机物料，应借记的账户是（　　）。

   A. 基本生产成本　　B. 辅助生产成本

   C. 制造费用　　D. 管理费用

5. 下列不在制造费用账户归集的费用是（　　）。

A．基本生产车间机器设备的折旧费用　B．季节性停工损失
C．辅助生产车间工人工资　D．生产车间照明费用

6．某职工6月份生产合格产品20件，材料不合格产生废品5件，加工失误产生废品5件，计件单价为4元，应付职工计件工资为（　　）。

A．100元　B．120元　C．80元　D．110元

7．某企业6月份应提折旧额为700 000元，6月份增加固定资产应提折旧额为100 000元，本月（7月份）减少固定资产应提折旧额为50 000元，则7月份应提折旧额为（　　）。

A．800 000元　B．750 000元　C．850 000元　D．740 000元

二、多选题

1．应计入产品生产成本的工资有（　　）。

A．基本生产工人工资　B．产品销售费用
C．在建人员工资　D．车间管理人员工资

2．计入产品成本的各种职工薪酬费用，按其用途分配，应计入的会计科目有（　　）。

A．销售费用　B．基本生产成本
C．制造费用　D．管理费用

3．产品成本项目中的直接材料，包括直接用于产品生产的（　　）。

A．原料　B．主要材料　C．辅助材料　D．包装物
E．修理用备件

4．材料费用的分配标准有（　　）。

A．材料定额消耗量　B．材料定额费用
C．产品体积　D．产品工时定额

5．以下工资费用中应配计入各产品成本的费用有（　　）。

A．生产工人计时工资　B．生产工人津贴和补贴
C．个人计件工资　D．集体计时工资

6．分配折旧费用的会计分录可能是（　　）。

A．借“基本生产成本”　B．借“制造费用”
C．贷“累计折旧”　D．借“管理费用”

7．“材料成本差异”科目期末（　　）。

A．可能有借方余额　B．一定有借方余额
C．可能有贷方余额　D．可能没有余额

三、判断题

1．所有生产车间发生的各种制造费用，一律通过“制造费用”科目核算。（　　）

2．在计算应付职工的计件工资时，产品的产量是指合格产品数量，不包括废品数量。（　　）

3．企业计入间接费用的分配标准应根据这些费用的发生与产品生产的关系采用适当的方法分配。（　　）

4．月末车间已领用未用的材料，如果下月生产还需要，应办理“假退料”手续，不能计入本月份的生产费用，以免增加本月产品成本负担。（　　）

5. 在采用计件工资形式下，如果是生产多种产品，则应采用一定的分配标准分配产品生产工人的薪酬费用，然后再计入各种产品成本明细账的“直接人工”项目。（　　）

四、简答题

1. 要素费用核算有什么要求？

2. 材料费用核算的主要任务是什么？材料费用由哪些项目组成？

3. 材料费用如何进行归集与分配？材料费用的各种分配方法有何优缺点及适用性如何？

4. 各种动力费用如何归集分配？

5. 工资总额由哪些内容构成？

6. 职工福利费用如何进行归集分配？

五、计算题

1. 甲、乙两种产品共同耗用 A、B 两种原材料。甲、乙两种产品实际消耗 A 材料 2 800千克，B 材料 2 000 千克，原材料计划单价为 A 材料 2 元，B 材料 3 元，原材料价格差异（成本差异）为 -4%，已知甲产品投产 100 件，乙产品投产 200 件。甲、乙产品单件消耗定额：A 材料分别为 4 千克、5 千克，B 材料分别为 5 千克、75 千克。

要求：根据定额消耗量比例法分配甲、乙产品原材料费用。

2. 某企业有一基本生产车间生产 A、B 两种产品；两个辅助生产车间，即机修车间和供水车间，为基本生产车间和管理部门服务。某月 A 产品产量为 50 件，B 产品产量为 100 件，根据领料单汇总各单位领料情况如下：

领料部门	金额（元）
A 产品直接领料	7 000
B 产品直接领料	9 600
A、B 产品共耗料	2 100
机修车间领料	500
供水车间领料	300
基本生产车间领用机物料	200
管理部门领料	400

该企业日常收发采用实际成本核算，A、B 产品共同领料以产量为标准分配。

要求：根据上述资料编制材料费用分配表并作有关会计分录。

3. 某企业于 6 月 30 日用银行存款支付外购动力（电费）费用 15 100 元，月末查明各部门耗电数如下：

基本生产车间动力用电	7 938（度）
基本生产车间照明用电	4 212（度）
辅助生产车间动力用电	1 100（度）
行政管理部门照明用电	1 850（度）
合　计	15 100（度）

其中基本生产车间生产甲、乙两种产品，甲、乙产品分别耗机器工时为1 400小时和700小时，动力费用按机器工时分配。

要求：动力费用已用银行存款支付，编制动力费用分配表及会计分录。

4．企业某工人的月工资标准2 499.60元，8月份31日，病假5日（其中有两个星期日），事假1日，星期休假8日，实际出勤日19日。按该工人的工龄，其病假工资按工资标准的85%计算。该工人的病假和事假期间没有节假日。

要求：①按30日计算日工资率，按出勤日数计算月工资。②按30日计算日工资率，按缺勤日数扣工资计算月工资。③按20.83日计算日工资率，按出勤日计算月工资。④按20.83日计算日工资率，按缺勤日数扣工资计算月工资。⑤根据以上计算结果作简要分录。

5．某企业基本生产车间5月份生产甲产品100件，每件实际工时5 000小时，生产乙产品200件，每件实际工时2 500小时，本月应付工资的资料如下：

部门及用途	金　额
基本生产车间　生产工人工资	400 000
基本生产车间　管理人员工资	30 000
机修车间	10 000
企业行政管理部门	80 000
企业产品销售部门	50 000
企业在建工程人员	30 000
合　计	110 200

生产工人工资按生产工时比例分配，“五险”的计提比率为25%、住房公积金的计提比率为10%、职工福利的计提比率为3%、工会经费的计提比率为2%和职工教育经费的计提比率为1.5%。

要求：据上述资料，计算分配甲、乙产品应负担的人工成本，编制有关的会计分录。

第四章　辅助生产费用核算

为了节约成本或者生产的需要，企业通常设置辅助生产部门。辅助生产部门是指为企业的基本生产车间、行政管理部门等单位提供产品或劳务的生产车间，其发生的生产费用如何分配结转至基本生产车间和其他受益部门，是成本计算的重要内容。

通过本章学习，应该掌握如下内容：

（1）辅助生产费用核算的内容及费用的归集；

（2）运用直接分配法分配辅助生产费用；

（3）运用交互分配法分配辅助生产费用；

（4）运用计划分配法分配辅助生产费用；

（5）了解顺序分配法和代数法分配辅助生产费用。

第一节　辅助生产费用的归集

一、辅助生产费用核算的意义和要求

辅助生产是为保证基本生产正常进行而向基本生产车间、行政管理部门提供产品或劳务的生产活动。辅助生产按照所提供产品或劳务的种类多少可以分为两种：一种是只提供一种产品或一种劳务的单品种辅助生产；一种是提供多种产品或多种劳务的多品种辅助生产。

辅助生产车间为生产产品或提供劳务所发生的各项费用称为辅助生产费用，这些费用构成辅助生产产品或劳务的成本。辅助生产车间的产品或劳务虽然有时也对外销售，但这不是它的主要任务，其根本任务是服务于企业基本生产和管理工作。辅助生产车间所发生的费用，必须单独进行归集与核算，并分配计入各受益对象中。所以，辅助生产产品或劳务的成本高低，直接影响基本生产产品成本及期间费用的水平。因此，加强辅助生产费用的控制，正确、及时地计算辅助生产产品或劳务的成本，对正确计算产品成本，控制和降低产品成本及期间费用具有十分重要的意义。

正确组织辅助生产费用的核算，应做到：①正确归集辅助生产费用，计算辅助生产产品或劳务的成本；②按一定程序、标准，合理地将辅助生产费用分配于各受益对象；③对辅助生产费用实施有效控制，降低辅助生产产品成本或劳务成本，从而最终降低基本生产产品成本和期间费用。

二、辅助生产费用核算账户的设置

企业应设置“辅助生产成本”账户，据此进行辅助生产费用的归集与分配。辅助生产费用明细账，根据辅助生产车间或者其提供辅助产品和劳务的种类来设置。对于同时提供多种产品或多种劳务的辅助生产车间，即多品种辅助生产车间，例如生产多种工具和模具的车间、提供各种修理服务的车间等，其发生的生产费用就要按车间和产品，并区别直接费用和间接费用来归集。辅助生产车间所发生的间接费用可以直接计入“辅助生产成本”明细账或者先单独通过“制造费用”账户归集，期末再按照一定标准分配至“辅助生产成本”明细账。

三、辅助生产费用的归集

辅助生产费用的归集与辅助生产的类型密切相关。单品种辅助生产车间中，生产费用都是直接费用，一般可按成本项目直接归集计入所生产产品或劳务的成本。这些产品或劳务，通常都没有在产品，所以归集的生产费用总额就是产品或劳务的总成本。多品种辅助生产车间中，生产费用有直接计入费用，也有间接计入费用，因此，需直接或分配归集各种产品或劳务的费用。

此外，辅助生产车间之间相互服务，需按一定程序和方法分配计算各辅助生产车间内部耗用其他辅助生产车间的产品或劳务的费用。

归集辅助生产费用是根据“材料费用分配表”、“工资及福利费分配表”、“制造费用分配表”等有关凭证登记“辅助生产成本”及所属明细账，辅助生产成本明细账如表 4－1 所示。

表 4－1　辅助生产成本明细账

车间：供电车间　　　　提供劳务量：600 工时

2010 年		凭证号数	摘　要	原材料	工资及福利费	制造费用	合　计
月	日						
			归集材料费用	1 600			1 600
			归集工资及福利费		2 867		2 867
			待分配费用小计	1 600	2 867		4 467
			分配转入制造费用			4 733	4 733
			合　计	1 600	2 867	4 733	9 200
			转　出	1 600	2 867	4 733	9 200

如果辅助生产车间的制造费用不通过“制造费用”归集，直接计入“辅助生产成本”，则辅助生产费用的归集可根据“材料费用分配表”、“工资及福利费分配表”、“待摊费用分配表”、“预提费用分配表”、“其他费用汇总表”等有关凭证登记“辅助生产成本”及其所属明细账。辅助生产成本明细账格式如表 4－2 所示。

表4-2　辅助生产成本明细账

车间：供电车间　　　　提供劳务量：600工时

2010年 月	日	凭证号数	摘　要	原材料	工资及福利费	折旧费	水电费	租赁费	保险费	运输费	办公费	其他	合计
			归集材料费用	1 600									1 600
			归集工资及福利费		2 867								2 867
			归集折旧费			1 333							1 333
			支付水电费				533						533
			保险、租赁费摊销					267	400				667
			支付办公费等								800	200	1 000
			待分配费用小计	1 600	2 867	1 333	533	267	400		800	200	8 000
			分配转入运输费							700			700
			合　计	1 600	2 867	1 333	533	267	400	700	800	200	8 700
			转　出	1 600	2 867	1 333	533	267	400	700	800	200	8 700

第二节　辅助生产费用的分配

一、辅助生产费用的分配原理

辅助生产费用的分配，就是将“辅助生产成本”账户所归集的费用，采用一定的方法计算出产品或劳务的总成本或单位成本，并按其受益对象和耗用数量分配应负担的辅助生产费用。在分配辅助生产费用时，应遵循谁受益谁负担，分配方法力求合理、简便易行的原则。

由于辅助生产车间所提供的产品或劳务的性质不同，在再生产过程中的作用不同，其分配转入产品成本及期间费用的程序、方法也不一样。辅助生产车间提供的产品用作劳动资料，如修理用备件和工具、模具等，应在产品完工入库时，从“辅助生产成本”及其明细账转入“原材料”或“低值易耗品”账户借方。在基本生产车间或其他部门领用时，再从“原材料”、“低值易耗品”转入“制造费用”、“管理费用”、“销售费用”等科目。但是，辅助生产车间提供的劳务直接为生产和管理工作所消耗的，如供电、供水、供气、机修、运输等，则应将辅助生产车间发生的费用，直接在各受益单位按耗用量分配，借记“基本生产成本”或“管理费用”等，贷记“辅助生产成本”账户。

辅助生产车间提供的劳务，其受益对象主要是基本生产车间和管理部门，但各辅助生产车间之间也有相互提供服务和受益的，例如，供水车间向机修车间供水，而机修车间为供水车间提供修理服务。这样要计算水的成本，就要确定修理成本。同理，要计算修理成本，需确定供水成本，两个车间的成本计算互为条件，相互制约。因此，为了正确计算辅助生产产品和劳务的成本，并将辅助生产费用合理地计入产品成本，在分配辅助生产费用时，还应在各辅助生产车间之间进行费用的交互分配，这是辅助生产费用分配的一个重要特点。

二、辅助生产费用的分配方法

对于辅助生产车间提供的直接为生产和管理部门所消耗的劳务，企业可根据其辅助生产情况及辅助生产费用分配的特点，采用不同的方法进行分配。在实际工作中，该工作通过编制"辅助生产费用分配表"进行。辅助生产费用分配的主要方法有：直接分配法、顺序分配法、一次交互分配法、计划成本分配法和代数分配法。

1. 直接分配法（Direct Allocating Method）

直接分配法是一种不考虑辅助生产车间相互耗用劳务，直接将辅助生产车间发生的费用分配给辅助生产车间以外各受益部门的方法。这一方法只进行一次向外部的分配，其计算手续简单，但是结果不够准确，只适用于辅助生产车间相互提供劳务较小或交互分配费用相差不大，不进行交互分配对成本影响不大的企业。

其计算公式为：

某辅助生产车间费用分配率＝该辅助生产车间直接发生费用÷
辅助生产车间以外受益单位耗用劳务量
某受益单位应负担该辅助生产费用＝该受益单位耗用劳务量×分配率

分配率公式中"直接发生费用"指辅助生产未交互分配前归集的费用，下同。

【例1】某厂设有供电、机修两个辅助生产车间，2010年10月份发生的成本和提供的劳务数量如表4－3所示：

表4－3　辅助生产车间成本及劳务量汇总表

辅助生产车间	单位	直接发生成本	提供劳务总量	劳务消耗情况				
				发电车间	修理车间	第一车间	第二车间	行政管理部门
供电车间	度	3 600	10 000		1 000	5 000	3 000	1 000
机修车间	小时	1 250	400	150		110	80	60

供电车间提供给基本受益单位劳务分配率＝供电车间劳务成本/基本受益单位劳务量
＝3 600/(10 000－1 000)＝0.4（元/度）
机修车间提供给基本受益单位劳务分配率＝机修车间劳务成本/基本受益单位劳务量
＝1 250/(400－150)＝5.0（元/度）

供电车间会计分录：

借：制造费用——第一车间　　2 000

　　　　　　——第二车间　　1 200

　　管理费用　　400

　贷：辅助生产成本——发电车间　　3 600

机修车间会计分录：

借：制造费用——第一车间　　550

　　　　　　——第二车间　　400

　　管理费用　　300

　贷：辅助生产成本——修理车间　　1 250

2. 顺序分配法（Sequential Allocating Method）

顺序分配法，亦称阶梯形分配法，是一种按照辅助生产车间受益多少的顺序，受益少的辅助生产车间排在前面，受益多的辅助生产车间排在后面，并依次序向后面各车间、部门分配，后面的辅助生产车间费用不再对前面的辅助生产车间进行分配的方法。

这一方法的特点是：①在分配辅助生产费用时，根据各辅助生产车间相互提供产品或劳务费用的多少排成顺序，先分配耗用其他辅助生产费用少的辅助生产车间，后分配耗用其他辅助生产费用多的辅助生产车间；②排在前面的辅助生产车间将费用分配给排在其后的辅助生产车间而不负担排在其后面的辅助生产车间的劳务费用，排在后面的辅助生产车间应负担排在其前面辅助生产车间的劳务费用。

该方法的计算公式为：

排第一位的辅助生产车间费用分配率 = 该辅助生产车间直接发生费用 ÷ 该辅助生产车间提供的劳务总量

某受益单位应负担该辅助生产费用 = 该受益单位耗用劳务量 × 分配率

排第二位及以后的辅助生产车间费用分配率 = （该辅助车间直接发生费用 + 前面辅助车间分配来的费用） ÷ 排后面的辅助车间及其以外受益部门耗用劳务量之和

某受益单位应负担该辅助生产费用 = 该受益单位耗用劳务量 × 分配率

【例2】某企业有供水和供电两个辅助生产车间，主要为本企业基本生产车间和行政管理部门等服务，根据“辅助生产成本”明细账汇总的资料，供电车间本月发生费用36 960元，供水车间本月发生费用27 000元。各辅助生产车间生产成本和劳务供应数量如表4－4所示。

表4－4　辅助生产车间生产成本和劳务供应数量

受益单位	耗水（立方米）	耗电（度）
基本生产——A产品		48 000
基本生产车间	24 000	8 000

（续上表）

受益单位		耗水（立方米）	耗电（度）
辅助生产车间	供　电	3 000	
	供　水		12 000
行政管理部门		2 000	4 000
专设销售机构		1 000	1 600
合　计		30 000	73 600

按顺序分配法编制辅助生产费用分配表如表4－5。

表4－5　顺序分配法辅助生产费用分配表

项目	辅助生产车间						基本生产				行政管理部门		专设销售机构	
	供电车间			供水车间			A产品		基本生产车间					
车间部门	劳务量	待分配费用	分配率	劳务量	待分配费用	分配率	耗量	分配金额	耗量	分配金额	耗量	分配金额	耗量	分配金额*
	73 600	36 960	30 000	27 000										
分配电费	－73 600	－36 960	0.502 17	12 000	6 026.04		48 000	24 104.16	8 000	4 017.36	4 000	2 008.68	1 600	803.76
分配水费				－27 000	－33 026.04	1.223 2			24 000	29 356.80	2 000	2 446.40	1 000	1 222.84
分配金额合计								24 104.16		33 374.16		4 455.08		2 026.6

＊数字四舍五入，小数尾差计入销售费用。

$$电费分配率=\frac{36\ 960}{48\ 000+8\ 000+12\ 000+4\ 000+1\ 600}=0.502\ 17\text{（元/度）}$$

$$水费分配率=\frac{27\ 000+6\ 026.04}{24\ 000+2\ 000+1\ 000}=1.223\ 2\text{（元/立方米）}$$

根据辅助生产费用分配表编制会计分录：

分配电费

借：辅助生产成本——供水　　6 026.04

　　基本生产成本——A产品　　24 104.16

　　制造费用　　4 017.36

　　管理费用　　2 008.68

　　销售费用　　803.76

　贷：辅助生产成本——供电　　36 960

分配水费

借：制造费用	29 356.80
管理费用	2 446.40
销售费用	1 222.84
贷：辅助生产费用——供水	33 026.04

采用顺序分配法，较直接分配法前进了一步，因为该方法一定程度上考虑了辅助生产车间之间的交互分配，也只分配一次，计算较简便，但交互分配仅是排前面的辅助生产车间分配给后面的，是不全面的交互分配，分配结果的准确性仍受到影响。该方法适用于辅助生产车间相互受益的程度有明显顺序，而且排列在先车间比排列在后车间费用耗用较少的企业。

3. 一次交互分配法（Mutual Allocating Method）

一次交互分配法是按各个辅助生产车间相互耗用劳务进行一次相互分配费用，然后再向辅助生产车间以外的受益部门分配费用的方法。

该方法对辅助生产费用的分配分两步进行。第一步是在各辅助生产车间之间分配，即交互分配，是根据辅助生产车间直接发生费用和相互提供的劳务量分配；第二步是向辅助生产车间以外的受益部门分配，即对外分配，是将辅助生产车间直接发生费用（分配前费用）加上交互分配分来的费用，减去交互分配分出去的费用，即对外分配的费用，按耗用量分配给辅助生产以外的受益部门。

其计算公式如下：

某辅助生产车间费用交互分配率＝该辅助生产车间直接发生费用÷该辅助生产车间提供的劳务总量

其他辅助车间应负担该辅助生产费用＝该受益单位耗用劳务量×交互分配率

某辅助生产车间费用对外分配率＝（直接发生费用＋交互分配分来的费用－交互分配分出的费用）÷辅助生产车间以外的受益部门耗用劳务量之和

某受益部门应负担该辅助生产费用＝该受益部门耗用劳务量×对外分配率

【例3】某企业设有供电和机修两个辅助生产车间，在分配费用前，供电车间本月生产费用为29 120元，机修车间为26 880元。本月供电车间供电88 000瓦，其中机修车间耗用8 000瓦，产品生产耗用60 000瓦，基本生产车间照明耗用6 000瓦，企管部门耗用14 000瓦。本月机修车间修理工时为8 480小时，其中：供电车间480小时，基本生产车间6 000小时，厂部管理部门2 000小时。

要求：采用交互分配法分配辅助生产费用，并编制分配结转辅助生产费用的会计分录。(分配率指标计算结果保留三位小数)

采用交互分配法分配辅助生产费用如表4－6。

表 4－6　交互分配法生产费用分配表

单位：元

项　目	对内分配				对外分配			
	分配电费		分配机修费		分配电费		分配机修费	
	数量	金额	数量	金额	数量	金额	数量	金额
待分配费用		29 120		26 880		27 994		
劳务供应量	88 000		8 480		80 000		28 006	
费用分配率		0. 331		3. 170		0. 350		3. 501
供电车间			480	1 522				
机修车间	8 000	2 648						
产品生产					60 000	21 000		
车间管理					6 000	2 100	6 000	21 006
行政管理					14 000	4 894	2 000	7 000
合　计		2 648		1 522	80 000	27 994	8 000	28 006

（1）对内分配

$$\text{对内交互分配率}=\frac{\text{某辅助生产车间成本费用}}{\text{该部门劳务供应总量}}$$

$$\text{供电车间交互分配}=\frac{29\ 120}{88\ 000}=0.\ 331$$

$$\text{机修车间交互分配}=\frac{26\ 880}{8\ 480}=3.\ 170$$

（2）对外分配

$$\text{对外分配交互分配率}=\frac{\text{辅助车间待分配费用}\pm\text{辅助车间分配转入转出差额}}{\text{基本受益单位劳务供应量}}$$

$$\text{供电车间对外分配}=\frac{27\ 994}{80\ 000}=0.\ 350$$

$$\text{机修车间对外分配}=\frac{28\ 006}{8\ 000}=3.\ 501$$

（3）对内分配的会计分录

借：辅助生产成本——供电车间　　1 522

　　　　　　　　——机修车间　　2 648

　贷：辅助生产成本——供电车间　　2 648

　　　　　　　　　——机修车间　　1 522

（4）对外交互分配会计分录

借：基本生产成本——供电车间 21 000

制造费用 23 106

管理费用 11 894

贷：辅助生产成本——供电车间 27 994

——机修车间 28 006

采用这种分配方法，克服了直接分配法和顺序分配法两种方法的不足，即考虑了各辅助生产车间之间相互提供劳务，并按受益多少交互分配，分配结果较前两种方法合理、准确。但是，一次交互分配是按照各辅助生产车间直接发生费用而非实际费用进行，因而分配结果也不是很准确。另外，计算工作又有所增加。因此，这一分配方法适用于各辅助生产车间相互提供劳务量大，但无一定顺序的企业。

4. 计划成本分配法（Planning Cost Method）

计划成本分配法是指先按辅助生产车间提供劳务的计划单位成本和受益单位的实际耗用量分配辅助生产费用，然后将计划分配额与“实际费用”进行调整的方法。

按此分配方法对辅助生产费用进行分配要分两步进行：

第一步：按产品或劳务的计划单位成本和各受益单位的实际耗用量进行分配，包括分配给其他辅助生产车间（交互分配）和辅助生产车间以外的受益部门（对外分配）；

第二步：求出辅助生产车间直接发生费用和第一步交互分配来的费用之和（即“实际费用”）与按计划成本分配转出费用的差额，将此差额全部计入“管理费用”或按耗用量分配给辅助生产车间以外的受益部门（对外追加分配）。

该方法的计算公式为：

某受益单位应负担辅助生产费用＝该受益单位耗用劳务量×辅助生产车间的劳务计划单位成本

“实际费用”与计划成本的差额＝直接费用＋交互分配分入费用－按计划成本分出费用

【例4】某企业辅助生产修理车间和供电车间本月份发生的成本与提供的劳务数量及各受益单位耗用情况如表4－7所示。

表4－7 辅助生产车间生产成本和劳务供应数量

辅助生产车间		修理车间	供电车间
待分配成本（元）		5 200	9 200
劳务供应总量		4 000 小时	22 500 度
计划单位成本（元）		1.5	0.42
劳务数量耗用	供电车间	200 小时	
	修理车间		1 200 度
	生产车间	3 500 小时	19 800 度
	行政管理部门	300 小时	1 500 度

要求：采用计划成本分配法编制辅助生产成本分配表并编制相应的会计分录。

采用计划分配法分配辅助生产费用如表 4－8。

表 4－8　计划分配法生产费用分配表

单位：元

辅助生产车间			修理车间	供电车间	合计数
待分配费用（元）			5 200	9 200	14 400
劳务供应量			4 000 小时	22 500 度	—
计划单位成本			1.50	0.42	—
辅助车间	修理车间	耗用数量		1 200 度	
		分配金额		504	504
	供电车间	耗用数量	200 小时		
		分配金额	300		300
基本生产车间	耗用数量		3 500 小时	19 800 度	—
	分配金额		5 250	8 316	13 566
管理部门	耗用数量		300 小时	1 500 度	—
	分配金额		450	630	1 080
按计划成本分配数			6 000	9 450	15 450
辅助生产实际成本			5 704	9 500	15 204
辅助生产成本差异			－296	＋50	－246

修理车间实际成本＝分配前成本＋从供电车间分配的成本

＝5 200＋504＝5 704（元）

发电车间实际成本＝9 200＋300＝9 500（元）

（1）结转分配会计分录

借：辅助生产成本——修理车间　　504

——供电车间　　300

制造费用——基本车间　　13 566

管理费用　　1 080

贷：辅助生产成本——供电车间　　9 450

——修理车间　　6 000

（2）分配成本差异分录

借：管理费用　　－246

贷：辅助生产成本——修理车间　　－296

——运输车间　　＋50

计划成本分配法按事先制订的计划单位成本进行分配，既能简化计算工作，又能弥补一次交互分配法不够及时的不足，加快分配速度，同时还利于划清各车间部门的经济责任，便于成本考核分析。但是，其分配结果会受计划成本准确与否的影响，因此，该方法适用于计划成本资料比较健全准确、成本核算基础工作较好的企业。

4．代数分配法（Algebra Allocating Method）

代数分配法是运用初等数学中多元一次联立方程组求解的原理，计算出各辅助生产车间劳务的单位成本，再根据受益单位实际耗用量分配辅助生产费用的方法。其基本程序为：①设未知数，即辅助生产车间劳务的单位成本，并根据辅助生产车间之间相互提供劳务的关系建立多元一次联立方程组；②解联立方程，求出各辅助生产车间劳务的单位成本；③以②求出的单位成本和受益单位的耗用量分配辅助生产费用。

计算公式为：

某辅助车间提供产品或劳务数量×该车间产品或劳务单位成本＝该车间直接发生费用＋该车间耗用其他辅助费用数量×其他辅助生产车间产品或劳务单位成本

某部门应分配的辅助生产费用＝该部门实际耗用量×耗用产品或劳务单位成本

【例5】某企业辅助生产车间发生的费用及劳务供应情况如表4－9。

表4－9　辅助生产车间供应产品及劳务数量

项　目	机修工时	供电度数
机修车间		3 984
供电车间	607	
甲产品		25 000
乙产品		35 000
基本生产车间	8 000	2 000
专设销售部门	1 000	5 000
管理部门	2 243	9 016
合　计	11 850	80 000

“辅助生产成本”明细账归集的辅助生产费用总额44 972元和38 008元，按两个辅助生产车间提供的劳务数量进行分配。

假设机修车间的单位成本为x，供电车间的单位成本为y，设立如下联立方程为：

$$\begin{cases}44\ 972+3\ 984y=11\ 850x\\38\ 008+607x=80\ 000y\end{cases}\qquad 解得：\begin{cases}x=3.964\ 942\\y=0.505\ 184\end{cases}$$

编制辅助生产费用分配表如表4－10。

表 4－10　代数分配法生产费用分配表

单位：元

项　目	机修车间		供电车间		合　计
	耗用量	分配额	耗用量	分配额	
直接发生的费用		44 972		38 008	82 980
提供的劳务量					
分配率		3.964 942		0.505 184	
机修车间			3 984	2 012.65	2 012.65
供电车间	607	2 406.72			2 406.72
甲产品			25 000	12 629.60	12 629.60
乙产品			35 000	17 681.44	17 681.44
基本生产车间	8 000	31 719.54	2 000	1 010.37	32 729.91
专设销售部门	1 000	3 964.92	5 000	2 525.92	6 490.84
管理部门	2 243	8 893.47	9 016	4 554.74	13 448.21
合　计	11 243	46 984.65	76 016	40 414.72	87 399.37

借：辅助生产成本——机修车间　　2 012.65
　　　　　　　　——供电车间　　2 406.72
　　基本生产成本——甲产品　　12 629.60
　　　　　　　　——乙产品　　17 681.44
　　制造费用　　32 729.91
　　销售费用　　6 490.84
　　管理费用　　13 448.21
　贷：辅助生产成本——机修车间　　46 984.65
　　　　　　　　　——供电车间　　40 414.72

代数分配法运用数学方法同时计算各辅助生产产品或劳务的单位成本，分配结果最准确。但若部门多，未知数多，计算较为复杂，工作量较大。该方法适用于辅助生产车间不多或采用计算机进行成本核算的企业。

本章小结

本章主要介绍辅助生产费用的归集与分配，分配方法包括直接分配法、顺序分配法、一次交互分配法、计划成本分配法和代数分配法。

1. 企业生产分为基本生产和辅助生产。辅助生产是为保证基本生产正常进行而向基本生产车间、行政管理部门提供产品或劳务的生产活动，包括单品种辅助生产和多品种辅助生产。

2. 直接分配法是一种不考虑各个辅助生产车间之间相互提供产品和劳务的情况，而将辅助生产车间发生的实际费用直接分配给各基本生产车间、企业管理部门和其他部门的辅助生产费用分配方法，这种方法适用于在辅助生产车间内部不相互提供产品或劳务或者相互提供产品或劳务不多，不进行费用的交互分配对辅助生产成本和产品制造成本影响不大的情况。

3．顺序分配法是指各辅助生产车间之间的费用分配是按照受益多少的顺序依次排序，受益少的排在前，先将费用分配出去，受益多的排在后，后将费用分配出去，排列在前的各辅助生产车间不负担排列在后的辅助生产费用。这种方法适用于辅助生产车间相互受益的程度有明显顺序的情况。

4．一次交互分配法将辅助生产费用的分配分两次进行。第一次只在各相关辅助生产部门之间交互分配费用；第二次将辅助生产部门的实际费用直接分配给辅助生产部门以外的其他各受益部门。这种方法适用于各辅助生产车间相互提供劳务量大，但无一定顺序的情况。

5．计划成本分配法是指在分配辅助生产费用时，根据事先确定的产品或劳务的计划单位成本和各车间、部门耗用的劳务数量，计算各车间、部门应分配的辅助生产费用的一种方法。这种方法适用于计划成本资料比较健全准确、成本核算基础工作较好的情况。

6．代数分配法是运用初等数学中解多元一次方程组的技术进行辅助生产费用分配的一种方法。这种方法适用于辅助生产车间不多或采用计算机进行成本核算的情况。

主要名词

辅助生产成本　辅助生产　直接分配法　顺序分配法　一次交互分配法　计划成本分配法　代数分配法

练习与思考

一、单选题

1．辅助生产车间产品和劳务的成本，对基本生产车间来说是（　　）。

A．成本　　B．辅助生产费用
C．制造费用　　D．管理费用

2．辅助生产费用交互分配后的实际费用，应在（　　）之间进行分配。

A．各辅助生产车间　　B．各受益单位
C．辅助生产车间以外的各受益单位　　D．基本生产车间

3．采用顺序分配法分配辅助生产费用时，（　　）生产部门排在第一位。

A．施惠最多，受益最少　　B．施惠最少，受益最多
C．施惠最多，受益最多　　D．施惠最少，受益最少

4．如果辅助生产车间规模不大，制造费用不多，为了简化核算工作，其制造费用可以直接计入（　　）。

A．制造费用　　B．辅助生产成本
C．基本生产成本　　D．本年利润

5. 辅助生产费用分配采用计划成本分配法结算出的辅助生产成本差异，一般全部计入（　　）科目。

A. 制造费用　　B. 辅助生产成本

C. 基本生产成本　　D. 管理费用

6. 辅助生产费用的交互分配法，其交互分配是在（　　）。

A. 辅助生产车间以外的受益单位之间　　B. 各受益单位之间

C. 受益辅助生产车间之间　　D. 辅助生产车间与基本生产之间

7. 对于辅助生产车间的制造费用，如果辅助生产只提供一种劳务，制造费用可以直接计入（　　）科目。

A. 辅助生产成本　　B. 基本生产成本

C. 管理费用　　D. 制造费用

8. 各辅助生产费用分配中，既能简化计算工作，又能加快分配的速度，同时还能划清各车间部门的经济责任，便于成本分析考核的是（　　）。

A. 直接分配法　　B. 交互分配法

C. 计划成本分配法　　D. 以上都可以

二、多选题

1. 下列辅助车间，（　　）属于单品种辅助生产。

A. 供水车间　　B. 运输车间

C. 修理车间　　D. 供气车间

2. 辅助生产成本明细账户余额的特点是（　　）。

A. 如果为自制材料和包装物、自制工具和模具等的成本明细账，结转完工入库后，期末借方余额为期末在产品成本

B. 如果为生产产品的成本明细账，期末分配给受益对象后，应有贷方余额

C. 如果为供水、供电、供汽和机修、运输等成本明细账，期末分配给受益对象以后，应无余额

D. 各种辅助生产成本明细账一般应有期末借方余额

3. 在辅助生产费用分配方法中，考虑了辅助生产单位之间交互分配费用的方法有（　　）。

A. 直接分配法　　B. 一次交互分配法

C. 代数分配法　　D. 计划成本分配法

4. 顺序分配法的特点表现在（　　）。

A. 辅助生产车间按受益的多少排列，受益多的排列在前，受益少的排列在后

B. 辅助生产车间按受益的多少排列，受益少的排列在前，受益多的排列在后

C. 辅助生产费用表的下线呈梯形

D. 各种辅助生产费用只分配一次

5. 交互分配法的特点是（　　）。

A. 各种辅助生产费用要计算两个分配率

B. 各种辅助生产费用要进行两次分配

C. 先在辅助车间内部交互分配，然后再对外分配

D. 先对外分配，然后再在辅助生产车间内部交互分配

6. 辅助生产车间一般不设置“制造费用”科目核算是因为（　　）。

A. 辅助生产车间规模较小，发生的制造费用较少

B. 辅助生产车间不对外销售产品

C. 为了简化核算工作

D. 没有必要

7. 分配结转辅助生产费用时，可能借记的科目有（　　）。

A. 基本生产成本　　B. 制造费用

C. 低值易耗品　　D. 在建工程

8. 下列属于提供多种劳务的辅助生产车间有（　　）。

A. 供水车间　　B. 供电车间

C. 工具、模具的生产　　D. 机器设备的维修

9. 直接分配法适用于（　　）。

A. 辅助生产车间相互提供劳务较少

B. 交互分配的辅助生产车间受益程度有明显顺序

C. 交互分配费用相差不大

D. 计划成本基础较好

三、判断题

1. 对辅助生产车间的制造费用通过“管理费用”科目核算。（　　）

2. 辅助生产的主要任务是在为基本生产服务的同时，对外销售产品和提供劳务。（　　）

3. 采用直接分配法时，同时应考虑辅助生产车间相互耗用的产品或劳务。（　　）

4. 采用一次交互分配法，交互分配以后各辅助生产单位的待分配费用，应分配给全部受益对象。（　　）

5. 在计划成本分配法下，为简化分配工作，可将辅助生产成本差异全部调整记入制造费用。（　　）

6. 分配辅助生产费用最常用的两种方法是交互分配法和代数法。（　　）

7. 直接材料、直接人工等直接费用，直接计入辅助生产成本。（　　）

8. 辅助生产费用的归集与分配是通过“辅助生产成本”科目来进行的。（　　）

9. 交互分配法下，对辅助生产车间以外受益部门分配的费用等于辅助生产车间的直接费用与交互分配的费用之和。（　　）

四、简答题

1. 正确及时地核算辅助生产费用有何意义？如何正确组织辅助生产费用核算？

2. 辅助生产费用归集的程序是什么？

3. 简述辅助生产费用分配的特点。

4. 辅助生产费用归集的任务是什么？

5. 辅助生产费用分配的方法有哪些？并简述各种方法的特点及适用条件。

五、计算题

1. 某企业辅助生产车间生产专用工具一批，本月发生费用如下：

（1）生产工人工资 80 000 元，其他人员工资 15 000 元；

（2）生产专用工具领用原材料 25 000 元，车间一般性耗料 1 500 元；

（3）按工资总额 14% 比例提取职工福利费；

（4）燃料和动力费用 8 000 元，通过银行转账支付；

（5）计提固定资产折旧费 5 000 元；

（6）以银行存款支付修理费、水费、邮电费、劳动保护费等，共计 4 500 元；

（7）专用工具完工，结转实际成本。

要求：根据上述资料，编制有关会计分录（单独核算辅助生产制造费用）。

2. 某企业设修理、运输两个辅助生产车间，修理车间本月发生费用为 18 000 元，运输部门本月发生费用为 30 000 元，其提供劳务数量如下表：

受益单位	修理工时	运输公里数
修理车间	—	1 000
运输部门	1 200	—
基本生产车间产品生产	7 000	10 000
基本生产车间管理部门	9 000	15 000
行政管理部门	2 800	4 000
合　计	20 000	30 000

要求：用一次交互分配法计算分配两个辅助生产车间费用，并编制会计分录。

3. 某企业设有修理、运输两个辅助生产车间，本月发生的辅助生产费用及提供的劳务量如下表：

<table>
<tr><td colspan="2">辅助车间名称</td><td>修理车间</td><td>运输车间</td></tr>
<tr><td colspan="2">待分配费用</td><td>5 000 元</td><td>8 000 元</td></tr>
<tr><td colspan="2">提供劳务数量</td><td>10 000 小时</td><td>16 000 吨/公里</td></tr>
<tr><td colspan="2">计划单位成本</td><td>0. 4 元</td><td>0. 45 元</td></tr>
<tr><td rowspan="4">耗用劳务数量</td><td>修理车间</td><td></td><td>2 750 吨/公里</td></tr>
<tr><td>运输车间</td><td>2 000 小时</td><td></td></tr>
<tr><td>基本一车间</td><td>5 500 小时</td><td>9 000 吨/公里</td></tr>
<tr><td>基本二车间</td><td>2 500 小时</td><td>4 250 吨/公里</td></tr>
</table>

要求：用计划成本分配法分配辅助生产费用，并编制辅助生产费用分配表，同时编制有关会计分录。

第五章　制造费用及废品损失

对现代制造业而言，间接生产费用在产品成本的比重中越来越大，制造费用核算的准确性直接影响产品成本的准确性。而企业产品生产过程中发生的废品损失，不仅影响企业的产品成本，而且是对社会资源的浪费，控制废品损失的发生，对于提高产品质量、降低产品成本、增加企业效益至关重要。

通过本章学习，应该掌握如下内容：

（1）制造费用的内容及核算的意义；

（2）制造费用的分配方法；

（3）废品损失核算的意义；

（4）废品损失的归集和分配；

（5）停工损失的归集和分配。

第一节　制造费用的内容和核算意义

一、制造费用的内容

制造费用的构成比较复杂，大部分是间接用于产品生产的费用，主要分为以下三个大类：间接用于产品生产的费用、部分直接用于产品生产的直接生产费用、车间用于组织和管理生产的费用，包括车间管理人员工资和福利费、折旧费、修理费、办公费、水电费、机物料消耗、劳动保护费、季节性和修理期间的停工损失等。具体内容如下：

（1）工资。工资是指生产单位（分厂、车间，下同）除生产工人之外的管理人员、工程技术人员和其他生产人员的工资。

（2）职工福利费。职工福利费是指按生产单位上述人员工资的一定比例（现行规定14%）计提的福利费。

（3）折旧费。折旧费是指生产单位的房屋、建筑物、机器设备等固定资产按规定的折旧方法计算的折旧费用。

（4）租赁费。租赁费是指生产单位租入固定资产和专用工具而发生的租金，但不包括融资租赁费。

（5）修理费。修理费是指生产单位使用的固定资产发生的各种大修理和日常修理费用。

（6）机物料消耗。机物料消耗是指生产单位为维护生产设备等管理上所消耗的各种材料，不包括专门进行固定资产修理和劳动保护用材料。

（7）低值易耗品摊销。低值易耗品摊销是指生产单位使用的各种低值易耗品的摊销费。

（8）取暖费。取暖费是指生产单位用于职工防寒取暖而发生的费用，不包括支付给职工的取暖津贴。

（9）水电费。水电费是指生产单位管理上耗用水、电而发生的费用。生产工艺耗用的电费比较大的，可以设置专门的成本项目，在“燃料及动力”成本项目中核算。

（10）办公费。办公费是指生产单位耗用的文具、印刷、邮电、办公用品等费用。

（11）差旅费。差旅费是指生产单位职工因公出差而发生的交通、住宿、出差补助等费用。

（12）运输费。运输费是指生产单位耗用的厂内、厂外的运输劳务费用。

（13）保险费。保险费是指生产单位应负担的财产物资保险费，从保险公司取得的赔偿应从本项目扣除。

（14）设计制图费。设计制图费是指生产单位应负担的图纸费、制图用品费和委托设计部门设计图纸而发生的费用。

（15）试验检验费。试验检验费是指生产单位应负担的对材料、半成品、产品进行试验或进行检查、化验、分析的费用，包括企业中心实验室、检验部门为生产单位进行试验、检验所耗用的材料、破坏性实验的样品，以及委托外单位进行检查试验所发生的费用。

（16）劳动保护费。劳动保护费是指生产单位为保护职工劳动安全所发生的劳动用品费，如劳保眼镜、工作服、工作鞋、工作帽、手套等，不包括构成固定资产价值的安全装置、卫生设备、通风设置等发生的费用。

（17）季节性、修理期间停工损失。季节性、修理期间停工损失，不包括单独组织生产单位生产损失核算的停工损失。

（18）其他。其他是指以上各项以外的应计入产品成本的其他制造费用，如在产品盘亏、毁损损失。

二、制造费用的核算意义

制造费用（Manufacturing Expenses）是企业各生产单位（分厂、车间）为组织和管理生产所发生的、不能直接计入各成本计算对象的间接生产费用。

制造费用是产品成本的重要组成部分，企业计入产品成本的费用中，除了直接材料和直接工资之外，其余的费用一般都包括在制造费用之中。特别是在当今高科技和信息时代，直接生产费用在产品成本中的比重呈现下降趋势，间接制造成本在产品成本中的比重越来越大。因此，间接制造成本，也就是制造费用的核算准确与否，直接影响产品成本的正确性。加强制造费用的控制和管理，组织好制造费用的核算，正确地将制造费用分配于产品成本中对企业的成本管理具有重要意义。

第二节　制造费用的归集和分配

一、制造费用核算的账户设置

对于基本生产车间，为了管理和控制该项费用发生，不管是生产多种产品还是一种产品，都应对制造费用单独核算。产品生产车间的间接费用通过设置“制造费用”账户进行归集。该账户属于集合分配账户，其借方归集月份内发生的制造费用，贷方反映费用的分配，按照费用项目设立专栏或专户。制造费用归集时，应根据各种记账凭证和各种费用分配表进行登记。

对于辅助生产车间，若生产产品或劳务单一，且制造费用金额少，可不对制造费用单独设账，直接计入“辅助生产成本”。制造费用的明细账应根据管理需要，按车间、部门设置，账内按费用项目设置专栏。

制造费用的组成内容较多，企业在设明细账专栏时，可以根据费用比重大小和管理要求，将费用项目合并，以简化核算工作。

二、制造费用的归集

企业发生的制造费用，按其发生地点和用途归集于“制造费用”借方及其所属明细账的有关费用项目，即根据“材料费用分配表”、“工资费用分配表”、“动力费用分配表”、“折旧费用分配表”、“待摊费用分配表”、“预提费用分配表”、“其他费用分配表”等有关凭证登记“制造费用”及其所属明细账。制造费用明细账如表5－1所示。

表5－1　制造费用明细账

车间名称：一车间　　　　　　　　　　　　　　　　　　　　　　　　单位：元

月	日	凭证号数	摘要	工资	福利费	折旧费	修理费	办公费	水电费	运输费	保险费	机物料消耗	其他	合计	转出	余额
5	31		货币资金支出	3 000	800					300						
	31		归集折旧费			1 340										
	31		归集修理费				700									
	31		低值易耗品等摊销					450			200	600				
	31		归集水电费等						200				150			
	31		本月合计	3 000	800	1 340	700	450	200	300	200	600	150	7 740		

归集在“制造费用”借方的各车间、部门当月发生的制造费用，月末应同制造费用预算比较、分析，考核制造费用计划的执行情况。更重要的是将制造费用直接或分配转入“基本生产成本”及“辅助生产成本”。

三、制造费用的分配

1．制造费用分配程序及分配标准选择

为了正确地计算产品成本，必须合理地分配制造费用。由于各车间的制造费用水平不同，制造费用的分配应该按照车间分别进行，而不应将各车间的制造费用汇总起来，在整个企业范围内统一分配。企业按车间、部门设置“制造费用”并按费用项目设专栏归集制造费用，这些费用应由该车间、部门的全部产品或劳务来承担。在生产一种产品或劳务的车间、部门中，发生的制造费用应直接计入该种产品或劳务的成本，即“基本生产成本”或“辅助生产成本”及其所属明细账。在生产多种产品或劳务的车间、部门中，发生的制造费用则属于间接计入费用，应采用适当的分配方法，分配计入各产品生产成本中。即在生产多种产品的车间、部门共同发生的制造费用，才有分配问题。

制造费用分配的关键在于选择合适的分配标准。一般情况下，选择制造费用的分配标准，需考虑制造费用与产品的关系和制造费用与生产量的关系，应遵循相关性、易操作及相对稳定的原则。相关性，是指分配标准与制造费用的发生具有密切联系，一般呈正相关。易操作，是指作为分配标准的资料应比较容易取得，而且容易正确计量，避免烦琐复杂。相对稳定，是指制造费用分配标准、分配方法一经选定，不能随意变动。

制造费用的分配标准一般有机器工时、生产工人工时、生产工人工资等。

2．制造费用的分配方法

制造费用的分配方法，一般分为以下几类：

（1）生产工人工时比例分配法。这是按照各种产品所耗用生产工人实际工时的比例分配费用的方法。按照生产工人工时比例分配制造费用，制造费用分配率计算公式为：

制造费用分配率＝制造费用总额÷∑产品生产工时总和

某产品应分配的制造费用＝该产品生产工时×制造费用分配率

【例1】某企业某月一车间全月共发生制造费用45 000元。假设一车间生产甲、乙两种产品，甲产品生产工人工时2 500小时，工资48 000元；乙产品生产工人工时3 600小时，工资62 000元。

制造费用的分配可通过编制“制造费用分配表”进行。根据以上资料，编制一车间“制造费用分配表”，如表5－2所示。

表5－2 制造费用分配表

应借科目		生产工时	分配金额
基本生产	甲产品	2 500	18 443
	乙产品	3 600	26 557
合 计		6 100	45 000

根据表5－2应编制如下会计分录：

借：基本生产——甲产品　　18 443

　　基本生产——乙产品　　26 557

　贷：制造费用　　45 000

（2）生产工人工资比例分配法。这是按照计入各种产品成本的生产工人实际工资的比例分配制造费用。其制造费用分配率计算公式为：

制造费用分配率＝制造费用总额÷∑产品生产工人工资总和

某产品应分配的制造费用＝该产品生产工人工资×制造费用分配率

【例2】承【例1】的资料采用生产工资比例分配法分配制造费用。

制造费用分配表如表5－3所示。

表5－3　制造费用分配表

应借科目		生产工人工资	分配金额
基本生产成本	甲产品	48 000	19 636
	乙产品	62 000	25 364
合　计		110 000	45 000

根据表5－3应编制如下会计分录：

借：基本生产——甲产品　　19 636

　　　　　　——乙产品　　25 364

　贷：制造费用　　45 000

（3）机器工时比例分配法。这是按照各种产品生产过程所耗用机器设备运转时间的比例分配制造费用。这种方法适用于产品生产的机械化程度较高的车间。制造费用分配率的计算公式为：

制造费用分配率＝制造费用总额÷∑产品生产机器工时总额

某产品应分配的制造费用＝该产品生产机器工时×制造费用分配率

（4）按照耗用原材料的数量或成本进行分配。这种方法以各种产品耗用原材料的数量或成本作为分配标准。它适于用原材料在产品成本中占有较大比重的计算。制造费用分配率计算公式为：

制造费用分配率＝应分配的制造费用总额÷∑产品耗用原材料数量（或成本）之和

某产品应分配的制造费用＝该产品耗用原材料数量（或成本）×制造费用分配率

（5）按直接成本比例分配。直接成本是指能直接归属产品负担的成本，即直接材料与直接人工之和所构成的成本。

制造费用分配率 = 制造费用总额 ÷ ∑产品直接成本之和

某产品应分配的制造费用 = 该产品直接成本 × 制造费用分配率

（6）联合分配。这种方法将制造费用的明细项目划分为若干类，对不同类别的费用项目，采用不同的分配标准进行分配。

（7）按年度计划分配率分配法。这种方法按照年度开始前确定的全年度制造费用预算数与年度预计业务量（工时或生产工人工资）计算预定分配率分配制造费用。制造费用分配率计算公式为：

制造费用计划分配率 = 年度制造费用总额（预算数）÷年度预计业务量（定额工时或生产工人工资）

某产品应分配制造费用 = 该产品当月实际耗用量 × 制造费用计划分配率

【例3】某企业的第二生产车间全年计划制造费用额为 360 000 元，各种产品全年定额工时为 400 000 小时。12 月份甲产品实际产量的定额工时为 26 000 小时，乙产品实际产量的定额工时为 11 000 小时。年末核算时，该车间全年共发生制造费用 378 000 元。1 – 11 月份按计划分配率分配的制造费用甲产品为 244 800 元，乙产品为 107 100 元。

要求：根据上述资料，采用计划分配率法分配制造费用。

根据以上资料，编制 2 月份“制造费用分配表”，如表 5 – 4 所示。

表 5 – 4 制造费用分配表

应借科目		实际产量定额工时	计划分配金额
基本生产成本	甲产品	26 000	23 400
	乙产品	11 000	9 900
		37 000	33 300

制造费用计划分配率 = 360 000/400 000 = 0.9

根据“制造费用分配表”编制会计分录，登记有关账户。

借：基本生产成本——甲产品　　23 400

　　　　　　　　——乙产品　　9 900

　贷：制造费用　　33 300

当月少分配的或多分配的，当月都不作调整，年终一次调整计入 12 月份。

全年按计划分配率分配的制造费用

= (244 800 + 23 400) + (107 100 + 9 900) = 268 200 + 117 000 = 385 200（元）

差异额 = 378 000 – 385 200 = – 7 200（元）

差异额分配率 = – 7 200/385 200 = – 0.018 691 5

甲产品应负担的差异额 = 268 200 × (– 0.018 691 5) = – 5 013（元）

乙产品应负担的差异额 = 117 000 × (– 0.018 691 5) = – 2 187（元）

借：基本生产成本——甲产品　　5 013
　　　　　　　　——乙产品　　2 187
　贷：制造费用　　7 200

年末差额调整后，“制造费用”总账及其所属明细账均无余额。

按计划分配制造费用，不管各月实际发生的制造费用多少，都按年度计划分配，不必每月等到实际制造费用资料出来再计算分配率分配，要及时分配，简化计算工作，而且及时反映制造费用预算数与实际数的差异，有利于分析预算执行情况。不过，运用此方法，必须有较好的计划工作质量，否则，年度制造费用预算脱离实际太大，会影响成本计算的准确性，如果出现这种情况，应及时调整计划分配率。计划分配率法特别适用于季节性生产的车间、部门。

第三节　废品损失的核算

企业在生产经营过程中难免会发生各种各样的损失，在实际处理时，为了促进企业加强经济核算，减少损失，有些损失也计入产品成本。企业发生的各种损失按其是否计入产品制造成本，可分为生产损失与非生产损失两大类。生产损失（Production Losses）是因生产原因造成的损失，即企业因生产组织管理不合理或未执行技术操作规程而造成的各种生产性损失。从严格意义上说，生产损失包含的内容很多，如因产品短缺和毁损造成的损失，因材料、工时消耗大于正常消耗造成的损失，因工人技术不熟练或操作不慎造成的废品损失以及由于机器故障、季节性、修理期间的停工损失。

企业发生生产损失会降低企业的经济效益，给企业带来不利的影响。首先，生产损失会浪费企业的人力、物力和财力；其次，生产损失会影响企业生产计划的完成，妨碍企业正常生产秩序；最后，生产损失还影响产品质量，使企业产品成本增加，削弱企业的竞争能力。

加强生产责任（Production Responsibility）和产品质量管理（Product Quality Management），正确反映和控制废品损失，防止停工发生，对降低产品成本、减少损失、增强企业竞争力、提高经济效益和社会效益都具有重要意义。本节和下节主要介绍计入产品成本的废品损失和停工损失的核算。

一、废品损失的内容

1．*废品*

废品（Spoiled Goods）是指经检验在质量上不符合规定的技术标准，或者需要在生产中经过重新加工整理后才能使用的产成品、在制品、半成品和零部件等。

企业在生产过程中不可避免地会出现一些废品。为了正确计算产品成本，不断降低产品成本，并便于进行成本分析和考核，就应该核算废品损失。废品的种类不同，废品损失的核算方法也不一样。因此，要准确地核算废品损失，有必要对废品进行分类。

废品按其修复的技术可能性和修复费用的经济合理性，分为可修复（Rework）废品和不可修复（Unrework）废品两种。

所谓可修复废品是指在技术上可以修复，而且所耗修复费用在经济上合算的废品（两个条件必须同时具备）。所谓不可修复废品是指在技术上不能修复，或者可修复但所耗修复费用在经济上不合算的废品（两个条件只需具备其一）。经济上合算是指修复费用低于重新制造同一产品的支出。

2. 废品损失及其内容

废品损失（Spoiled Goods Losses）是因生产原因造成的废品而发生的损失。包括在生产过程中发现的以及入库或销售后（实行“三包”的产品例外）发现的可修复废品的修复费用和不可修复废品的净损失。

对产品实行“三包”（包修、包换、包退）的企业，如果销售后发现废品，理论上来说，其修理费、退回调换产品的运杂费、退回废品的成本减残值后的净损失等“三包”损失，都应属于废品损失。但在实际工作中，为简化核算，“三包”损失发生时，直接计入“管理费用”。若余额较大，也可通过“待摊费用”核算。

除“三包”损失外，下列情况的损失也不包括在废品损失内：因保管不善、运输不当或其他原因使合格品损坏变质所带来的损失；经质检部门检验鉴定不需要返修，即行降级出售或使用的次品等不合格品，因降价带来的损失。

二、废品损失的核算

废品损失的核算是指对废品损失的发生进行归集、结转和分配的核算，包括可修复废品损失核算和不可修复废品损失核算。

1. 废品损失核算的凭证

为了便于分清责任，实行有效控制，组织废品核算都应遵循一定的凭证手续，这些凭证主要包括废品通知单、废品交库单、返修用料的领料单、工作通知单等。

当质检部门发现废品后，应由质检人员或由产生废品的车间、班组填制一式三联的“废品通知单”。单内列明废品的名称、数量、发生废品的原因和过失人等。“废品通知单”一联由生产车间保存，另两联交质检部门和财务部门，财务人员和质检人员会同审核单上所列的各项目。只有经审核无误的“废品通知单”才可作废品损失核算的依据。“废品通知单”如表5-5。

表5-5　废品通知单

班组：　　　　20××年×月　　　　字第　号

<table>
<tr><td>工　号</td><td></td><td colspan="2">图　号</td><td>工　序</td></tr>
<tr><td>废品名称</td><td>单　位</td><td>数　量</td><td>单位工时</td><td>总工时</td></tr>
<tr><td>A产品</td><td></td><td></td><td></td><td></td></tr>
<tr><td>合　计</td><td></td><td></td><td></td><td></td></tr>
<tr><td>废品原因</td><td colspan="2"></td><td>检查决定</td><td></td></tr>
</table>

质量检验员：　　　　组　长：　　　　生产工人（责任者）：

对于送交仓库的不可修复废品，应另填“废品交库单”。单上注明废品的残料价值(Scrap)，作为核算残料入库的依据。

对于可修复废品，在返修中所领用的各种材料及所耗工时等，应另填“领料单”、“工作通知单”及其他有关凭证。单上注明“返修废品用”，作为核算修复费用的依据。

2. 废品损失核算的账户设置

为反映基本生产车间废品损失的情况，一般应设置“废品损失”账户。其设置方式包括：一种是设置“废品损失”一级账户，其下分车间、按产品设置明细账，账内按成本项目设专栏进行核算。对于不可修复废品，要将其成本从“基本生产成本”的各成本项目分别转入“基本生产成本”的废品损失成本项目，而收回的残料价值和应收赔偿款贷记“基本生产成本”，从废品损失成本项目中减除；对于可修复废品的修复费用，则直接归集于“基本生产成本”的废品损失成本项目。另一种是在“基本生产”一级账户下，设置“废品损失”二级账户，在“废品损失”二级账下分车间、按产品设置明细账，账内按成本项目设专栏进行核算。不可修复废品的生产成本和可修复废品的修复费用在“废品损失”账户借方归集，而废品残料回收的价值和应收的赔偿款记入“废品损失”账户贷方。上述借方发生额大于贷方发生额的废品净损失，从“废品损失”账户贷方直接或分配转入“基本生产成本”及其所属明细账。“废品损失”账户月末无余额。

废品损失的核算，也可不设“废品损失”账户，而将废品损失直接在“基本生产成本”总账及其所属明细账的“废品损失”成本项目核算。这样，对于不可修复废品，要将其成本从“基本生产成本”的各成本项目分别转入“基本生产成本”的废品损失成本项目，而收回的残料价值和应收赔偿款贷记“基本生产成本”，从废品损失成本项目中减除；对于可修复废品的修复费用，则直接归集于“基本生产成本”的废品损失成本项目。

3. 废品损失的账务处理程序

可修复废品损失和不可修复废品损失，其含义不同，计算、归集等方法亦有所区别。废品损失的核算即废品损失的归集和分配，其账务处理程序见图 5－1。

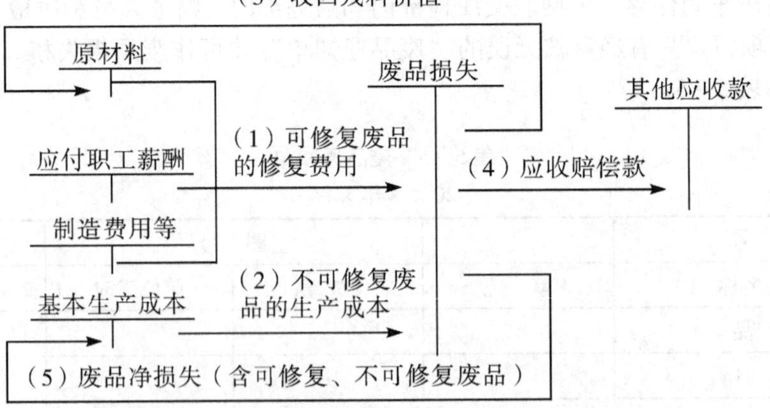

（3）收回残料价值
原材料
废品损失
其他应收款
应付职工薪酬
（1）可修复废品的修复费用
（4）应收赔偿款
制造费用等
（2）不可修复废品的生产成本
基本生产成本
（5）废品净损失（含可修复、不可修复废品）

图 5－1　设置“废品损失”账户的账务处理程序图

4. 可修复废品损失的核算

可修复废品损失是指废品在修复过程中所发生的修复费用，包括修复废品所耗用的原材料、燃料和动力、工资及福利费和应负担的制造费用等。

可修复废品返修以前发生的生产费用，不是废品损失，不必计算其生产成本转出，仍保留在“基本生产成本”及其所属明细账中（生产过程中发现），或保留在“产成品”中（入库以后发现）。

企业单独设置“废品损失”一级或二级科目的，可修复废品在返修中发生的各种修复费用，应根据注明“返修废品用”的领料单、工作通知单等凭证，编制各种费用分配表（格式可参看第三章内容，只是在分配表应借科目下加“废品损失”一行则可），然后根据各种费用分配表将修复费用归集于“废品损失”及其明细账的各成本项目。如果有残料收回和应收赔偿款，则根据废料交库单和结算凭证将残料价值和应收赔偿款从“废品损失”分别转入“原材料”和“其他应收款”账户。最后，归集在“废品损失”账户借方的修理费用减去账户贷方的收回残料价值和应收赔偿款后的净损失，应从“废品损失”账户贷方转入“基本生产成本”及其所属明细账的废品损失成本项目。

【例4】某企业在生产过程中发现2件乙产品为可修复废品。发生修复费用：原材料400元，工资200元，计提的福利费28元，应由过失人赔偿200元。

① 根据各种凭证编制费用分配表（略），编制归集修复费用的会计分录：

借：废品损失——乙产品　　628

　贷：原材料　　400

　　　应付职工薪酬——应付工资　　200

　　　应付职工薪酬——应付福利费　　28

② 应收过失人赔偿：

借：其他应收款　　200

　贷：废品损失——乙产品　　200

③ 结转废品净损失，计入产品成本：

借：基本生产成本——乙产品（废品损失）　　428

　贷：废品损失　　428

如果企业不设“废品损失”账户，仅在“基本生产成本”专设废品损失成本项目，那么，对修复费用的归集和残料价值收回以及应收赔偿款的核算，应是借记和贷记“基本生产成本”及其所属明细账废品损失成本项目，而不是“废品损失”账户，最后一步净损失的结转不需要做，因其已直接在废品损失成本项目中反映出来了。

【例5】仍用【例4】的资料，所作的会计分录为：

① 归集修复费用：

借：基本生产成本——乙产品（废品损失）　　628

　贷：原材料　　400

　　　应付职工薪酬——应付工资　　200

　　　应付职工薪酬——应付福利费　　28

② 应收过失人赔偿：

借：其他应收款 200

贷：基本生产成本——乙产品（废品损失） 200

经过以上处理，“基本生产成本”乙产品明细账中废品损失成本项目为428，正是计入产品成本的净损失。

5. 不可修复废品损失的核算

不可修复废品损失是不可修复废品的生产成本扣除废品残值和赔偿款后的净损失。

不可修复废品损失的核算，首先应计算截至报废时已经发生的不可修复废品的生产成本，然后扣除废品收回残料价值和应收赔偿款，算出废品净损失，再计入合格产品的成本。

不可修复废品的生产成本，可按废品所耗实际费用计算，也可按废品所耗定额费用计算。

(1) 不可修复废品成本按所耗实际费用计算。在采用按废品所耗实际费用计算的方法时，由于废品报废以前发生的各项费用是与合格品一起归集在“基本生产成本”账户，所以不能直接从“基本生产成本”账户确定该废品损失，而需要将“基本生产成本”及其明细账归集的各项费用，采用适当的分配方法，在废品与合格品之间进行分配，计算出不可修复废品的实际成本，从“基本生产成本”及所属明细账转入“废品损失”及其明细账，或直接转入“基本生产成本”及其明细账的废品损失成本项目。

在生产过程中发生的废品，可以按废品所耗的原材料费用和合格品所耗的原材料费用比例分配归集在“基本生产成本”及其明细账的原材料费用，按废品所耗的生产工时和合格品所耗的生产工时比例分配归集在“基本生产成本”及其明细账的工资及福利费、制造费用等。

【例6】某企业某月份投产丁产品180件，生产过程中发现不可修复废品30件。该产品成本明细账所记合格品与废品的全部费用为：直接材料4 500元，直接工资2 224元，制造费用5 560元，废品回收残料110元。直接材料于生产开始时一次投入，因此直接材料费按合格品的数量（150件）、废品数量（30件）的数量比例分配。其他费用按生产工时比例分配，生产工时为：合格品2 360小时，废品420小时。

要求：根据上述资料，编制不可修复废品损失计算表，并作相应的账务处理。

不可修复废品损失计算表如表5-6。

表5-6 不可修复废品损失计算表

项 目	数量（件）	直接材料	生产工时	直接工资	制造费用	合 计
费用总额	180	4 500	2 780	2 224	5 560	12 284
费用分配率		25		0.8	2	
废品成本	30	750	420	336	840	1 926
减：残值		110				110
废品报废损失		640		336	840	1 816

应作如下的账务处理：

① 将废品成本从"生产成本"总账及其明细账的贷方转出时：

借：废品损失——丁产品　　1 926

　贷：生产成本——基本生产成本（丁产品）　　1 926

② 回收废品残料价值时：

借：原材料　　110

　贷：废品损失——丁产品　　110

③ 假定应向某过失人索取赔款 200 元时：

借：其他应收款——某责任人　　200

　贷：废品损失——丁产品　　200

④ 将废品净损失 1 616（1 926 - 110 - 200）元转入合格产品成本时：

借：生产成本——基本生产成本——丁产品　　1 616

　贷：废品损失——丁产品　　1 616

本例中，原材料是生产开始时一次投入，所以，可直接按废品数量和合格品数量比例分配原材料费用。如果原材料是陆续投入，废品的原材料费用则不能按 100% 计算，需要按其投料程度，将废品数量折算为约当产量分配，加工费也可按约当产量（按加工进度折算）分配；如果废品是在完工后发现的，这时每一废品所应负担的费用与每一完工合格品所应负担的费用是等同的，分配所有成本项目的费用都不需要将废品数量折算，直接以废品数量和合格品产量比例分配。此外，如果产品生产费用中原材料费用占的比重很大，为简化核算，废品也可只计算应负担的原材料费用。这种不同情况的分配计算方法，可参看第六章第二节的约当产量法等相关内容。

不可修复废品成本按实际费用计算和分配废品损失，符合实际，但核算的工作量较大，且必须等"基本生产成本"实际生产费用汇总完以后才能计算、结转废品实际成本。

（2）不可修复废品按所耗定额费用计算。在采用按废品所耗定额费用计算的方法时，废品的生产成本是按废品的数量、工时定额和各项费用定额计算，而不考虑废品实际发生的生产费用。其计算公式为：

$$废品定额成本 = 废品数量 \times 各成本项目费用定额$$

$$废品净损失 = 废品定额成本 - 收回残料价值 - 应收赔偿款$$

【例 7】某企业生产的丙产品生产过程中发现不可修复废品 4 件，按所耗定额费用计算废品的生产成本。其直接材料费用定额为 50 元，已完成的定额工时为 100 小时，每小时的费用定额为：直接工资 1.20 元，制造费用 1.40 元。回收残料 15 元。

要求：根据上述资料，编制不可修复废品损失计算表。

不可修复废品损失计算表如表 5 - 7。

表5-7　不可修复废品损失计算表

项　目	直接材料	定额工时	直接工资	制造费用	合　计
单件、小时费用定额	50		1.20	1.40	—
废品定额成本	200	100	120	140	460
减：残值	15				15
废品损失	185		120	140	445

根据“不可修复废品损失计算表”编制会计分录，登记有关账户，其方法与按实际成本计算的相同，此略。

不可修复废品成本按定额费用计算，因费用定额事先确定，所以计算工作比较简便、及时，而且可使计入产品成本的废品损失不受实际费用水平高低的影响，有利于废品损失的分析和考核。但是，采用这一方法须具备齐全而较准确的消耗定额和费用定额资料，凡符合此条件的企业，都可按定额费用计算废品成本。

通过上述介绍，废品损失已归集至“基本生产成本”及其明细账中“废品损失”成本项目。这些废品损失通常只计入本月完工产品成本，在产品、自制半成品一般不负担，这样可集中将本月的废品损失反映于本月完工产品，引起管理者重视。若是单件小批生产，则废品损失属于该批（或订单）产品成本。

第四节　停工损失的核算

一、停工损失的内容

停工损失（Stop Work Losses）是指企业生产车间由于计划减产或因停电、待料、机器设备故障而停工所发生的一切损失。包括停工期间支付的生产工人工资和计提的福利费、耗用的燃料和动力费及应负担的制造费用等。

企业的停工可分为计划内停工和计划外停工两种。计划内停工指按计划规定发生的停工，如因计划减产、季节性和固定资产计划性大修理造成的停工；而计划外停工是因各种事故，如材料供应不足、停电、机器设备故障和自然灾害等造成的停工。

会计核算上，停工只有超过一定时间和范围时，才单独作为“停工损失”项目计入产品成本。否则，不单独作为产品成本项目，如辅助生产车间发生的停工损失，可直接计入辅助生产费用；季节性、修理期间的停工损失，以及全车间或一个班组停工不满一个工作日的损失，可计入制造费用；计划减产造成全厂连续停产10天以上或主要生产车间连续停产1个月以上所发生的停工损失，以及自然灾害造成的停工损失，计入营业外支出。可见，作为生产成本“停工损失”项目的是基本生产车间由于计划减产（计入营业外支出的除外），或由于材料、停电、机器设备故障而停工所发生的停工损失。

二、停工损失的核算

停工损失的核算是指对停工损失的发生，进行归集、结转和分配的核算。

1. 停工损失核算的凭证

在发生停工损失时，应由停工的车间填制“停工单”，并应在考勤记录中登记。在“停工单”内，应详细列明停工的车间、范围、原因、停工时间、过失人员、停工损失的金额等项内容。“停工单”在经有关部门审批后，作为账务处理的依据。“停工单”的工资支付率由劳动工资部门核定，会计部门应对停工报告单所列各项内容进行审核，计算停工工资，只有经审核后的停工报告单，方可作为停工损失核算的依据。

2. 停工损失核算的账户设置

为反映停工损失的情况，应设置“停工损失”总账户，而“基本生产成本”明细账则设“停工损失”成本项目。“停工损失”总账应按车间设明细账，账内按成本项目设专栏，该账户借方归集停工期间发生应计入停工损失的各种费用，贷方登记应收过失责任人（或单位）的赔偿款，以及结转计入产品成本、营业外支出等的停工净损失。结转后该账户一般无余额。如果是跨月继续停工，停工损失本月可不结转，待下月停工结束后再结转，这样“停工损失”账户就会有借方余额。

停工损失的核算，也可不设“停工损失”总账，而在“基本生产成本”总账下设“停工损失”明细账，明细账内仍按成本项目设专栏。

3. 停工损失的账务处理程序

停工损失的核算即停工损失的归集和分配，其账务处理程序如图 5－2 所示。

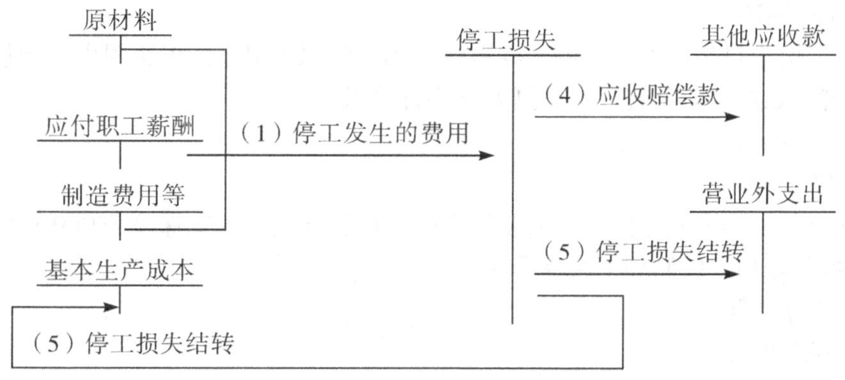

图 5－2　停工损失核算账务处理程序图

图中计入“制造费用”的停工损失可不通过“停工损失”账户，而直接由“燃料”、“应付职工薪酬”等账户与“制造费用”对应结转。

停工期间发生应计入停工损失的各项费用，应根据停工报告单等凭证编制各种费用分配表，如这些费用要在生产和停工之间分配，可按生产实际工时和停工工时分配。然后根据各种费用分配表将计入停工损失的各种费用归集于“停工损失”及其相应的成本项目。如果有应收赔偿款，应根据结算凭证将其从“停工损失”转入“其他应收款”。最后根据停工原因，将“停工损失”借方归集的费用减去贷方登记的应收赔偿款后的净损失，直接转入“营业外支出”、“制造费用”、“预提费用”或直接分配转入“基本生产成本”及其所属明细账的停工损失成本项目。分配转入是指一个车间如果同时生产多种产品，则停工损失需按生产工时或产品产量等标准分配计入各种产品成本。

企业发生停工损失，应根据不同情况作如下处理：

（1）发生的计划内停工损失，一般应通过预提、待摊的方式计入开工期所生产的产品成本。其账务处理如下：

① 预提时，编制如下会计分录：

借：基本生产成本——××产品

贷：预提费用

② 发生计划内停工损失时，编制如下会计分录：

借：停工损失

贷：应付职工薪酬——应付工资

——应付福利费

制造费用

③ 结转计划内停工损失时，编制如下会计分录：

借：预提费用

贷：停工损失

（2）对于因产品滞销、原材料短缺、设备故障等原因发生的计划外停工损失全部由当月产成品负担。在结转时，编制如下会计分录：

借：基本生产成本——制造费用

贷：停工损失

（3）对于由于自然灾害等与生产经营活动无关的原因引起的停工损失，则按规定计入“营业外支出”账户，在结转时，编制如下会计分录：

借：营业外支出

贷：停工损失

（4）如果停工损失应追究过失人赔偿责任，应将向责任人或保险公司获得的赔款计入“其他应收款”账户，编制如下会计分录：

借：其他应收款

贷：停工损失

（5）企业不设置“停工损失”总账的会计处理。

① 借：基本生产成本——停工损失

贷：应付职工薪酬

制造费用

② 借：其他应收款

营业外支出

贷：基本生产成本——停工损失

本章小结

本章主要介绍了制造费用、废品损失的归集和分配过程与核算程序及停工损失的核算。

1. 制造费用的归集和分配通过“制造费用”账户进行。对于基本生产车间的费用，应对制造费用单独核算，而对于辅助生产车间，若制造费用金额少，则可直接计入“辅助生产成本”。

2. 制造费用的分配方法可分为实际分配率法和计划分配率法。实际分配率法是根据“制造费用”本月归集的实际发生额，按一定分配标准分配计入产品（劳务）成本的方法；计划分配率法是按照年度制造费用预算数和年度预计产量的定额标准，计算计划分配率分配制造费用的方法。

3. 废品损失是因生产原因造成的废品而发生的损失，其归集和分配一般通过“废品损失”账户进行。

4. 废品损失包括可修复废品损失和不可修复废品损失，两种废品损失的含义不同，计算、归集等方法亦有所区别。

5. 停工损失是指企业生产车间由于计划减产或因停电、待料、机器设备故障而停工所发生的一切损失。

6. 停工损失的核算是指对停工损失的发生，进行归集、结转和分配的核算。其过程包括编制停工损失核算凭证及设置“停工损失”等账户进行核算。

主要名词

制造费用　间接生产成本　计划分配率　实际分配率　废品损失　不可修复废品损失　可修复废品损失　停工损失

练习与思考

一、单选题

1. 制造费用是（　　）。
   A. 间接生产费用
   B. 间接计入费用
   C. 应计入产品成本的车间生产费用
   D. 应计入产品成本，但没有专设成本项目的各项费用

2. 生产车间一般消耗的材料，应计入（　　）科目的借方。
   A. 制造费用　　B. 辅助生产成本
   C. 管理费用　　D. 基本生产成本

3. 制造费用分配以后，“制造费用”科目一般应无余额，如有余额则是在（　　）。
   A. 季节性生产的车间
   B. 各种产品生产机械化程度大致相同的产品

C．工时定额比较准确的产品

D．机械化程度较高的车间

4．不可修复产品的成本扣除回收的产品残料价值后的净额称为（　　）。

A．废品损失　　B．废品净损失

C．废品报废损失　　D．废品总损失

5．以下关于停工损失的表述，正确的是（　　）。

A．停工损失均可索赔　　B．停工损失均可计入营业外收入

C．停工损失均应计入产品成本　　D．以上均不正确

二、多选题

1．制造费用主要指企业为生产产品和提供劳务而发生的各项间接费用，包括（　　）。

A．工资和福利费　　B．季节性、修理期间的停工损失

C．机物料消耗　　D．折旧费、修理费

2．制造费用的分配（　　）。

A．应该可以在企业范围内统一分配

B．可以在全厂或整个总厂的各种产品之间分配

C．应该按车间分别进行分配

D．可以在所有车间范围内统一分配

3．不可修复废品的成本，可以按（　　）。

A．废品所耗实际费用计算　　B．废品所耗定额费用计算

C．废品售价计算　　D．废品残值计算

4．停工损失应该包括停工期间的（　　）。

A．生产工人工资及福利费　　B．燃料及动力费用

C．制造费用　　D．过失人赔偿款项

5．生产过程中或入库后发现的各种废品的废品损失不包括（　　）。

A．修复废品人员的工资　　B．实行“三包”损失

C．修复废品领用的材料　　D．不可修复废品的报废损失

三、判断题

1．采用按年度计划分配率分配法时，可以以定额工时为分配标准，也可以以产品的产量为分配标准。（　　）

2．通过制造费用的归集和分配，“制造费用”总账科目和所属明细账都没有年末余额。（　　）

3．在不单独核算废品损失的企业中，由于废品而产生的损失实际上由完工产品和在产品共同处理。（　　）

4．与基本生产一样，辅助生产也应单独核算废品损失和停工损失。（　　）

5．如果停工的车间生产多种产品，那么可采用分配制造费用的方法在各种产品之间分配停工损失。（　　）

四、简答题

1．制造费用核算有什么意义？

2．什么是制造费用？按现行财务制度，制造费用包括哪些内容？

3．如何归集制造费用？其账户如何设置？

4．制造费用有哪些分配方法？各有何优缺点？适用范围如何？

5．试验证：如果工人的计时工资按生产工时分配，则制造费用按生产工时比例和按工人工资比例分配，其结果是一样的。

6．什么是生产损失？为什么要进行生产损失的核算？

7．什么是废品？废品分为哪几类？

8．废品损失包括哪些内容？

9．可修复废品损失与不可修复废品损失含义有何不同？其核算方法又有何不同？

10．如何归集分配停工损失？

五、综合题

1．某企业基本生产车间生产 A、B 两种产品，A 产品生产工时 2 500 小时，B 产品生产工时 3 500 小时，某月生产工人工资为 9 000 元，是按生产工时分配的，该月制造费用为 18 000 元。

要求：根据以上资料分别按生产工时比例和工人工资比例分配制造费用。

2．某车间计划全年度制造费用发生额为 20 000 元，全年各产品的计划产量为：甲产品 250 件，乙产品 300 件；单位产品工时消耗定额为：甲产品 4 小时，乙产品 5 小时；该车间某月实际产量为：甲产品 15 件，乙产品 20 件。该月实际发生制造费用 1 500 元。

要求：（1）计算制造费用的年度计划分配率；

（2）按年度计划分配率法分配本月制造费用；

（3）编制相应的会计分录。

3．某企业规定不可修复废品成本按定额成本计价。某月某产品的不可修复废品 20 件，每件直接材料定额为 15 元；20 件废品的定额工时共为 130 小时。每小时的费用定额为：直接人工 5 元，制造费用 7 元。该月该产品的可修复废品的修复费用为：直接材料 500 元，直接人工 360 元，制造费用 800 元。废品的残料作为辅助材料入库，计价 100 元。应由责任人员赔偿的废品损失 200 元。废品净损失由当月同种产品成本负担。

要求：计算不可修复废品生产成本及净损失，并且编制有关分录。

4．某企业某车间停工若干天，停工期间发生的费用为领用原材料 1 500 元，应付生产工人工资 1 000 元，计提福利费 140 元，应分配制造费用为 2 500 元。经查明，停工系责任事故造成的，应由责任单位赔偿 4 000 元，其余在该车间生产的 A、B 两种产品按生产工时比例分配负担，其生产工时分别为 A 产品耗用 2 500 小时，B 产品耗用 1 500 小时。

要求：（1）计算该车间停工净损失；

（2）在 A、B 两种产品之间分配停工净损失；

（3）编制归集分配停工损失的会计分录。

第六章　生产费用在完工产品和在产品之间分配

为满足报表编制或者管理需要，月末通常要计算完工产品的总成本和单位成本。完成了将本月发生的生产费用在不同产品之间分配（属横向分配）后，要再将各产品的月初在产品成本加上生产费用之和，即各产品的生产费用合计，采用适当的方法，在完工产品（Finished Goods）和在产品（Work in Process）之间分配（Distributing），以计算出本月完工产品成本和在产品成本。

通过本章学习，应该掌握如下内容：

（1）广义与狭义在产品；

（2）分配在产品成本与完工产品成本的方法及适用范围；

（3）约当产量的计算和约当产量分配法的运用；

（4）定额比例分配法的运用。

第一节　在产品的盘存与核算

一、广义与狭义在产品

企业的在产品是指没有完成全部生产过程，不能作为商品销售的未完工产品。在产品有广义和狭义之分。广义在产品是从整个企业角度来说的在产品，包括还在车间加工的在产品（正在返修的废品也在内）和已经完成一个或几个生产步骤，但还需继续加工的半成品（未经验收入库的产品和等待返修的废品也在内）两部分。已验收入库准备对外销售的自制半成品，属于商品产品，不应列入在产品之内。而狭义在产品是就某一车间或某一生产步骤而言的，指某车间或某一生产步骤正在加工中的在产品（含返修中的废品），该车间或生产步骤完工的半成品不包括在内。

二、在产品收发存的核算

应计入本月各种产品成本的生产费用，在按成本项目归集在“基本生产成本”总账及其所属明细账的借方后，本月发生的生产费用加上月初在产品成本（如果有月初在产品）为生产费用合计。如果本月产品全部完工，生产费用合计就是该种产品的完工产品成本；如果本月产品全部未完工，生产费用合计就是该种产品的月末在产品成本；如果既有完工产品又有在产品，则需要采用适当的分配方法将生产费用合计在完工产品和在产品之间进行纵向分配。

本月生产费用、月初在产品成本、本月完工产品成本和月末在产品成本的关系，可用下列公式表示：

月初在产品成本＋本月生产费用－月末在产品成本＝本月完工产品成本　　①

月初在产品成本＋本月生产费用＝本月完工产品成本＋月末在产品成本　　②

根据公式，在完工产品和月末在产品之间分配费用有两种方法：第一种是先设法确定月末在产品成本，然后再计算出完工产品成本（如公式①）；第二种是将公式前两项，即月初在产品成本和本月发生的生产费用之和，按一定比例在后两项，即本月完工产品和月末在产品之间分配（如公式②）。无论采用哪一种方法，都必须正确组织和加强在产品收发结存的核算，取得期末在产品结存数量的资料。

三、在产品的盘存

和其他财产物资盘存的数量一样，在产品盘存的数量，应该具备账面核算资料和实际盘存资料。也就是说，企业一方面要做好在产品收发结存的日常核算工作，另一方面要做好在产品的盘存工作。

在产品收发结存的日常核算，通常是通过设置“在产品收发结存账”（实际工作中称“在产品台账”）进行的。“在产品台账”应分车间、按产品品种和在产品名称设置，用以登记车间各种在产品的转入、转出和结存的数量。“在产品台账”还可以根据生产特点和管理需要，进一步按在产品加工工序设置，以便反映在产品在各工序间的转移和数量变动的情况。

各车间或工序应认真做好在产品的计量工作，并在此基础上，根据领料凭证、在产品内部转移凭证、产成品检验凭证和产品交库凭证，及时登记“在产品台账”。“在产品台账”一般由车间核算人员登记，也可由各班组核算员登记，再由车间核算人员审核汇总，其格式如表6－1所示。

表6－1　在产品台账（收发结存账）

在产品名称：甲　　　　　　　　　　　　　　　　车间名称：一车间

日期		摘　要	收　入		转　出			结　存		备　注
月	日		凭证号	数　量	凭证号	合格品	废　品	完　工	未完工	
1	1		1101	90						
1	3				1201	67	2	6	15	
		合　计		450		375	6	25	44	

四、在产品清查的核算

为了核实在产品的数量，保证在产品的安全完整，企业必须做好在产品的清查工作。

应对在产品定期或不定期进行清查，以取得在产品的实际盘存资料。清查后，应根据清查盘存结果与“在产品台账”账面资料核对，编制“在产品盘存表”，填列在产品的账面数、实存数和盘盈、盘亏数以及盈亏的原因和处理意见等。对于报废和毁损的在产品，还要登记残值。如果车间没有设立“在产品台账”对在产品进行收发结存日常核算时，则应在每月末对在产品进行清查，按此实际盘存资料作为编制“在产品盘存表”和计算在产品成本的依据。

成本核算人员应对“在产品盘存表”进行认真审核，分析原因，并根据审核结果进行账务处理。

（1）在产品发生盘盈时，按盘盈在产品成本：

借：基本生产成本

贷：待处理财产损溢——待处理流动资产损溢

经批准核销时：

借：待处理财产损溢——待处理流动资产损溢

贷：制造费用

（2）在产品发生盘亏和毁损时，按在产品盘亏损失计算：

借：待处理财产损溢——待处理流动资产损溢

贷：基本生产成本

经批准转销时，应视不同原因作不同处理：

借：原材料（收回残值）

其他应收款（由过失人和保险公司赔偿）

制造费用（车间管理不善）

营业外支出（非常损失）

贷：待处理财产损溢——待处理流动资产损溢

第二节　在产品与完工产品成本计算

企业在生产过程中发生的生产费用，经过在各种产品之间进行分配和归集以后，应计入本月各种产品成本的生产费用，都已经集中反映在“基本生产成本”科目及其所属明细账中。如何合理、简便地在完工产品和在产品之间分配生产费用是成本核算中的重要环节之一。根据前面所介绍的公式①和②可以看出生产费用在完工产品和在产品之间分配有两种基本方法：

（1）先确定月末在产品成本，然后再确定完工产品成本。具体有：在产品不计算成本法、在产品按年初（固定）成本计算法、在产品按所耗原材料费用计算法、在产品按定额成本计算法等。

（2）生产费用按一定比例在完工产品和在产品之间分配，即完工产品成本与在产品成本同时确定。具体有：定额比例法、约当产量法、在产品成本按完工产品成本计算法等。

企业可根据月末结存在产品数量多少、各月月末在产品结存数量变化程度、月末结存在产品价值的大小、各成本项目在总成本中占的比重以及企业定额管理水平的好坏等具体条件，选择简便、适当的分配方法。

一、不计算在产品成本法

不计算在产品成本法，是指虽然月末有在产品，但在产品数量很少，价值很低，且各月月末在产品数量相差不大，因而忽略不计月末在产品成本的方法。如果月初、月末在产品成本很少，那么月初在产品成本与月末在产品成本的差额就更小。根据公式①（即月初在产品成本＋本月生产费用－月末在产品成本＝本月完工产品成本，下同）可知，计算各月在产品成本与否对完工产品成本影响不大。为简化成本计算工作，可不计算月末在产品成本，该产品本月发生的生产费用数额就是完工产品成本。例如，自来水生产企业、采煤企业、发电企业可以采用这一方法。

二、在产品按年初（固定）成本计算法

在产品按年初（固定）成本计算法，是指年内各月（12 月除外）月末在产品成本都按年初在产品成本计算，即按固定不变成本计算的方法。这种方法适用于各月月末在产品数量较少，价值较大，或者在产品数量虽然较多，但各月月末在产品数量稳定，变化不大的产品。在月末在产品数量较少，价值较大，或者月末在产品数量较多的情况下，如果不计算月末在产品成本，会使成本计算不准确，反映在产品资金占用不实，且造成较大的账外财产，影响会计监督。由于在产品数量较少，或者在产品数量较多，而各月月末在产品数量稳定，根据公式①，月初在产品成本与月末在产品成本的差额仍很小，计算此差额与否对完工产品成本影响不大，为简化核算工作，对各月月末在产品可以按固定（即年初）在产品成本计算，月初在产品成本与月末在产品成本之差为零，该产品本月发生的生产费用数额就是完工产品成本。

采用在产品按年初（固定）成本计算法，对年终 12 月的月末在产品，则需根据实际盘存的资料，采用其他方法具体计算年末在产品成本，这一方面可以作为下一年度年初在产品成本所用，另一方面可避免在产品固定不变的成本延续时间过长，使在产品成本与实际出入太大，影响产品成本计算的准确性和存货反映失实。但要注意，若物价波动较大，年初（固定）在产品成本可能失实，应慎用此法。

三、在产品按所耗原材料费用计算法

在产品按所耗原材料费用计算法，是指月末在产品只计算其所耗的原材料费用，不负担工资及福利费、制造费用等加工费用的方法。这种方法适用于各月月末在产品数量较多，或各月月末在产品数量不稳定，原材料费用在产品成本中占的比重较大的产品。如果各月月末在产品数量大，各月月末在产品数量也不稳定，既不可以不计算月末在产品成本，亦不可以按固定的成本计算，必须具体计算月末在产品成本。但是，若产品的原材料费用比重较大，加工费的比重小，月初在产品中的加工费与月末在产品中的加工费的差额不大，为简化核算工作，在产品可不计算加工费用，加工费用全部由完工产品成本负担。这样，完工产品成本就是全部生产费用（包括月初在产品成本和本月生产费用）减去月末

在产品所耗的原材料费用。例如，纺织、酿酒、造纸等企业，因其原材料费用比重较大，可采用这一方法，步骤如下：

第一步：将原材料费用在完工产品与在产品之间进行分配

$$原材料费用分配率 = \frac{月初原材料费用 + 本月原材料费用}{完工产品产量 + 在产品产量}$$

$$完工产品原材料成本 = 完工产品产量 \times 原材料费用分配率$$

$$在产品原材料成本 = 在产品产量 \times 原材料费用分配率$$

第二步：计算月末在产品成本

$$月末在产品成本 = 月末在产品应负担的原材料成本$$

第三步：计算月末产成品成本

$$\begin{aligned}月末产成品成本 &= 月初在产品成本 + 本月发生生产费用 - 月末在产品成本\\ &= 月初在产品原材料成本 + 本月发生生产费用 - 月末在产品原材料成本\\ &= 月末产成品应负担的原材料成本 + 本月直接人工费用 + 本月制造费\end{aligned}$$

【例1】某厂生产的甲产品直接材料费用在产品成本中所占比重较大，在产品只计算材料成本。甲产品月初在产品直接材料成本1 000元；本月发生生产费用7 000元，其中直接材料费用5 000元，直接人工费用1 200元，制造费用800元；甲产品本月完工80件，月末在产品20件，在产品的原材料费用已全部一次投入，材料费用按照完工产品和月末在产品的数量比例分配。

（1）直接材料费用在完工产品与在产品之间进行分配：

$$原材料费用分配率 = (1\ 000 + 5\ 000)/(80 + 20) = 60(元/件)$$

$$完工产品应负担原材料费用 = 80 \times 60 = 4\ 800(元)$$

$$在产品应负担原材料费用 = 20 \times 60 = 1\ 200(元)$$

（2）计算完工产品与在产品成本如表6－2：

表6－2　产品成本计算单

产品：甲产品　　　　产量：80件　　　　单位：元

摘　要	直接材料	直接人工	制造费用	合　计
月初在产品成本	1 000			1 000
本月生产费用	5 000	1 200	800	7 000
生产费用合计	6 000	1 200	800	8 000
结转完工产品成本	4 800	1 200	800	6 800
完工产品单位成本	60	15	10	85
月末在产品成本	1 200			1 200

（3）结转本月完工入库的产品成本：

借：库存商品——甲产品　　6 800

　贷：生产成本——甲产品　　6 800

四、在产品按定额成本计算法

在产品按定额成本计算法是根据月末在产品数量、投料和加工程度，以及单位材料消耗定额、工时定额、加工费用定额等定额成本资料计算月末在产品成本的方法。

原材料于生产开始一次投入时，在产品的材料成本按单位产品材料定额成本计算。其计算公式为：

在产品材料定额成本＝在产品数量×在产品单位材料定额成本

＝在产品数量×单位材料消耗定额×材料计划单价

在产品工资定额成本＝在产品数量×单位在产品工时定额×单位工时定额工资

＝在产品定额工时×单位工时定额工资

在产品制造费用定额成本的计算与在产品工资定额成本的计算相同。

在产品定额成本＝在产品材料定额成本＋在产品工资定额成本＋在产品制造费用定额成本

完工产品成本＝月初在产品定额成本＋本月生产费用－月末在产品定额成本

这一方法适用于定额管理基础较好，各项消耗定额或费用定额比较准确、稳定，各月月末在产品数量变动不大的企业。月末在产品按定额成本确定后，全部生产费用（含月初及本月发生）减去月末在产品定额成本就是完工产品成本，即将实际生产费用脱离定额的差异全部由完工产品成本负担。如果定额不够准确，实际费用脱离定额的差异就较大，就会影响成本计算的准确性。如果定额较客观、准确、稳定，则单位在产品成本脱离定额的差异就很小，而且各月月末在产品数量变动不大，月初在产品成本脱离定额的差异总额与月末在产品脱离定额差异总额的差额也不会很大，对完工产品成本计算的准确性影响就很小。因此，为简化产品成本计算工作，月末在产品可按定额成本计算。

【例2】某企业生产的丙产品月初在产品的直接材料费用为5 500元，直接工资4 500元，制造费用6 000元；本月费用为：直接材料18 500元，直接工资16 300元，制造费用26 500元；完工产品的定额原材料费用为16 000元，定额工时为11 000小时；月末在产品的定额材料费为4 000元，定额工时为2 000小时。在完工产品与月末在产品之间，直接材料费用按定额费用比例分配，其他各项费用按定额工时比例分配。

根据以上资料，编制产品成本计算单，如表6－3所示。

表6－3　丙产品成本计算单

项　目	直接材料	直接工资	制造费用	合　计
月初在产品成本	5 500	4 500	6 000	16 000
本月生产费用	18 500	16 300	26 500	61 300

（续上表）

项　目		直接材料	直接工资	制造费用	合　计
费用合计		24 000	20 800	32 500	77 300
费用分配率		1.2	1.6	2.5	
完工产品费用	定额	16 000	11 000		
	实际	19 200	17 600	27 500	64 300
月末在产品费用	定额	4 000	2 000		
	实际	4 800	3 200	5 000	13 000

当产品成本中直接材料所占比重较大时，为了进一步简化成本计算工作，月末在产品可按定额原材料费用计价法，其他费用计入完工产品成本。

上面介绍的4种方法，都是用公式①，即先确定月末在产品成本，再计算完工产品成本的方法。下面介绍完工产品成本与月末在产品成本同时确定（即公式②）的方法。

五、约当产量法

约当产量法（Equivalent Unit Method）是将月末结存在产品数量按其完工程度折算为相当于完工产品的数量，即约当产量，然后按照完工产品产量（完工程度为100%的约当产量）与月末在产品约当产量的比例分配生产费用，计算完工产品成本和在产品成本的方法。

采用约当产量法，月末在产品需按完工程度折算为约当产量。由于月末在产品的投料程度与加工程度可能不相同，各项费用的投入程度也就可能不同，所以，应分别计算用于分配原材料、工资及福利费、制造费用等成本项目的在产品约当产量。

这种方法适用范围较广，尤其适用于月末在产品数量较大，各月月末在产品数量变化较大，产品成本中各项费用占的比重相差不大的产品。

1. 月末在产品约当产量的计算

$$在产品约当产量=在产品数量\times 完工程度$$

要计算在产品约当产量，除统计、记录好在产品数量外，关键则是完工百分比，即完工程度的测定。如果各道工序在产品数量和在产品加工程度都相差不多，后面工序多加工的可弥补前面少加工的，这样全部在产品的完工程度可平均为50%。同理，每道工序在产品的完工程度也可按50%计算（仅指完成本工序的50%。前面工序已完成的，要以100%计算）。除此之外，还需视具体情况分别计算。

（1）分配“工资及福利费”、“制造费用”等成本项目的月末在产品约当产量计算。这类成本项目是根据月末在产品的加工程度计算约当产量，加工程度按加工时间计算确定。

① 如果产品生产是单工序的，可直接根据单位月末在产品已加工时间占单位完工产品时间比例计算（或可用工时定额）。

【例3】某产品月末在产品有200件，已加工时间占完工产品时间65%，即完工程度65%。

在产品约当产量＝200×65%＝130（件）

② 如果产品生产是多工序的，则应分工序计算各工序完工程度及在产品约当产量。

某道工序在产品完工率＝（前面各道工序累计单位工时定额＋本工序单位工时定额×50%）/完工产品单位工时定额×100%

某道工序在产品约当产量＝该道工序在产品数量×该道工序完工率

月末在产品约当产量＝∑（每道工序在产品数量×该道工序完工率）

【例4】某企业生产某产品经四道工序制成，该产品的工时定额为30小时，其中第一道工序6小时，第二道工序9小时，第三道工序6小时，第四道工序9小时。该产品月末在产品40件，其中第一道工序9件，第二道工序12件，第三道工序8件，第四道工序11件。

第一道工序在产品完工率＝（6×50%）/30×100%＝10%
第二道工序在产品完工率＝（6＋9×50%）/30×100%＝35%
第三道工序在产品完工率＝（6＋9＋6×50%）/30×100%＝60%
第四道工序在产品完工率＝（6＋9＋6＋9×50%）/30×100%＝85%
月末在产品约当产量＝10%×9＋35%×12＋60%×8＋85%×11＝19.25（件）

从以上计算公式可以看出，在这种方法下，在产品完工程度的测定，对于费用分配的正确性有着决定性的影响。从精细化的角度看，应针对不同成本项目的具体情况来确定其完工程度及约当产量。

（2）分配“原材料”成本项目的月末在产品约当产量计算。“原材料”成本项目是根据月末在产品的投料程度计算约当产量的。

① 如果原材料在生产开始时一次投入，不管产品生产是单工序还是多工序，月末在产品的单位原材料费用与完工产品单位原材料费用是相同的，所以，月末在产品不需要折算约当产量，即相当于完工率为100%，直接按完工产品产量与在产品数量分配。

在产品约当量＝在产品数量×100%

② 如果原材料陆续投入，投料程度与加工程度一致或基本一致，用于分配原材料的月末在产品约当产量与用于分配工资及福利费、制造费用等成本项目的月末在产品约当产量相同。计算方法见前面（1）。

在产品约当量＝在产品数量×按定额工时计算的在产品完工率

③ 如果原材料陆续投入，投料程度与加工程度不一致，则原材料费用分配较复杂。

第一，当产品生产是单工序时，按照实际的投料程度来计算约当产量。

【例5】某企业生产甲产品，生产开始时投料50%，第二次投料是在产品加工达到40%时投入20%，第三次投料是在产品加工达到60%时再投入10%，第四次投料是在产品加工达到80%时再投入20%。月末在产品为200件，加工程度为70%。这时实际上已投料三次，投料程度为50% +20% +10% =80%。

月末在产品约当产量=200×80% =160（件）

第二，当产品生产是多工序时，应根据各工序累计原材料费用定额占完工产品费用定额的比率计算各工序完工率，再计算各工序在产品约当产量。

某道工序在产品完工率=前各道工序累计材料费用定额+本工序材料费用定额×50%完工产品材料费用定额

某道工序在产品约当产量=该工序在产品数量×该工序在产品完工率

月末在产品约当产量=∑（各工序在产品数量×各工序在产品完工率）

【例6】某企业生产某产品要经三道工序制成，各工序原材料费用定额、在产品数量以及完工率和约当产量计算如表6-4所示。

表6-4　月末在产品约当产量计算表

工　序	各工序材料消耗定额	各工序月末在产品数量（件）	各工序完工率	在产品约当产量
1	16	12	(16×50%)/40=20%	2.4
2	16	20	(16+16×50%)/40=60%	12
3	8	14	(16+16+8×50%)/40=90%	12.6
合　计	40			27

第三，如果原材料随加工程度在每道工序开始时一次投入，则计算在产品约当产量，实质是一次投入与陆续投入的计算方法结合运用。

【例7】仍用【例6】中的原材料费用定额和在产品数量资料，计算完工率和约当产量，如表6-5所示。

表6-5　月末在产品约当产量计算表

工　序	原材料消耗定额	各工序月末在产品数量（件）	在产品完工率	在产品约当产量（件）
1	16	12	16/40=40%	4.8
2	16	20	（16+16）/40=80%	16
3	8	14	100%	14
合　计	40			34.8

表中完工率计算与例 6 不同，原因是原材料在各工序开始时一次投入，故不需以 50% 计算在本工序的完工率。

2. 约当产量法分配费用

确定月末在产品的约当产量后，就可以分配本月生产费用合计，计算完工产品和在产品成本，其计算公式如下：

$$某成本项目费用分配率 = \frac{月初在产品该项费用 + 本月该项生产费用}{完工产品产量 + 月末在产品约当产量}$$

完工产品某成本项目费用 = 完工产品产量 × 该成本项目费用分配率

月末在产品某成本项目费用 = 月末在产品约当产量 × 该成本项目费用分配率

【例 8】某厂生产 A 产品，2010 年 10 月，月初在产品数量 50 件，加工程度 60%；本月投产数量 150 件，本月完工产量 100 件；月末在产品数量 50 件，加工程度 30%。原材料投入：开始生产时投入全部的 40%；当产品加工达 50%，再投入 20%；当加工达 80%，再投入 30%。

月初在产品成本和本月发生生产费用资料如表 6－6 所示。

表 6－6　生产费用资料

成本项目	原材料	工资及福利费	制造方费用
月初在产品	2 540	250	350
本月生产费用	9 460	3 200	5 400

用于分配原材料的月末在产品约当产量 = 50 × 40% = 20（件）

原材料分配率 = (2 540 + 9 460)/(100 + 20) = 100

完工产品原材料费用 = 100 × 100 = 10 000（元）

月末在产品原材料费用 = 20 × 100 = 2 000（元）

用于分配工资及福利费、制造费用的月末在产品约当产量 = 50 × 30% = 15（件）

工资及福利费分配率 = (250 + 3 200)/(100 + 15) = 30

完工产品工资及福利费 = 100 × 30 = 3 000（元）

月末在产品工资及福利费 = 15 × 30 = 450（元）

制造费用分配率 = (350 + 5 400)/(100 + 15) = 50

完工产品制造费用 = 100 × 50 = 5 000（元）

月末在产品制造费用 = 15 × 50 = 750（元）

【例 9】某企业生产甲产品，经两道工序完成，原材料在生产开始时一次投入，第一工序工时定额为 60 小时，第二工序工时定额为 40 小时，本月完工甲产品 200 件，月末在产品 80 件，其中第一工序 50 件，第二工序 30 件。月初在产品和本月生产费用合计为 36 029元，其中原材料 14 280 元，工资及福利费 9 560 元，制造费用 12 189 元。

原材料生产开始时一次投入，所以，用于分配原材料费用的月末在产品约当产量就是在产品数量。

材料费用分配率 = 14 280/(200 + 80) = 51
完工产品原材料费用 = 200 × 51 = 10 200(元)
月末在产品原材料费用 = 80 × 51 = 4 080(元)
第一工序在产品约当产量 = 60 × 50%/100 × 50 = 15(件)
第二工序在产品约当产量 = (60 + 40 × 50%)/100 × 30 = 24(件)
月末在产品约当产量 = 15 + 24 = 39(件)
工资及福利费分配率 = 9 560/(200 + 39) = 40
完工产品工资及福利费 = 200 × 40 = 8 000(元)
月末在产品工资及福利费 = 39 × 40 = 1 560(元)
制造费用分配率 = 12 189/(200 + 39) = 51
完工产品制造费用 = 200 × 51 = 10 200(元)
月末在产品制造费用 = 39 × 51 = 1 989(元)

以上计算可编制"产品成本计算单"，如表 6 – 7 所示。

表 6 – 7　产品成本计算单

成本项目	原材料	工资及福利费	制造费用	合　计
生产费用合计	14 280	9 560	12 189	36 029
约当总产量	280	239	239	
分配率	51	40	51	
完工产品成本	10 200	8 000	10 200	28 400
月末在产品成本	4 080	1 560	1 989	7 629

上面介绍的两个例子（例 8 和例 9），都是对月初在产品成本和本月生产费用的合计，以月初在产品数量和本月投入数量为权数，求出约当产量的加权平均成本计算完工产品和月末在产品成本的。如果上月成本水平与本月成本水平差别较大时，按加权平均成本计算的本月月末在产品就要受到上月成本水平的影响，从而又继续影响下一月。为了客观、恰当地反映本月月末在产品成本（以本月成本水平反映），约当产量法还可以有另一种计算方法，即对在产品成本不用加权平均法计算，而采用先进先出法计算。

六、定额比例法

在产品按定额成本计算的方法要求企业定额管理基础较好，各项消耗定额或费用定额比较准确、稳定，各月月末在产品数量变动不大。但如果各月月末在产品数量变化较大的产品，则不宜采用。因为虽然单位在产品脱离定额的差异不大，可是月初在产品脱离定额的差异总额与月末在产品脱离定额的差异总额之间的差额会较大，将这差额全由完工产品成本负担，就会影响完工产品成本的准确性，甚至会使完工产品成本出现负数的不合理现象。为了避免在产品按定额成本计算将脱离定额差异全部计入完工产品的不足，尤其是在各月月末在产品数量波动较大的情况下，可以采用定额比例法。

定额比例法（Quota Percentage Method）是以完工产品与在产品的定额耗用量（或定额成本）作为分配标准，将实际生产费用在完工产品和在产品之间分配的方法。由于原材料与工资、制造费用的定额耗用量标准不同，所以，需按成本项目分别计算分配。通常"原材料"项目可按原材料定额消耗量或原材料定额费用为标准进行分配；"工资及福利费"、"制造费用"等成本项目，既可按定额消耗量也可按定额费用为标准进行分配。由于计划工资分配率和计划制造费用分配率只有一个，所以，按两种分配标准分配的结果是一样的。

$$材料费用分配率=\frac{月初在产品材料费用+本月材料费用}{完工产品定额材料(用量)费用+月末在产品定额材料(用量)费用}$$

完工产品原材料费用＝完工产品定额材料(用量)费用×材料费用分配率

月末在产品材料费用＝月末在产品定额材料(用量)费用×材料费用分配率

或＝月初在产品材料费用＋本月材料费用－完工产品材料费用

$$工资及福利费分配率=\frac{月初在产品工资及福利费+本月工资及福利费}{完工产品定额工时+月末在产品定额工时}$$

完工产品工资及福利费＝完工产品定额工时×工资及福利费分配率

月末在产品工资及福利费＝月末在产品定额工时×工资及福利费分配率

或＝月初在产品工资及福利费＋本月工资及福利费－完工产品工资及福利费

计算分配制造费用的方法与计算分配工资的方法一样。计算工资等费用没有用定额费用，原因是用定额工时与其结果一样，而定额工时资料易取得且方便。

【例10】某工厂生产甲产品，某月完工甲产品400件，月末在产品100件。生产该产品原材料于生产开始时一次投入，该月月初在产品成本和本月发生的生产费用，以及该产品的定额资料如表6－8所示。

表6－8 甲产品定额资料

成本项目	原材料	工资及福利费	制造费用	合 计
月初在产品成本	8 240	3 510	9 233	20 983
本月生产费用	32 240	17 200	18 267	67 707
单位完工产品定额	90	8	9	
月末在产品定额	80	6	8	

根据以上资料，按定额比例法计算如下：

原材料费用分配率＝(8 240＋32 240)/(400×90＋100×80)＝0.92

完工产品原材料费用＝36 000×0.92＝33 120(元)

月末在产品原材料费用＝8 000×0.92＝7 360(元)

完工产品定额工时＝400×8＝3 200(小时)

月末在产品定额工时＝100×6＝600(小时)

工资及福利费分配率 =(3 510 +17 200)/(3 200 +600) =5.45

完工产品工资及福利费 =3 200 ×5.45 =17 440(元)

月末在产品工资及福利费 =600 ×5.45 =3 270(元)

制造费用分配率 =(9 233 +18 267)/(3 600 +800) =6.25

完工产品制造费用 =3 600 ×6.25 =22 500(元)

月末在产品制造费用 =800 ×6.25 =5 000(元)

以上计算可直接在产品成本计算单或产品成本明细账进行，如表6-9所示。

表6-9 产品成本计算单

成本项目	原材料	工资及福利费	制造费用	合 计
月初在产品生产成本	8 240	3 510	9 233	20 983
本月生产费用	32 240	17 200	18 267	67 707
生产费用合计	40 480	20 710	27 500	88 690
完工产品定额	90	8	9	
月末在产品定额	80	6	8	
分配率	0.92	5.45	6.25	
完工产品成本	33 120	17 440	22 500	73 060
月末在产品成本	7 360	3 270	5 000	15 630

采用定额比例分配法，不仅分配结果较合理，而且还便于比较分析实际费用与定额费用，考核定额费用执行情况。原材料项目以定额费用为分配标准计算的分配率直接表示了实际成本超支还是节约（大于1为超支，小于1为节约），工资及福利费、制造费用项目以定额工时计算的分配率可与计划工资率、计划制造费用分配率比较，分析超支或节约情况。

本章小结

本章主要阐述了在产品的定义、盘存和核算，以及在产品与完工产品成本分配的方法及其适用范围。

1. 在产品有广义和狭义之分。广义在产品是指各车间正在加工中的在产品（含返修中的废品）和已经完成一个或几个生产步骤，但还需继续加工的半成品（含未经验收入库的产品和等待返修的废品）。狭义在产品是就某一车间或某一生产步骤而言的，指某车间或某一生产步骤正在加工中的在产品（含返修中的废品），该车间或生产步骤完工的半成品不包括在内。

2. 在产品收发结存的日常核算，通常是通过设置“在产品收发结存账”（实际工作中称“在产品台账”）进行。“在产品台账”应分车间、按产品品种和在产品名称设置，用以登记车间各种在产品的转入、转出和结存的数量。

3．为了核实在产品的数量，保证在产品的安全完整，企业必须做好在产品的清查工作。应对在产品定期或不定期进行清查，以取得在产品的实际盘存资料。

4．生产费用在完工产品和在产品之间分配有两种基本方法：①先确定月末在产品成本，然后再确定完工产品成本。包括在产品不计算成本法、在产品按年初（固定）成本计算法、在产品按所耗原材料费用计算法、在产品按定额成本计算法等。②生产费用按一定比例在完工产品和在产品之间分配，即完工产品成本与在产品成本同时确定。包括定额比例法、约当产量法、在产品成本按完工产品成本计算法等。其中尤以定额比例法和约当产量法为本章的重点。

主要名词

在产品　广义在产品　狭义在产品　完工产品　在产品不计算成本法　在产品按固定成本计价法　在产品按完工产品计算法　在产品按定额成本计价法　约当产量　约当产量分配法　定额比例分配法

练习与思考

一、单选题

1．某产品经两道工序加工，第一、第二道工序原材料消耗定额分别为20千克、30千克。原材料不是开始时一次投入，而是在生产开始后陆续投入，其投入程度与工时投入进度不一致。则第一、第二道工序在产品的完工率分别是（　　）。

A．20%、70%　　B．40%、100%　　C．20%、100%　　D．40%、70%

2．某企业本月生产某种完工产品为200件，在产品为50件，在产品完工程度为40%，月初与本月投入原材料合计为50 000元，原材料为生产开始时一次性投入，那么完工产品与在产品之间原材料费用各为（　　）。

A．45 000元和5 000元　　B．3 750元和12 500元

C．40 000元和10 000元　　D．45 454.55元和4 545.45元

3．完工产品和在产品分配费用，采用在产品不计算成本法，适用于下列产品（　　）。

A．各月在产品数量很小　　B．各月在产品数量很大

C．没有在产品　　D．各月末在产品数量变化很小

4．某企业定额管理基础比较好，能够制定比较准确、稳定的消耗定额，各月末在产品数量变化较大的产品，应采用（　　）。

A．定额比例法　　B．约当产量法

C．在产品按所耗原材料费用计价法　　D．固定成本法

5．企业盘盈的在产品经过批准后，应贷记的账户是（　　）。

A．营业外收入　　B．管理费用

C．制造费用　　D．待处理财产损溢

二、多选题

1. 影响某道工序在产品完工率的因素包括（　　）。

A. 前面各道工序工时定额之和　　B. 产品工时定额

C. 本道工序工时定额的 50%　　D. 本道工序工时的定额

2. 下列可以不计算在产品成本的企业有（　　）。

A. 自来水生产企业　　B. 发电企业

C. 采煤企业　　D. 食品企业

3. 约当产量法计算在产品与完工产品成本，应该将以下因素考虑进去（　　）。

A. 发生的不可修复废品　　B. 在产品盘亏毁损的短缺数量

C. 企业订有计划的损耗率　　D. 废品残值

4. 完工产品与在产品之间分配费用的约当产量比例法可以用来分配（　　）。

A. 直接材料费用　　B. 直接人工费用

C. 制造费用　　D. 管理费用

5. 属于完工产品成本与在产品成本同时确定的方法有（　　）。

A. 在产品按固定成本计算法　　B. 定额比例法

C. 约当产量法　　D. 在产品成本按定额成本计算法

三、判断题

1. 等待返修的废品属于广义在产品。（　　）

2. 如果某种产品月末在产品按固定成本计算，则该种产品本月发生的生产费用就是本月完工产品的成本。（　　）

3. 采用在产品按定额成本计价法的企业，为了使各项消耗定额或费用定额比较准确，应经常修订。（　　）

4. 采煤、发电企业、化工企业月末在产品数量少，且稳定，价值也不大，可采用在产品不计算成本法。（　　）

5. 在产品按定额成本计算法，适用于在产品数量少，定额管理较好的企业。（　　）

四、简答题

1. 生产费用在完工产品与在产品之间分配有哪些方法？各方法的适用范围是什么？

2. 什么是在产品？广义在产品与狭义在产品之间有什么区别与联系？

3. 什么是约当产量法？如何利用约当产量法分配原材料费用？

4. 如何利用约当产量法分配其他费用？

5. 约当产量法与定额比例法有什么区别与联系？

五、计算题

1. 某企业 A 产品原材料在生产开始时一次投入，产品成本中原材料费用所占比重较大，月末在产品按所耗原材料费用计价。6 月初在产品费用为原材料费用 1 000 元，6 月份投入生产费用为：原材料费用 20 000 元，燃料动力费 900 元，工资及福利费 972 元，制造费用 1 000 元，本月完工 A 产品 120 件，月末在产品 25 件。

要求：计算完工产品成本与在产品成本。

2. 某产品经过两道工序完工，其工时定额：第一工序 24 小时，第二工序 30 小时，各工序在产品的工时定额按本工序工时定额的 50% 计算。该种产品某月月末在产品数量为：第一工序 150 件，第二工序 200 件。月末完工产品 320 件。月初在产品和本月发生的直接人工费用共计 2 400 元。

要求：(1) 计算两道工序在产品的完工率。

(2) 计算月末在产品的约当产量。

(3) 按约当产量比例分配计算完工产品和月末在产品的直接人工费。

3. 某企业生产甲产品，本月初结存在产品 50 件，完工程度 40%；本月投产 430 件，本月完工量为 400 件，月末结存在产品 80 件，完工程度 50%；甲产品所耗直接材料是在甲产品投产生产时投入全部直接材料 80%，当产品加工到 60% 时，再投入其余 20% 的直接材料。甲产品本月份月初的在产品成本为：直接材料费 757.60 元，直接人工工资 142 元，制造费用 139 元；本月份发生的生产费用为：直接材料 8 522.40 元，直接人工工资 2 058元，制造费用 3 381 元。

要求：采用约当产量比例法计算甲产品本月份完工产品和月末在产品成本。

第七章　成本计算方法的选择

由于每个企业的生产工艺、生产组织特点、管理要求不同，所以成本计算对象（分配对象）不同，明细账设置也不同，由此形成多种各具特点的成本计算方法。本章主要介绍产品成本计算的各种方法及其使用范围，后面几章研究的就是如何将前面阐述的成本核算的一般程序，与企业的生产特点和管理要求结合起来，具体确定计算产品成本的方法。

通过本章学习，应该掌握如下内容：

（1）成本计算的基本方法；

（2）成本计算的辅助方法；

（3）区分成本计算基本方法和辅助方法的标志；

（4）影响成本计算方法选择的因素。

第一节　产品成本计算的方法

一、成本计算方法的概念和内容

产品成本计算方法（Costing Method），是指根据成本核算的要求，按照一定的对象和一定程序，归集构成产品成本的生产费用，按期计算产品总成本和单位成本的方法。一般包括下列内容：

（1）成本计算对象的确定。成本计算对象（Costing Object）是在成本计算过程中，为归集和分配生产费用而确定的承受对象，即成本的承担者。确定成本计算对象是设置成本明细账、归集生产费用、计算产品成本的前提。

（2）成本明细账及其成本项目的设置。成本明细账可以根据产品品种、批次或订单来设置，为了方便费用的归集和分配，通常还需要按照费用的发生地和成本项目来设置二级或三级明细账。

（3）生产费用的归集及其计入产品成本的程序。生产费用计入产品成本的程序，是指生产过程中所耗用的原材料、燃料、动力、工资、福利费、固定资产折旧等要素费用，通过一系列归集和分配手续，最后汇总计入产品成本的方法和步骤。

（4）间接费用的分配标准。对于生产过程中发生的归集在制造费用账户的费用要采用合适的标准分配到各成本对象，从而登记其对应的“基本生产成本”总账与明细账。

（5）成本计算期的确定。成本计算期是指每次计算完工产品（产成品）成本的期间，即归集生产费用，计算产成品成本的起讫日期。一般分定期和不定期两种。

（6）完工产品成本与在产品成本的划分。完工产品成本与在产品成本的划分是指构成产品成本的生产费用（包括月初在产品成本和本月生产费用）在当期完工产品与在产品之间进行分配，以计算完工产品成本和在产品成本。

（7）产品总成本和单位成本计算。该项成本计算工作通常在设计的成本计算单中进行。

不同的成本计算对象，不同的生产费用归集及其计入产品成本的程序，不同的成本计算期，不同的完工产品成本与在产品成本的划分相结合，就构成各种不同的产品成本计算方法。

二、产品成本计算的基本方法

上述成本计算方法的几个构成因素的不同结合，可以构成不同的成本计算方法，其中起决定作用的因素是成本计算对象。成本计算的基本方法（Basic Costing Method）以产品成本计算对象为标志划分的有三种：

1. 品种法

品种法（Variety Costing）是以产品的品种为成本计算对象，归集生产费用，计算产品成本的产品成本计算方法。

2. 分批法

分批法（Job Order Costing）是以产品的批别为成本计算对象，归集生产费用，计算产品成本的产品成本计算方法。

3. 分步法

分步法（Process Costing）是以产品的生产步骤为成本计算对象，归集生产费用，计算产品成本的产品成本计算方法。

以上三种方法，之所以称为产品成本计算的基本方法，是因为这三种方法与不同生产类型的特点有着直接联系，而且涉及成本计算对象的确定，因而是计算产品实际成本必不可少的方法。

三、产品成本计算的辅助方法

除了上述三种基本方法，还有一些是在其基础上延伸或与之结合的辅助方法（Subsidiary Costing Method）。包括：

1. 分类法

分类法（Group Costing）是从品种法延伸出来的一种方法。在产品品种、规格繁多的企业，可将相近的归类，把类别作品种，用品种法计算类别成本后，再将类别成本在类内各产品间分配。

2. 定额法

定额法（Quota Costing）是通过对定额成本和脱离定额的差异分别核算，求得实际成本的产品成本计算方法。这种方法不仅可计算产品成本，还可以对成本进行定额管理、控制。

此外，还有从分批法延伸出来的“分批零件法”，从分步法延伸出来的“零件工序法”等成本计算辅助方法。这些辅助方法均必须与产品成本计算的基本方法结合使用。

四、区分产品成本计算基本方法和辅助方法的标志

产品成本核算的基本方法和辅助方法的划分，可以根据三个方面的差异来判断：

（1）是否与生产类型的特点有直接联系。

（2）是否涉及和解决成本计算对象的问题。

（3）从计算产品实际成本的角度看，是否是必不可少的。

需要指出的是，产品成本计算的基本方法和辅助方法的划分，是从计算产品实际成本角度考虑的，并不是因为辅助方法不重要；相反，有些辅助方法，如定额法，对于控制生产费用、降低产品成本具有重要作用。企业在实践中，可以根据自身的生产和管理需要选择基本成本核算方法或者在其基础上作出修订的辅助方法。

第二节　影响成本计算方法选择的因素

企业的生产工艺过程不同，对成本进行的管理要求也不同，而生产特点和管理要求又必然对产品成本计算产生影响。这些影响主要表现在：成本计算对象的确定，生产费用归集及其计入产品成本的程序，成本计算期的确定以及完工产品成本与在产品成本的划分等方面。

一、工艺过程特点和管理要求对产品成本计算方法的影响

按产品的工艺过程（Technological Process）特点分类，生产可分为单步骤（Single）生产和多步骤（Multiple）生产。

单步骤生产，是指产品生产工艺不能间断，或者不便于分散在不同地点进行的单步骤生产，如采掘、发电、铸造、某些化学工业的生产等。这类生产由于技术上不可间断（如发电），或由于工作地点的限制（如采煤），通常只能由一个企业整体进行，而不能由几个企业协作进行。

多步骤生产，是指产品生产工艺可以间断，或可以分散在不同地点进行的多步骤生产。多步骤生产按其加工方式和各步骤的内在联系，可分为装配式（平行加工）多步骤生产和连续式（顺序加工）多步骤生产。装配式多步骤生产是指各生产步骤可以在不同时间和地点平行加工原材料，制成产品的各种零（部）件，然后将零（部）件装配成产成品，如汽车、自行车、缝纫机、家用电器、造船等工业的生产。连续式多步骤生产是指原材料要经过若干个具有先后顺序的连续加工步骤，才能制成产成品的生产。这一类生产上一步骤完工的半成品要转入下一步骤作为加工对象，如纺织、钢铁、水泥、造纸等工业的生产。

单步骤生产由于工艺不间断，不需要按生产步骤计算成本，而是以每一种产品作为成本计算对象。如果只生产一种产品，生产费用直接归集于该种产品，生产周期很短，一般

很少或没有在产品，不需计算在产品成本。

多步骤生产由于工艺可间断，各个步骤往往生产自制半成品，所以要求分步骤计算产品成本，以产品生产步骤为成本计算对象，归集生产费用应按步骤，再汇总计算产成品成本。如果企业管理上不要求掌握各步骤生产耗费，也可不按步骤计算成本，只按品种或批别计算。

二、生产组织特点和管理要求对产品成本计算方法的影响

生产组织（Production Organization）是指企业生产的专业化程度，即在较长时间内生产产品品种的多寡、同种产品产量的大小及其重复程度。按其特点分类，可分为大量生产（Mass Production）、成批生产（Job Production）和单件生产（Order Production）。

大量生产是指不断重复制造品种相同的产品的生产。其主要特点是产品品种少而产量大，重复性强，专业化水平高，如采掘、纺织、钢铁、造纸、发电等工业生产。

成批生产是指按照规定的规格和数量（通常称为“批”），每隔一定时期成批重复制造某种产品的生产。其主要特点是产品品种较多，各种产品产量多少不等，有一定重复性，专业化程度较高，例如机床、服装等工业的生产。

成批生产按每种产品批量的多少，可分为大批生产、中批生产和小批生产。大批生产与大量生产相接近，实际工作中常统称“大量大批生产”，而小批生产与单件生产相接近，实际工作中常统称“单件小批生产”，中批生产则是最具典型意义的成批生产。

单件生产是指按照购买单位订单所特定的规格和数量制造少量或个别性质特殊的产品的生产。其主要特点是产品品种多而产量少（一件或几件），一般不重复或不定期重复生产，专业化程度不高，如造船、重型机器、专用设备等工业的生产及新产品试制等。

大量大批生产，连续不断重复生产一种或几种产品，管理上要求按品种计算成本，生产多种产品的，若共同发生生产费用，需分配计入各种产品，每月都有一定的产品完工，需定期按月计算产成品成本，按一定标准划分完工产品成本与在产品成本。

成批、单件生产，由于生产按订单或批别组织，要求按订单或每批产品计算成本，就是以批别（件别）为成本计算对象，按批（件）别归集生产费用。如果几批（件）共同发生生产费用，就需要分配计入不同批（件）别的产品。单件小批生产一般等一批完工才计算该批成本，所以，通常以生产周期为成本计算期，而不要求定期按月计算完工产品成本。月末一批产品未完工，全部为在产品，当该批产品完工则全部为完工产品，一般不存在生产费用在完工产品与在产品之间分配。

上述生产类型和管理要求对成本计算方法的影响可以归纳如表 7－1 所示。

表 7－1 生产类型和管理要求对成本计算方法的影响

生产类型		成本管理要求	成本计算方法	一般适用企业
工艺过程特点	生产组织特点			
简单（单步骤）生产	大量大批	按产品品种计算成本	品种法	采掘发电等

（续上表）

生产类型		成本管理要求	成本计算方法	一般适用企业
工艺过程特点	生产组织特点			
连续式多步骤生产（复杂生产）	大量大批	不分步，只按产品品种计算成本	品种法	水泥等
		既按产品品种，又要分步骤计算成本	分步法（逐步结转）	纺织、钢铁等
装配式多步骤生产（复杂生产）	大量大批	只按产品品种计算成本	品种法	钟表、收音机等
		按产品品种，并计算各步骤份额	分步法（平行结转）	汽车、自行车、机床等
	单件小批	按产品的批别或件别计算成本	分批法	造船、重型机器、专用设备等

第三节　成本计算方法的选择和应用

各种成本计算方法适用于不同特点的生产类型，满足不同的成本管理要求。在实际工作中，由于同一企业的各个车间，同一车间的各种产品的生产特点及成本管理要求不同，有可能同时应用几种不同的成本计算方法；而即使是同一种产品，由于该产品各生产步骤、各半成品和各成本项目之间的生产特点和成本管理要求也不一定相同，所以，有可能把几种成本计算方法结合起来应用。

一、同时应用几种成本计算方法

1. 同一企业的各个车间同时采用几种成本计算方法

在同一企业的不同生产车间，由于生产特点和成本管理要求不同，不同车间采用不同的成本计算方法，这种情况在企业非常普遍。

同一企业设的基本生产车间和辅助生产车间往往应用不同的成本计算方法。例如，纺织厂的纺纱和织布基本生产车间，属大量多步骤生产，要求计算各步骤半成品成本，采用分步法；而供电辅助生产车间属大量单步骤生产，适宜采用品种法。

不同基本生产车间、不同辅助生产车间也可采用不同的成本计算方法。例如，机床制造厂属大量大批多步骤生产，宜采用分步法；铸工基本生产车间属大量大批单步骤生产，可采用品种法；厂内的供水、供电辅助生产车间采用品种法；工具辅助生产车间，由于生产工具品种繁多，可采用分类法。

如果同一企业的基本生产车间和辅助生产车间的生产类型相同，由于管理要求不同，也可采用不同的成本计算方法。例如，发电厂的基本生产车间——发电车间和辅助生产车间——供水车间，同属大量单步骤生产，均可采用品种法计算成本。但由于供水车间不是该厂的主要生产车间，如果企业规模较小，管理上不要求单独计算供水成本，供水车间可不单独运用品种法，只需在供电车间应用品种法计算成本。

2．同一企业或同一车间的各种产品同时采用几种成本计算方法

在同一企业或同一生产车间，由于所生产的各种产品的生产类型不同，因而不同产品采用不同的成本计算方法。例如，木器厂的木器，自行车厂的旧式自行车和变速车，老产品已定型且为大量大批多步骤生产，采用分步法；而新产品正在试制或刚试制成功未投入大量生产，只是单件小批生产，应采用分批法。

二、结合应用几种成本计算方法

1．同一种产品结合采用几种成本计算方法

在实际工作中，同一企业或同一车间生产的同一种产品，由于该产品各个生产步骤、各半成品和各成本项目的生产特点和成本管理要求不同，在计算该种产品成本时，可结合采用几种成本计算方法。

同一种产品的不同生产步骤，如果生产特点和成本管理要求不同，在计算该产品成本时，可以一种成本计算方法为基础，结合应用几种不同成本计算方法。例如，单件小批生产的机器厂，是以分批法为基本方法计算机器成本，同时可在铸工车间结合采用品种法计算铸件成本，在加工装配车间用分批法计算各批产品成本，在铸工车间和加工车间之间，可采用逐步结转分步法结转铸件成本，在加工车间和装配车间之间，如果要求计算各步骤成本，但加工车间半成品种类多，不对外销售，不需单独计算半成品成本，则可采用平行结转分步法。可见，该厂的机械成本计算，是在分批法基础上，结合应用品种法和分步法(包括逐步结转和平行结转)。

在同一产品的不同零部件（半成品）之间，由于生产特点和成本管理要求不同，也可采用几种不同的成本计算方法。例如，机械厂所产产品的各种零部件，其中不外售的专用件，可不要求单独计算成本；经常外售的标准件以及各种产品的通用件，则应按照这些零部件的生产类型和管理要求，采用分批法、分步法或分类法等适当的成本计算方法单独计算成本。

同一产品的不同成本项目，由于成本管理要求不同，也可采用不同的成本计算方法。例如，钢铁厂生产的钢材成本中，原材料费用占较大比重，又是直接费用，并经过若干连续生产步骤才形成最终产品，应采用分步法原理计算原材料成本；其他成本项目，可以结合采用分类法原理计算。又如，机械制造生产的产品成本中，原材料费用占较大比重，如果原材料的定额资料齐全，定额较准确稳定，则原材料成本项目可在机械分批法或分步法基础上结合定额法计算。

2．成本计算的辅助方法一般应与基本方法结合应用

成本计算的辅助方法——分类法和定额法，分别是为了解决成本计算的简化和加强成本控制而采用的，同生产类型没有直接联系，各种生产类型都可采用，但都应与成本计算基本方法——品种法、分批法、分步法结合起来运用。例如，食品厂所生产的面包是大量

大批单步骤生产，所以先用品种法计算面包这一大类成本，而面包品种繁多，需结合分类法将成本分配于大类内的各种产品。再如，灯泡厂所产的各类灯泡属大量大批多步骤生产，先用分步法计算各类灯泡成本，然后结合分类法将各类成本于类内分配，计算各种产品成本。

综上所述，成本计算方法多种多样，实际工作中，应结合企业不同的生产特点和管理要求，并考虑企业的规模和管理水平，从实际出发，灵活运用。此外，应用成本计算方法时，还应与整个成本会计工作保持衔接和协调。

为了考核和分析产品成本计划的执行情况，成本计算方法与成本计划的计算方法口径须一致；为了实现同行业的成本对比分析，同行业各企业的成本计算方法应尽可能一致；为了企业进行各期成本水平的对比分析以及防止人为调节成本和利润，企业的成本计算方法一经确定，不应随意改变，只有企业生产类型或成本管理要求发生变化时，成本计算方法才做相应调整。

本章小结

本章主要介绍了生产特点和管理要求对产品成本计算方法的影响，并具体讲述了产品成本计算方法的种类及应用。

1. 不同的成本对象，就会有不同的成本计算方法。制造业企业的产品成本计算的基本方法有品种法、分批法、分步法。在这三种基础方法上，派生出来的方法称为辅助方法，如分类法和定额法。

2. 根据工艺过程特点和管理要求对产品成本计算方法的影响，可分为单步骤生产和多步骤生产。单步骤生产，由于工艺不间断，不需要按生产步骤计算成本，而是以每一种产品作为成本计算对象。多步骤生产，由于工艺可间断，各个步骤往往生产自制半成品，所以要求分步骤计算产品成本，以产品生产步骤为成本计算对象，归集生产费用应按步骤，再汇总计算产成品成本。

3. 按生产组织特点和管理要求对产品成本计算方法的影响，可分为大量生产、成批生产和单件生产：①大量生产是指不断重复制造品种相同的产品的生产；②成批生产是指按照规定的规格和数量，每隔一定时期成批重复制造某种产品的生产；③单件生产是指按照购买单位订单所特定的规格和数量制造少量或个别性质特殊的产品的生产。

主要名词

产品成本计算方法　品种法　分步法　分批法　定额法　分类法　多步骤生产　单步骤生产　大量生产　成批生产　单件生产

练习与思考

一、单选题

1. 区分各种成本计算基本方法的主要标志是（　　）。

A. 成本计算对象　　B. 成本计算日期

C. 间接费用的分配方法　　D. 完工产品与在产品之间分配费用的方法

2. 分类法是在产品品种、规格繁多，但可按一定标准对产品进行分类的情况下，为了（　　）而采用的。

A. 计算各类产品成本　　B. 简化成本计算工作

C. 加强各类产品成本管理　　D. 提高计算的准确性

3. 品种法适用的生产组织是（　　）。

A. 大量成批生产　　B. 大量大批生产

C. 大量小批生产　　D. 小批单件生产

4. 造船、服装加工的生产，其成本计算一般应采用（　　）。

A. 品种法　　B. 分步法　　C. 分批法　　D. 分类法

5. 采用产品成本计算方法所计算的内容为（　　）。

A. 管理费用　　B. 财务费用　　C. 销售费用　　D. 生产费用

二、多选题

1. 企业在确定成本计算方法时，必须从企业的具体情况出发，同时考虑（　　）因素。

A. 企业的生产特点　　B. 企业生产规模的大小

C. 月末有没有在产品　　D. 进行成本管理的要求

2. 产品成本计算的基本方法包括（　　）。

A. 品种法　　B. 分批法　　C. 分类法　　D. 分步法

3. 品种法适用于（　　）。

A. 大量生产　　B. 管理上不要求分步计算成本的多步骤生产

C. 单步骤生产　　D. 多步骤生产

4. 大量大批生产的企业，可能采用的产品成本计算的基本方法有（　　）。

A. 品种法　　B. 分批法　　C. 分步法　　D. 定额法

5. 生产特点和管理要求对（　　）有影响。

A. 成本计算对象　　B. 生产费用在完工产品和在产品之间的划分

C. 成本计算期　　D. 成本计算方法

6. 下列哪些成本计算法中，成本计算期与生产周期是一致的（　　）。

A. 分批法　　B. 小批单件法　　C. 品种法　　D. 分步法

7．把品种法、分批法和分步法概括为产品成本计算的基本方法，是因为这些方法（　　）。

A．与生产类型的特点有直接联系　　　　B．有利于加强成本管理

C．使成本计算工作简化　　　　　　　　D．是计算产品实际成本必不可少的方法

三、判断题

1．一般情况下，采掘、钢铁、纺织、造纸等工业的生产，都是大量生产。（　　）

2．工业企业产品成本的计算是通过“制造费用”科目进行的。（　　）

3．单步骤生产的企业由于工艺过程不能间断，因而只能按照产品的品种计算成本。（　　）

4．品种法和分步法的成本计算期与生产周期不一致。（　　）

5．成本计算的分类法和定额法，可以应用于各种类型的生产，但必须与各种类型生产所采用的基本成本计算方法结合应用。（　　）

6．单件生产可以视同小批生产，因而，按单件计算产品成本，也可以视同按批别计算产品成本。（　　）

7．产品成本计算的辅助方法，由于它们在成本管理方面作用不大，因而从计算产品实际成本的角度来说是必不可少的。（　　）

四、简答题

1．产品成本计算有哪些基本方法和辅助方法？

2．生产工艺过程和管理要求对产品成本计算方法有何影响？

3．如何灵活运用各种成本计算方法？

4．生产组织形式有哪些？如何根据实际情况确定成本计算方法？

5．区分各种产品成本计算基本方法的标准是什么？

第八章　品种法

从成本核算的程序来看，品种法是三种基本成本计算方法中最典型的一种，其他成本计算方法都是建立在品种法的基础上的。因此，本章将比较系统地介绍其成本计算的详细过程，为学习后面的其他成本计算方法奠定基础。

通过本章学习，应该掌握以下内容：

（1）品种法的特点；

（2）品种法的使用范围；

（3）品种法的成本计算程序。

第一节　品种法的特点及适用范围

一、品种法的特点

品种法（Product Costing Method），是指以产品品种作为成本计算对象，归集生产费用，计算产品成本的一种方法。品种法的特点主要表现在成本计算对象、成本计算期和期末在产品成本计算上。

1. *以产品品种为成本计算对象*

品种法的成本计算对象是产品品种。在采用品种法计算产品成本的企业（或车间），如果只生产一种产品，成本计算对象就是这种产品，成本明细账和成本计算单就按该产品设置。企业发生的各项生产费用都是直接费用，可直接计入产品成本明细账。如果企业生产多种产品，成本计算对象则是每种产品，成本明细账需按每种产品分别设置。这时，企业发生的生产费用要区分直接费用和间接费用，直接费用可直接计入各成本计算对象的产品成本明细账，间接费用则需采用一定的分配方法分配计入各产品的成本。

2. *以月份为成本计算期*

品种法主要适用于大量大批的单步骤生产，以及不要求分步骤计算产品成本的大量大批的多步骤生产。在大批量的生产方式下，生产总是连续不断地进行，如果按生产周期计算成本，会造成成本计算的混乱和影响各期损益的计算，因此，品种法一般以月作为成本计算期，定期计算产品成本。这样，品种法的成本计算期就与会计报告期一致，而与产品的生产周期不一致。

3. *月末在产品成本计算*

品种法下月末应分别不同情况处理在产品成本。在简单生产中，月末计算产品成本时，一般不存在尚未完工的在产品，或者虽有在产品，但数量很少，对成本影响不大，可不计算月末在产品成本。这样，归集和分配计入该种产品成本明细账中的生产费用，即为该种产品的完工产品总成本，总成本除以该种产品的完工数量，就是该种产品的单位成本。而在一些大批大量的复杂生产中，月末一般都有在产品，而且数量较多，则需要将该产品成本明细账中汇集的生产费用，采用适当的分配方法在完工产品和月末在产品之间进行分配，计算出完工产品成本和月末在产品成本。

二、品种法的适用范围

品种法要求计算各种产成品的成本，在实际操作中应用比较广泛，其主要适用于以下类型的企业：

（1）大量大批单步骤生产企业，如发电、采掘、铸造、供水等行业，以及某些封闭式的生产车间，如辅助生产的供水、供电、蒸汽、机修等车间。在这类企业中，由于产品品种单一，生产过程短，所以生产过程不能从技术上划分为若干生产步骤，因此不可能按生产步骤计算生产成本。用于大量大批单步骤生产的品种法，要求归集所有的生产费用得出完工产品的总成本，然后再除以产量计算产品的单位成本，由于计算程序较为简单，因此也可称为简单品种法。

（2）大量大批多步骤生产且管理上不要求按生产步骤计算成本的企业，如造纸厂、水泥厂、糖果厂等。这类企业虽然属于多步骤生产，但由于企业生产规模较小，且其半成品不对外销售或其半成品在企业经营中不占重要地位，为简化计算，也可采用品种法。由于不要求按生产步骤计算成本的大量大批多步骤生产的品种法，在计算程序上要相对复杂一些，涉及间接费用在不同品种产品间的分配，期末还需要将生产费用在完工产品和在产品之间进行分配，因此称之为典型品种法。

工业企业进行成本计算时，可以根据产品生产工艺的特点和成本管理的要求，选择不同的成本计算方法。但是，主管企业的上级机构一般都要求企业按照产品品种报送成本资料，而且企业的产品成本是确定产品售价的主要依据。工业企业的收入主要是产品销售收入，根据配比原则，作为生产耗费补偿尺度的产品成本，也相应地应以产品品种来反映。可见，为了方便成本考核和商品定价，客观上需要最终按产品品种来反映成本。因此，不论工业企业生产什么类型的产品，其生产特点如何，也不论管理的要求如何，每个工业企业最终都必须按照产品品种计算出产品成本。这说明，按照产品品种计算成本是最起码、最一般的要求，品种法是最基本的成本计算方法，品种法的计算程序也是产品成本计算的一般程序。

第二节　品种法的成本计算程序

一、品种法成本计算程序概述

采用品种法计算产品成本的一般程序如下：

（1）设立明细账。按产品品种设置生产成本明细账和成本计算单，并分别设置成本项目专栏归集生产费用。

（2）编制各种费用要素分配表。月末，根据审核无误的各项生产费用的原始凭证、记账凭证以及其他有关资料，编制各种费用要素分配表。对于为生产某种产品耗用的直接费用，如直接材料、直接工资等，直接记入各种产品的成本明细账中；对于为生产几种产品共同耗用的间接费用，应按一定的标准在各产品之间分配，分别计入有关成本计算单的相应成本项目；其他的间接费用，则要先按其发生地点进行归集，然后按一定比例分配记入有关明细账；期间费用直接计入当期损益。

（3）设置辅助生产成本明细账。如果辅助生产的制造费用要求单独核算，还要设置辅助生产制造费用明细账，按照明细账上汇集的辅助生产费用编制辅助生产费用分配表，采用一定方法将辅助生产费用分配至各受益对象。

（4）编制不可修复废品成本计算单和废品损失明细账。

（5）编制基本生产成本明细账，归集各产品的生产费用。

（6）根据基本生产成本明细账中汇集的累计生产费用，编制产品成本计算单，计算出完工产品总成本和单位成本、月末在产品成本。

为了更好地理解品种法的成本计算程序，可用图 8－1 表示。

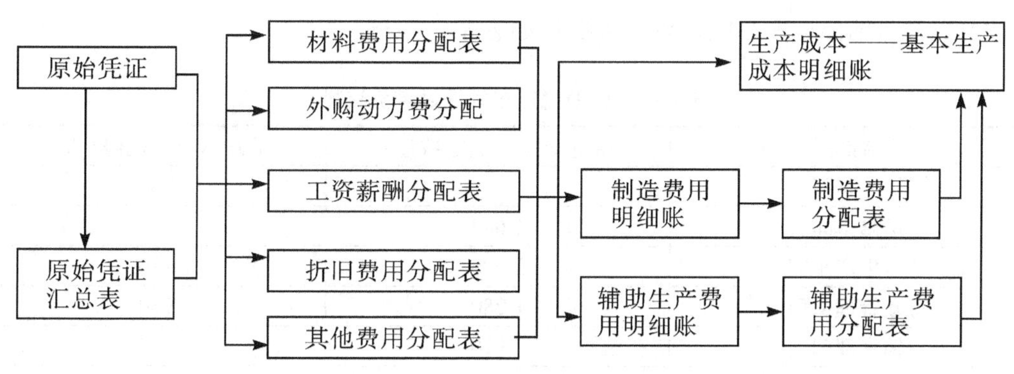

图 8－1　品种法的成本计算程序

二、品种法应用举例

下面以南方工业企业 2010 年 9 月份的有关资料为例，说明品种法下产品成本计算程序和相应的账务处理。

【例】南方工业企业设有一个基本生产车间和两个辅助生产车间。基本生产车间大量生产甲、乙两种单步骤生产的产品，采用品种法计算成本。两种产品的原材料均在生产开始时一次投入，月末完工产品与在产品之间分配费用的方法，甲产品采用约当产量法，乙产品采用定额比例法。两个辅助生产车间分别是供电和机修车间，为基本生产提供供电和修理服务。其中，机修车间要单独设置“制造费用”科目核算该辅助生产车间的制造费用。辅助生产费用采用一次交互分配法分配。基本生产车间的制造费用采用实际工时进行分配。废品损失单独核算，月末全部由本月完工产品负担。

（1）9 月份在产品成本资料如表 8 - 1 所示。

表 8 - 1　月初在产品成本

单位：元

产品名称	直接材料	燃料及动力	直接人工	制造费用	废品损失	合　计
甲产品	12 840	2 600	3 520	4 798	0	23 758
乙产品	5 600	1 684	2 416	1 082	0	10 782

（2）9 月份产量资料如表 8 - 2 所示。

表 8 - 2　产量资料

单位：件

项　目	甲产品	乙产品
月初在产品	160	40
本月投产量	640	560
本月完工量	560	400
月末在产品	240	200
在产品完工率（%）	40	60

（3）9 月份辅助生产车间提供劳务资料如表 8 - 3 所示。

表 8 - 3　辅助生产车间提供劳务资料

受益部门	供电车间（供电数量）	机修车间（机修小时）
供电车间		360
机修车间	1 640	
基本生产车间	3 600	1 920
行政管理部门	1 280	960
销售部门	920	1 210
合　计	7 440	4 450

（4）9 月份产品消耗定额资料。

产品名称	材料单位消耗定额（千克/件）	工时定额（工时/件）
甲产品	44	6
乙产品	20	8

B 产品的原材料计划单价为 3.3 元/千克

（5）9 月份产品实际生产工时和机器工时资料。

产品名称	生产工时	机器工时
甲产品	16 000	9 200
乙产品	8 000	6 800

第一，根据本月各项费用的原始凭证和其他有关资料，登记各项费用支出，编制各种费用分配表。

（1）根据本月付款凭证汇总的货币支出登记各项费用。汇总的货币支出如表8－4所示：

表8－4　货币支出汇总

应借科目			金额（万元）
总账科目	明细科目	费用项目	
辅助生产成本	供电车间	办公费	4 000
		水电费	840
		其　他	400
		小　计	5 240
制造费用	基本生产车间	办公费	1 080
		水电费	720
		其　他	360
		小　计	2 160
	机修车间	办公费	880
		水电费	520
		其　他	400
		小　计	1 800
	合　计		1 720
管理费用		办公费	960
		差旅费	2 400
		水电费	1 200
	小　计		4 560
应付利息	支付已预提借款利息		1 600
合　计			15 360

编制会计分录，假设所有货币支出均用银行存款支付（在实际工作中，支付货币资金的业务应是逐项编制会计分录记账的，这里为了简化举例，汇总编制分录）。

借：辅助生产成本——供电车间　　5 240

　　制造费用——基本生产车间　　2 160

　　　　　　——机修车间　　1 800

　　管理费用　　4 560

　　应付利息　　1 600

　贷：银行存款　　15 360

（2）根据领退料凭证，编制材料费用分配表，登记和分配有关材料费用。如表8-5、8-6所示。

表8-5　甲、乙产品共同耗用材料分配表

2010年9月

产品名称	投产量（件）	单位消耗定额（千克）	定额消耗量	分配率	分配金额
甲产品	640	44	28 160		5 632
乙产品	560	20	11 200		2 240
合 计			39 360	0.2	7 872

表8-6　材料费用分配表

2010年9月

应借科目		直接计入	分配计入	合　计
基本生产成本	甲产品	51 568	5 632	57 200
	乙产品	36 700	2 240	38 940
	小计	88 268	7 872	96 140
辅助生产成本	供电车间	2 800		2 800
	机修车间	3 020		3 020
	小计	5 820		5 820
制造费用	基本生产车间	3 280		3 280
管理费用		1 000		1 000
销售费用		800		800
合　计		99 168		107 040

会计分录：

借：基本生产成本——甲产品　57 200

　　　　　　　——乙产品　38 940

　　辅助生产成本——供电车间　2 800

　　　　　　　——机修车间　3 020

　　制造费用——基本生产车间　3 280

　　管理费用　1 000

　　销售费用　800

　贷：原材料　107 040

表 8-7　外购动力费用分配表（分配电费）

2010 年 9 月

应借科目		动力费用分配			电费分配		
		机器工时	分配率	分配金额	用电度数	分配率	分配金额
基本生产成本	甲产品	9 200		8 280			
	乙产品	6 800		6 120			
	小　计	16 000	0.9	14 400	18 000		14 400
辅助生产成本	供电车间				5 000		4 000
	机修车间				3 000		2 400
	小　计				8 000		6 400
制造费用	基本生产车间				5 600		4 480
管理费用					2 000		1 600
销售费用					700		560
合　计					34 300	0.8	27 440

$$电费分配率=\frac{27\ 440}{34\ 300}=0.8$$

$$动力费用分配率=\frac{14\ 400}{16\ 000}=0.9$$

会计分录：

借：基本生产成本——甲产品　8 280

　　　　　　　　——乙产品　6 120

　　辅助生产成本——供电车间　4 000

　　　　　　　　——机修车间　2 400

　　制造费用——基本生产车间　4 480

　　管理费用　1 600

　　销售费用　560

　贷：应付账款　27 440

（3）根据本月工资结算汇总表和规定的 14% 的职工福利费提取比例，编制工资及福利费分配表，如表 8-8 所示。

表 8-8　工资及福利费分配表

2010 年 9 月

应借科目		生产工人工资			工资费用	应付福利费（工资的 14%）
		生产工时	分配率	分配金额		
基本生产成本	甲产品	16 000		16 000	16 000	2 240
	乙产品	8 000		8 000	8 000	1 120
	小　计	24 000	1.0	24 000	24 000	3 360

（续上表）

应借科目		生产工人工资			工资费用	应付福利费（工资的 14%）
		生产工时	分配率	分配金额		
辅助生产成本	供电车间				5 000	700
	机修车间				4 200	588
	小　计				9 200	1 288
制造费用	基本生产车间				3 400	476
管理费用					7 200	1 008
销售费用					2 400	336
合　计					46 200	6 468

$$生产工人工资费用分配率=\frac{24\ 000}{24\ 000}=1.0$$

会计分录：

① 分配工资费用：

借：基本生产成本——甲产品　　16 000

　　　　　　　　——乙产品　　8 000

　　辅助生产成本——供电车间　　5 000

　　　　　　　　——机修车间　　4 200

　　制造费用——基本生产车间　　3 400

　　管理费用　　7 200

　　销售费用　　2 400

　贷：应付职工薪酬——工资　　46 200

② 分配职工福利费：

借：基本生产成本——A 产品　　2 240

　　　　　　　　——B 产品　　1 120

　　辅助生产成本——供电车间　　700

　　　　　　　　——机修车间　　588

　　制造费用——基本生产车间　　476

　　管理费用　　1 008

　　销售费用　　336

　贷：应付职工薪酬——福利　　6 468

（4）根据各车间、部门 9 月份应提取的固定资产折旧额，编制折旧费用分配表如表 8－9所示。

表 8－9　折旧费用分配表

2010 年 9 月　　　　单位：元

车间、部门	本月固定资产折旧额
基本生产车间	4 200
供电车间	3 600
机修车间	4 956
行政管理部门	940
销售部门	260
合　计	13 956

会计分录：

借：辅助生产成本——供电车间　　3 600
　　制造费用——机修车间　　4 956
　　　　　　——基本生产车间　　4 200
　　管理费用　　940
　　销售费用　　260
　贷：累计折旧　　13 956

第二，根据待摊费用和预提费用明细账记录，编制待摊费用分配表和预提费用分配表，分配各该费用，如表 8－10、8－11 所示。

表 8－10　待摊费用分配表（分摊保险费）

2010 年 9 月　　　　单位：元

应借科目		成本或费用项目	金　额
辅助生产成本	供电车间	保险费	400
制造费用	基本生产车间	保险费	800
管理费用		保险费	500
销售费用		保险费	100
合　计			1 800

会计分录：

借：辅助生产成本——供电车间　　400
　　制造费用——基本生产车间　　800
　　管理费用　　500
　　销售费用　　100
　贷：预付账款　　1 800

表 8－11　预提费用分配表（预提大修理费）

2010 年 9 月　　　　单位：元

应借科目		成本或费用项目	金　额
辅助生产成本	供电车间	大修理费	150
制造费用	基本生产车间	大修理费	400
	机修车间	大修理费	250
	小　计		650
合　计			800

会计分录：

借：辅助生产成本——供电车间　　150

　　制造费用——基本生产车间　　400

　　　　　　——机修车间　　250

　贷：应付账款　　800

第三，根据上列各费用分配表和会计分录，登记辅助生产成本明细账和辅助生产的制造费用明细账，归集和分配辅助生产费用。

（1）辅助生产成本明细账和制造费用明细账如表 8－12、8－13 和 8－14 所示。

表 8－12　辅助生产成本明细账

供电车间　　　　单位：元

2010 年 月	日	摘要	办公费	工资及福利费	折旧费	修理费	水电费	保险费	机物料消耗	其他	合计	转出	余额
9	30	表 8－4	4 000				840			400	5 240		5 240
	30	表 8－6							2 800		2 800		8 040
	30	表 8－7					4 000				4 000		12 040
	30	表 8－8		5 000							5 000		17 040
	30	表 8－8		700							700		17 740
	30	表 8－9			3 600						3 600		21 340
	30	表 8－10						400			400		21 740
	30	表 8－11				150					150		21 890
		待分配费用小计	4 000	5 700	3 600	150	4 840	400	2 800	400	21 890		21 890
	30	表 8－15 分配转入								864	13 884		13 884
	30	表 8－15 分配转出										2 870	11 014
	30	表 8－15 分配转出										11 014	0
本月合计			4 000	5 700	3 600	150	4 840	400	2 800	400	21 890	21 890	0

表 8－13　辅助生产成本明细账

机修车间　　　　　　　　　　　　　　　　　　　　单位：元

2010 年 月	日	摘　要	原材料	燃料及动力	工资及福利费	制造费用	合　计	转　出	余　额
9	30	表 8－6	3 020				3 020		3 020
	30	表 8－7		2 400			2 400		5 420
	30	表 8－8			4 200		4 200		9 620
	30	表 8－8			588		588		10 208
	30	表 8－16				7 006	7 006		7 006
		待分配费用小计	3 020	2 400	4 788		17 214		17 214
	30	表 8－15 分配转出							
	30	表 8－15 分配转入							
	30	表 8－15 分配转出							0
		本月合计	3 020	2 400	4 788	7 006			0

表 8－14　制造费用明细账

机修车间　　　　　　　　　　　　　　　　　　　　单位：元

2010 年 月	日	摘　要	办公费	水电费	折旧费用	保险费	修理费	其　他	合　计	转　出	余　额
9	30	表 8－4	880	520				400	1 800		1 800
	30	表 8－9			4 956				4 956		6 756
	30	表 8－11					250		250		7 006
		待分配费用小计	880	520	4 956		250	400	7 006		7 006
	30	表 8－16 分配转出								7 006	0
		本月合计	880	520	4 956		250	400	7 006	7 006	0

（2）根据辅助生产成本明细账中的待分配费用小计数，供电车间的供电度数，运输车间的运输里程数，编制辅助生产费用分配表分配辅助生产费用，辅助生产费用采用一次交互分配法分配。分配表如表 8－15 所示。

表 8－15 辅助生产费用分配表

2010 年 9 月

项 目			交互分配			对外分配		
辅助生产车间名称			供电	机修	合计	供电	机修	合计
待分配费用			21 890	17 214	39 104	18 458	20 646	39 104
劳务供应量总额			7 440	4 450		5 800	4 090	
费用分配率			2.94	3.86		3.18	5.04	
辅助生产车间	供电车间	数量		360				
		金额		1 389.6	1 389.6			
	机修车间	数量	1 640					
		金额	4 821.6		4 821.6			
基本生产车间		数量				3 600	1 920	
		金额				11 456.69	9 692.01	21 148.7
行政管理部门		数量				1 280	960	
		金额				4 073.49	4 846.01	8 919.50
销售部门		数量				920	1 210	
		金额				2 927.82	6 107.98	9 035.80
分配金额合计						18 458	20 646	39 104

辅助生产费用交互分配时的分配率：

$$供电费用分配率=\frac{21\ 890}{7\ 440}=2.94$$

$$机修费用分配率=\frac{17\ 214}{4\ 450}=3.86$$

辅助生产费用对外分配时的分配率：

$$供电费用分配率=\frac{21\ 890-4\ 821.6+1\ 389.6}{5\ 800}=3.18$$

$$机修费用分配率=\frac{17\ 214-1\ 389.6+4\ 821.6}{4\ 090}=5.04$$

交互分配会计分录：

借：辅助生产成本——机修车间　　4 821.6

　　　　　　　　——供电车间　　1 389.6

　贷：辅助生产成本——机修车间　　1 389.6

　　　　　　　　　——供电车间　　4 821.6

对外分配会计分录：

借：制造费用——基本生产车间　　21 148.70

　　管理费用　　8 919.50

　　销售费用　　9 035.80

　贷：辅助生产成本——供电车间　　18 458

　　　　　　　　——机修车间　　20 646

（3）将辅助生产费用分配计入各明细账后，结算辅助生产车间的制造费用，编制制造费用分配表，将各辅助生产车间的制造费用分配转入辅助生产成本明细账。如表 8 - 16 所示。

表 8 - 16　制造费用分配表

机修车间　　单位：元

应借科目		制造费用
辅助生产成本	机修车间	7 006

会计分录：

借：辅助生产成本——机修车间　　7 006

　贷：制造费用——机修车间　　7 006

第四，根据上列各种费用分配表和其他有关资料，登记基本生产的制造费用明细账，归集和分配基本生产车间的制造费用。

基本生产的制造费用明细账如表 8 - 17 所示。根据基本生产的制造费用明细账上归集的该车间制造费用，以及 A、B 两种合格产品和修复废品 B 产品的生产工时，编制基本生产车间制造费用分配表分配该车间的制造费用。见表 8 - 18 所示。

表 8 - 17　制造费用明细账

基本生产车间　　单位：元

2010 年		摘要	办公费	水电费	工资	福利费	折旧费	保险费	修理费	机物料消耗	其他	合计	转出	余额
月	日													
9	30	表 8 - 4	1 080	720							360	2 160		2 160
	30	表 8 - 6								3 280		3 280		5 440
	30	表 8 - 7		4 480								4 480		9 920
	30	表 8 - 8			3 400							3 400		13 320
	30	表 8 - 8				476						476		13 796
	30	表 8 - 9					4 200					4 200		17 996
	30	表 8 - 10						800				800		18 796
	30	表 8 - 11							400			400		18 196
	30	表 8 - 15 辅助生产费用转入		11 456.69					9 692.01			21 148.7		40 344.7
	30	分配转出											40 344.7	0
		本月合计	1 080	16 656.69	3 400	476	4 200	800	10 092.01	3 280	360	40 344.7	40 344.7	0

表 8－18　制造费用分配表

2010 年 9 月

应借科目		生产工时	分配率	分配金额
基本生产车间	甲产品	16 000		26 896.47
	乙产品	8 000		13 448.23
合　计		24 000	1.68	40 344.70

会计分录：

借：基本生产成本——甲产品　　26 896.47

　　　　　　　　——乙产品　　13 448.23

　贷：制造费用　　40 344.70

第五，根据上列各种费用分配表和其他有关资料，登记基本生产成本明细账，分别归集 A、B 两种产品的成本，并采用规定的分配方法，分配计算 A、B 两种产品的完工产品成本和月末在产品成本。

（1）根据各种费用分配表和其他有关资料，登记基本生产成本明细账。两种产品的生产成本明细账如表 8－19、8－20 所示。

表 8－19　基本生产成本明细账

产品名称：甲产品　　单位：元

2010 年		摘　要	成本项目				成本合计
月	日		直接材料	燃料及动力	直接人工	制造费用	
8	31	在产品成本	12 840	2 600	3 520	4 798	23 758
9	30	表 8－6	57 200				57 200
	30	表 8－7		8 280			8 280
	30	表 8－8			16 000		16 000
	30	表 8－8			2 240		2 240
	30	表 8－16 制造费用分配转入				26 896.47	26 896.47
		本月费用合计	70 040	10 880	21 760	31 694.47	134 374.47
	30	本月完工产品成本	49 028	9 284.80	18 575.20	27 053.60	103 941.60
	30	在产品成本	21 012	1 595.20	3 184.80	4 640.87	30 432.87

表 8－20　基本生产成本明细账

产品名称：乙产品　　单位：元

2010 年		摘　要	成本项目				成本合计
月	日		直接材料	燃料及动力	直接人工	制造费用	
8	31	在产品成本	5 600	1 684	2 416	1 082	10 782
9	30	表 8－6	38 940				38 940

（续上表）

2010年 月	日	摘 要	成本项目 直接材料	燃料及动力	直接人工	制造费用	成本合计
	30	表8-7		6 120			6 120
	30	表8-8			8 000		8 000
	30	表8-8			1 120		1 120
	30	表8-16制造费用分配转入				13 448.23	13 448.23
	30	本月费用合计	44 540	7 804	11 536	14 530.23	78 410.23
	30	本月完工产品成本	29 680	5 984	8 864	11 168	55 696
	30	在产品成本	14 840	1 795.20	2 659.20	3 350.40	22 644.80

在上列产品成本明细账中，月初在产品成本，加上本月生产费用合计，即为生产费用累计数，应在本月完工产品与月末在产品之间进行分配。分配方法见后列产品成本计算表。

（2）根据基本生产成本明细账所归集的生产费用编制产品成本计算表，如表8-21、8-22所示。

表8-21 产品成本计算表

产品：甲产品　　2010年9月　　在产品完工率：40%

项 目	直接材料	燃料及动力	直接人工	制造费用	合 计
月初在产品成本	12 840	2 600	3 520	4 798	23 758
本月生产费用	57 200	8 280	18 240	26 896.47	110 616.47
合 计	70 040	10 880	21 760	31 694.47	134 374.47
约当产量	800	656	656	656	
费用分配率	87.55	16.58	33.17	48.31	
完工产品成本（560）	49 028	9 284.80	18 575.20	27 053.60	103 941.60
月末在产品成本（240）	21 012	1 595.20	3 184.80	4 640.87	30 432.87

甲产品本月完工560件，在产品240件，采用约当产量法分配完工产品成本和在产品成本。原材料在生产开始时一次投入，在产品完工率为40%，在产品约当产量为240×40%=96件。分配费用如下：

$$材料费用分配率=\frac{70\ 040}{800}=87.55$$

$$燃料及动力费用分配率=\frac{10\ 880}{656}=16.58$$

$$直接人工费用分配率=\frac{21\ 760}{656}=33.17$$

$$制造费用分配率=\frac{31\ 694.47}{656}=48.31$$

表 8-22　产品成本计算表

产品：乙产品　　2010 年 9 月　　在产品完工率：60%

项　目		直接材料	燃料及动力	直接人工	制造费用	合　计
月初在产品成本（30 件）		5 600	1 684	2 416	1 082	10 782
本月生产费用		38 940	6 120	9 120	13 448.23	67 628.23
合　计		44 540	7 804	11 536	14 530.23	78 410.23
费用分配率		3.71	1.87	2.77	3.49	
本月完工产品成本（400 件）	定额	8 000	3 200	3 200	3 200	
	实际	29 680	5 984	8 864	11 168	55 696
月末在产品成本（200 件）	定额	4 000	960	960	960	
	实际	14 840	1 795.2	2 659.2	3 350.4	22 644.8

乙产品本月完工 400 件，在产品 200 件，采用定额比例法分配完工产品成本和在产品成本。原材料在生产开始时一次投入，在产品完工率为 60%。废品损失由完工产品负担。分配费用如下：

完工产品直接材料定额消耗量 = 400 × 20 = 8 000（千克）

月末在产品直接材料定额消耗量 = 200 × 20 = 4 000（千克）

完工产品定额工时 = 400 × 8 = 3 200（工时）

月末在产品定额工时 = 200 × 8 × 60% = 960（工时）

$$材料费用分配率=\frac{44\ 540}{8\ 000+4\ 000}=3.71$$

$$燃料及动力费用分配率=\frac{7\ 804}{3\ 200+960}=1.87$$

$$直接人工费用分配率=\frac{11\ 536}{3\ 200+960}=2.77$$

$$制造费用分配率=\frac{14\ 530.23}{3\ 200+960}=3.49$$

第六，根据甲、乙产品成本计算表中的产成品成本，编制产成品成本汇总表，结转产成品成本。产成品成本汇总表如表 8-23 所示。

表 8－23　产成品成本汇总表

2010 年 9 月

产品名称	产 量（件）	成　本	直接材料	燃料及动力	直接人工	制造费用	成本合计
甲产品	560	总成本	49 028	9 284. 80	18 575. 20	27 053. 60	103 941. 60
		单位成本	87. 55	16. 58	33. 17	48. 31	185. 61
乙产品	400	总成本	29 680	5 984	8 864	11 168	55 696
		单位成本	74. 20	14. 96	22. 16	27. 92	139. 24
总成本	—	—	78 708	15 268. 80	27 439. 20	38 221. 60	159 637. 60

结转产成品成本：

借：产成品——甲产品　　103 941. 60

　　　　　——乙产品　　55 696

　贷：基本生产成本——甲产品　　103 941. 60

　　　　　　　　　——乙产品　　55 696

例子中省略了总账和部分明细账（主要是期间费用明细账）的登记工作。

本章小结

1．品种法是以产品品种作为成本计算对象，归集生产费用，计算产品成本的一种方法。它是制造业产品计算最基本的方法。

2．品种法的特点是：①以产品品种作为成本计算对象；②以月份作为成本计算期，定期计算产品成本；③有期末在产品时，需要在完工产品与期末在产品之间分配生产费用。

3．品种法计算产品成本的一般程序：①按产品品种开设生产成本明细账，并按成本项目设置专栏；②编制各种费用要素分配表；③编制辅助生产成本明细账；④编制不可修复废品成本计算单和废品损失明细账；⑤编制基本生产成本明细账，归集各产品的生产费用；⑥汇集的累计生产费用，编制产品成本计算单，计算出完工产品总成本和单位成本、月末在产品成本。

主要名词

品种法　品种法成本计算对象　品种法成本计算期　品种法成本计算程序

练习与思考

一、单选题

1．品种法是以（　　）为成本计算对象的。

A．产品生产车间　　B．产品品种

C．产品批别　　D．产品类别

2. 品种法就是（　　）。
A. 简单成本计算法
B. 按照产品品种和生产步骤计算产品成本的方法
C. 按照在产品品种计算产品成本的方法
D. 单一法

3. 品种法适用于（　　）。
A. 大量生产　　B. 成批生产
C. 大量大批的多步骤生产　　D. 大量大批的单步骤生产

4. 品种法的根本特点是（　　）。
A. 以产品品种为成本计算对象　　B. 成本计算一般要按月进行
C. 月末一般应根据具体情况处理在产品成本　　D. 不分步骤计算产品成本

5. 品种法的成本计算期（　　）。
A. 与会计报告期一致　　B. 与管理层要求一致
C. 与生产周期一致　　D. 与营业周期一致

6. 产品成本计算的简单法，其具有的特点是（　　）。
A. 不需要将生产费用在完工产品与在产品之间分配
B. 产品成本计算期和生产周期一致
C. 本期生产费用等于本期在产品的总成本
D. 生产费用应当按照固定的系数进行分配

二、多选题

1. 根据其生产特点，下列（　）适合采用品种法。
A. 煤矿　　B. 发电厂
C. 自来水厂　　D. 机械制造厂

2. 下列关于品种法的说法正确的是（　　）。
A. 以产品品种为成本计算对象
B. 按月计算产品成本
C. 月末如果没有在产品，或者在产品数量很少、费用很少，可以不计算在产品成本
D. 如果月末有在产品，而且数量较多，费用也较大，就要采用适当的分配方法，将生产费用在完工产品和月末在产品之间进行分配

3. 品种法适用于（　　）。
A. 大量大批多步骤生产，管理上不要求按步骤计算成本
B. 成批生产
C. 小件单批生产
D. 大量大批的单步骤生产

三、判断题

1. 由于每个工业企业最终都必须按产品品种算出成本，因而品种法适用于所有工业企业，应用范围最广泛。（　　）

2．品种法适用于大量大批单步骤生产的企业，也适用于大量大批的多步骤生产的企业，如发电厂、卷烟厂等。（　）

3．不论什么样的工业企业，不论什么生产类型的产品生产，也不论成本管理要求如何，最终都必须要求按产品品种来算出产品成本。（　）

4．按品种法计算产品成本时，不需要将生产费用在各种产品之间进行分配，全部生产费用由完工产品负担。（　）

5．因为品种法适用于大量大批单步骤生产的企业，所以成本可以定期进行，也可以不定期进行。（　）

6．计算产品成本时，无论有没有在产品，生产费用都要在完工产品和月末在产品之间进行分配。（　）

7．品种法的成本计算期与会计报告日期一致，一般与生产周期不一致。（　）

四、简答题

1．简述品种法的特点及适用范围。

2．简述品种法计算产品成本的一般程序。

五、某工厂生产甲、乙两种产品，有关资料如下：

（1）月初在产品成本资料：

月初在产品成本

单位：元

产品名称	直接材料	燃料及动力	直接人工	制造费用	废品损失	合　计
甲产品	16 320	1 320	6 400	3 426	0	27 466
乙产品	35 312	1 214	5 860	3 168	0	45 554

（2）本月产品投产、完工和月末在产品资料：

产量资料

单位：件

项　目	甲产品	乙产品
月初在产品	140	180
本月投入产量	460	380
本月完工合格品数量	400	320
月末在产品数量	200	240
月末在产品完工率	50%	50%

甲产品原材料在生产开始时一次投入。

乙产品单位产品原材料定额费用为 60 元，定额工时为 10 小时。

（3）本月份生产甲产品耗用 4 200 工时，生产乙产品耗用 3 800 工时。

（4）两个辅助生产车间提供劳务资料：

辅助生产车间劳务资料

受益部门	修理车间（修理时数）	运输车间（运输公里）
修理车间		1 000
运输车间	120	
基本生产车间	1 400	3 600
行政管理部门	620	1 200
销售部门	260	2 600
合　计	2 400	8 400

（5）本月以银行存款支付的各种费用汇总资料如下：

各种费用汇总资料

单位：元

部　门	燃料费	办公费	差旅费	其他费用	合　计
修理车间		160		110	270
运输车间	1 650	110		90	1 850
基本生产车间		420	620	220	1 260
行政管理部门	760	920	1 800	360	3 840
销售部门		240	1 600	130	1 970
合　计	2 410	1 850	4 020	910	9 190

（6）本月的材料费用分配表、外购动力费用分配表、工资费用分配表和职工福利费分配表资料如下：

各种费用分配表

单位：元

耗用部门	材料费用分配表	外购动力费用分配表	工资费用分配表	职工福利费分配表
生产甲产品	42 000	4 760	21 000	2 940
生产乙产品	46 000	5 430	24 000	3 360
基本生产车间	3 600	618	3 200	448
修理车间	3 800	580	4 100	574
运输车间	2 020	394	3 400	476
修复甲产品	312	30	100	14
行政管理部门	1 460	680	4 300	602
销售部门	820	260	2 600	364
合　计	100 012	12 752	62 700	8 778

（7）本月的折旧费用分配表、待摊费用（保险费）分配表和预提费用（修理费）分

配表资料如下：

各种费用分配表

单位：元

耗用部门	折旧费用分配表	待摊费用（保险费）分配表	预提费用（修理费）分配表
修理车间	810	220	230
运输车间	1 240	240	460
基本生产车间	6 780	420	340
行政管理部门	1 100	260	450
销售部门	860	180	210
合　计	10 790	1 320	1 690

要求：

① 根据资料（1）设置“基本生产成本”明细账。

② 根据资料（5）、(6)、(7）编制会计分录并登记“基本生产成本”、“辅助生产成本”、“制造费用”和“废品损失”明细账。

③ 根据资料（3）和“辅助生产成本”明细账归集的辅助生产费用，采用交互分配法编制“辅助生产费用分配表”，并编制分配费用的会计分录和登记明细账。

④ 根据资料（3）和“制造费用”明细账归集的制造费用，编制“制造费用分配表”，按生产工时比例分配，并编制分配制造费用的会计分录，登记明细账。

⑤ 将“废品损失”明细账归集的废品净损失结转“基本生产成本”明细账。

⑥ 根据资料（2）和“基本生产成本”明细账归集的生产费用编制“产品成本计算表”。对生产费用的分配，甲产品采用约当产量法，乙产品采用定额比例法，并根据计算的结果，编制产成品入库的会计分录。

六、南方工厂生产甲、乙、丙三种产品，2010 年 12 月份生产量、生产费用资料如下：

（1）本月完工产品和月末在产品见下表：

产　品	完工数量（只）	未完工	
		数量（只）	完工程度（%）
甲	1 000	100	40
乙	800	50	50
丙	1 200	250	70

甲产品原材料开始加工时一次性投入，乙、丙两种产品原材料随加工程度逐步投入。

（2）本月发生的生产成本见下表：

品　种	直接材料（计划成本）	直接人工（元）	制造费用（元）
甲	90 000	8 400	10 500
乙	74 800	6 300	8 798
丙	105 000	14 000	12 040
废品——甲（可修复）	5 000	1 000	440

（3）丙产品不可修复废品损失如下：

产　品	直接材料（计划成本）（元）	燃料和动力（元）	直接人工（元）	制造费用（元）
丙产品（30 只）	3 000	660	400	544

（4）本月材料成本差异率为 －2%。应付福利费按工资总额的 14% 计算。月初没有在产品，废品损失均由当月完工产品负担。

要求：采用品种法计算各产成品成本、单位成本和期末在产品成本。

第九章　分批法

有些企业需要根据客户的要求，按订单为客户生产产品。这样，企业生产产品的品种、规格及批量需按照购货单位的订单来确定，一批产品一般不重复生产，即使重复生产也是不定期的。在这种情况下，企业应以每一份订单，或每一批产品为成本计算对象计算成本。本章将主要介绍成本计算的分批法及简化分批法的计算程序。

通过本章学习，应该掌握以下内容：

（1）分批法的特点及适用范围；

（2）分批法的计算程序；

（3）简化的分批法。

第一节　分批法的特点及适用范围

一、分批法的特点

成本计算分批法（Order Costing Method）是以产品批别或订单作为成本计算对象来归集生产费用，从而计算每批产品的总成本和单位成本的一种成本计算方法，简称分批法或订单法。其主要特征包括：

1．以产品生产的批别或订单作为成本计算对象

分批法的最大特点是按产品生产的批别或订单作为成本计算对象，归集生产费用，计算产品成本。

采用分批法计算产品成本，要按购买者订货的订单或企业规定的产品批别作为成本计算对象。这里需要注意，一张订单与一个批次并非同一概念。如果一张订单为一种产品且批量适中，则可将该订单作为一批产品组织生产；如果一张订单中只规定一种产品，但这种产品数量多，不便于集中一次投产，或者订货单位要求分批交货，可以分为数批组织生产，开设产品批号，组织产品生产，计算产品成本；如果一张订单中只规定一种产品，但这种产品属于大型复杂的产品，价值较大，生产周期较长，也可以按产品的生产步骤或组成部分分别开设产品批号、分批组织生产，计算产品成本；如果一张订单中规定的产品不止一种，为便于考核和分析各种产品成本计划的完成情况，还要按照产品的品种划分批别组织生产，分别计算各批产品成本；如果在同一时期内，有几张订单需要的产品是相同的，并且其数量之和仍然在企业规模经济范围之内，也可以将相同产品合为一批开设一个产品批号，组织产品生产，计算产品成本；对于同一种产品也可能进行分批轮番生产，这

也要求按批别开设产品批别，组织产品生产，采用分批法计算产品成本。所以，在实际工作中，成本计算对象不一定是购货单位的订单，而是企业生产计划部门按照订单，根据企业的实际生产情况下达的生产任务通知单。单内对该批生产任务进行编号，这种编号称为产品生产批别或生产令号，成本计算部门应根据产品生产批别设置生产成本明细账和成本计算单。

2. *以产品生产周期作为成本计算期*

分批法下，产品成本计算是不定期的。成本计算期随生产任务通知单的签发而开始，随生产任务结束而终止。各批产品成本只有在该批产品完工时才能计算出来，因而成本计算期通常与各批产品的生产周期相一致，而与会计核算的报告期不一致。分批法的生产周期要视合同要求而定，这样，其成本计算期是不定期的。

3. *生产费用无须在完工产品和在产品之间进行分配*

采用分批法计算产品成本，一般不存在生产费用在完工产品和月末在产品之间的分配问题。

在单件生产的情况下，由于完工产品成本计算期与生产周期一致，产品完工前，成本计算单上所归集的生产费用就是在产品成本；产品完工时，其所归集的生产费用就是完工产品成本。因此，在每月的月末不存在将生产费用在完工产品与月末在产品之间进行分配的问题。

在小批生产的情况下，由于产品批量小，在月末计算产品成本时，产品往往已全部完工，或者全部未完工，这种情况与单件生产一样，也不需要对所归集的费用进行分配。因此，从理论上讲，分批法只存在费用在各种产品之间分配的问题，一般不存在费用在完工产品和在产品之间分配的问题。但在批量稍大，出现批内产品跨月陆续完工交货时，为了计算各批交货的成本，以便使收入与费用相配比，有必要将生产费用在完工产品和在产品之间分配。

如果当月完工产品的数量不多，占投产批量比重很小时，为了简化核算，对于先完工部分，可以按计划单位成本或定额单位成本，或最近一期相同产品的实际单位成本计价，作为完工产品成本，从该批产品成本计算单中转出，剩下的即为该批产品的在产品成本。当该批产品全部完工时，另行计算该批产品实际总成本和单位成本，但对原来计算出的完工产品成本，不再作账面调整。如果同一批产品当月完工的数量较多，占投产批量比重较大，为了保证成本计算的正确性，应采用适当的方法，将所归集的生产费用在完工产品和在产品之间进行分配，计算出完工产品成本和在产品成本。

二、分批法的意义及适用范围

分批法主要适用于管理上不要求分步计算产品成本的单件、小批量多步骤生产及管理上要求分批计算产品成本的单件、小批量单步骤生产。具体包括以下几种情况：

（1）根据客户订单组织生产的企业，如船舶制造业、重型机器制造业等。这类企业的产品生产一般根据客户的订单组织进行，不同订单所生产的产品种类或规格往往不一致，所用的原材料和加工程序也会有所区别。

（2）根据市场需求不断改变产品生产的企业，如服装企业、印刷企业等。这类企业生产的产品种类和数量必须根据市场的需要不断变更，不可能长期大量生产某种产品，只能根据企业事先规定的产品种类、规格，小批量组织生产。

（3）以修理业务为主的企业。由于修理业务多种多样，各种不同的修理业务其成本各不相同，因此需要根据所承接的各项修理业务分别计算成本。

（4）企业内部某些小批量生产的辅助生产车间，如新产品试制车间、来料加工车间、辅助生产工具制造车间等。

在小批单件生产的情况下，企业的生产活动通常是按照订货单位的订单签发生产通知单组织生产的。各张订单所定产品往往种类不同或规格不一，生产工艺过程不同，所用的原料和制造方法各异。一批产品一般不重复生产，即使重复生产也是不定期的。因此，企业需按照购货单位订单的要求分批组织生产，分别计算各批产品的成本。每完成一个批次的生产，则用全部制造成本除以该批的产量就可以得到单位成本。例如，印刷厂印一批200 张的婚宴请帖，全部生产成本为 700 元，则该批次的单位成本为 3. 5 元。印 1 000 张的录取通知书，全部生产成本为 200 元，则该批次的单位成本是 0. 2 元。如果将两者混淆，就无法提供有价值的成本信息。

第二节　分批法的成本计算程序

一、分批法成本计算程序概述

分批法的成本计算，可按以下三个步骤进行：

1. 产品投产时，按批别设立产品成本明细账

在分批法下，企业是根据订单（批别）组织生产的，这时生产计划部门要签发生产通知单给生产车间和会计部门。为方便管理，在下达生产通知单时会对该批产品进行编号，即产品批号或生产令号。会计部门要根据产品批号设立产品成本明细账，按成本项目设专栏计算成本。产品成本明细账的设立和结账，应与生产通知单的签发和结束配合一致，以保证各批产品成本计算的正确性。

2. 各月份，按批别汇集生产费用

工业企业按照产品批别组织生产，同时也是按批别归集生产费用和计算产品成本，企业应尽可能按批别领用原材料、计算工资、支付费用，但由于各批产品往往共同耗用原材料和半成品，也可能由相同的人员进行生产。因此，对于能分清批次的费用，财会部门可根据有关凭证（如领料单、工资结算单等）直接记入该批产品成本明细账；对于分不清批次的费用，应根据各费用项目的发生数，按各批次产品耗用的工时数或其他分配标准分配记入各批产品成本明细账。总之，企业必须加强批别的管理，在填列领料单、记录生产工时、进行在产品转移核算时，都应分清批别，防止“串批”。

3. 产品完工月份，计算该批产品总成本和单位成本

如前所述，分批法一般不需要在完工产品和在产品之间分配费用，当然，如果某批产

品跨月完工的数量较多，还是要采用适当的方法如定额比例法、约当产量法等，把生产费用在完工产品和在产品之间分配。如果某批产品已全部完工，应编制成本计算单，计算出完工产品总成本和单位成本。

二、分批法应用举例

【例1】东方工业企业根据购买单位的要求，小批生产甲、乙、丙三种产品，采用分批法计算成本。该企业2010年7月的生产情况和生产费用支出情况如下：

（1）本月份生产的产品批号有：

7001号：甲产品24台，本月投产，本月完工16台。

7002号：乙产品20台，本月投产，本月全部未完工。

7003号：丙产品32台，上月投产，本月完工8台。

（2）月初在产品成本：

7003号丙产品：原材料3 960元，工资及福利费1 020元，制造费用1 260元。

（3）本月份各批号产品生产费用资料：

表9－1

单位：元

批　号	原材料	工资及福利费	制造费用	合　计
7001	9 360	4 400	5 200	18 960
7002	7 720	3 360	4 840	15 920
7003	4 400	4 560	5 520	14 480

（4）完工产品与在产品之间费用分配方法：

7001批号甲产品本月完工数量较大，原材料在生产开始时一次投入，其费用可以按照完工产品和在产品实际数量比例分配；其他费用在完工产品与在产品之间分配采用约当产量法，在产品完工程度为50%。

7002批号乙产品本月全部未完工，本月生产费用全部是在产品成本。

7003批号丙产品本月完工数量少，为简化核算，完工产品按计划成本结转。每台产品单位计划成本：原材料380元，工资及福利费210元，制造费用230元。

（5）根据上述资料，登记各批产品成本明细账，计算各批产品的完工产品成本和月末在产品成本。

表9－2　产品成本明细账

产品批号：7001　　　　投产日期：7月

产品名称：甲　　　　批量：24台　　　　7月完工：16台

项　目	原材料	工资及福利费	制造费用	合　计
本月生产费用	9 360	4 400	5 200	18 960
完工产品成本	6 240	3 520	4 160	13 920
完工产品单位成本	390	220	260	870
在产品成本	3 120	880	1 040	5 040

完工产品应负担原材料费用 $=\frac{9\ 360}{24}\times 16=390\times 16=6\ 240$（元）

月末在产品应负担原材料费用 $=390\times 8=3\ 120$（元）

完工产品应负担工资及福利费 $=\frac{4\ 400}{16+8\times 50\%}\times 16=220\times 16=3\ 520$（元）

月末在产品应负担工资及福利费 $=8\times 50\%\times 220=880$（元）

完工产品应负担制造费用 $=\frac{2\ 600}{16+8\times 50\%}\times 16=130\times 16=2\ 080$（元）

月末在产品应负担制造费用 $=5\ 200-2\ 080=3\ 120$（元）

表 9－3　产品成本明细账

产品批号：7002　　　　投产日期：7 月

产品名称：乙　　　　批量：20 台　　　　7 月完工：无

项　目	原材料	工资及福利费	制造费用	合　计
本月生产费用	7 720	3 360	4 840	15 920
月末在产品成本	7 720	3 360	4 840	15 920

表 9－4　产品成本明细账

产品批号：7003　　　　投产日期：7 月

产品名称：丙　　　　批量：32 台　　　　7 月完工：8 台

项　目	原材料	工资及福利费	制造费用	合　计
月初在产品成本	3 960	1 020	1 260	6 240
本月生产费用	4 400	4 560	5 520	14 480
费用合计	8 360	5 580	6 780	20 720
完工产品成本	3 040	1 680	1 840	6 560
单位计划成本	380	210	230	820
在产品成本	5 320	3 900	4 940	14 160

丙产品完工 8 台，按计划单位成本转出，其中：

完工产品原材料费用 $=380\times 8=3\ 040$（元）

完工产品工资及福利费 $=210\times 8=1\ 680$（元）

完工产品制造费用 $=230\times 8=1\ 840$（元）

全部生产费用合计减去完工产品成本，即为在产品成本。

第三节　简化的分批法

在小批单件生产的企业或车间中，如果同一月份投产的产品批数很多，几十批甚至几百批，而且月末未完工批数较多，如机械制造厂，在这种情况下，如果将当月发生的各种间接费用在各批产品之间按月进行分配，核算工作将极为繁重。为了简化核算工作，这类企业也可以采用简化的分批法计算成本，即不分批计算在产品成本的分批法。

一、简化分批法的特点

采用简化分批法，需要先按产品的批别设立成本计算单，同时按全部产品设立一个基本生产成本二级账，账内登记全部产品的生产费用和全部产品耗用的工时，并用来计算登记全部产品的累计间接费用分配率，以及全部完工产品的总成本和全部在产品的总成本。

平时，对各批别产品发生的直接费用和耗用的工时，一方面记入各该批别产品的成本明细账，另一方面也记入基本生产成本二级账中；对于各批别产品共同发生的间接费用，根据其费用分配表登记基本生产成本二级账，不必分配登记产品成本明细账。月末，根据基本生产成本二级账计算登记全部产品各项间接费用项目的累计间接费用分配率。如果本月份某批产品有完工产品，可根据基本生产成本二级账记录的累计间接费用分配率，乘以该批产品完工产品累计工时，计算其完工产品应负担的间接费用，将其加上直接费用，即可计算出该批产品的完工产品成本。如果月末某批产品没有完工产品，则无须分配登记间接费用。全部产品的在产品成本只分成本项目以总数反映在基本生产成本二级账中，而不按产品的批别分配记入各成本明细账。因此，这种方法也叫不分批计算在产品成本的分批法，或累计间接费用分配法。

简化分批法采用间接成本的累计分配法，其计算公式如下：

$$某间接费用累计分配率=\frac{各批产品该间接费用累计额}{各批产品累计生产工时}$$

$$某完工批别产品应负担的某间接费用=该完工批别产品累计生产工时\times 该间接费用累计分配率$$

二、简化分批法的计算程序

简化分批法与一般分批法的程序大致相同，具体过程如下：

（1）设置生产成本二级账登记间接费用，按生产批别设置产品成本计算单。

（2）各批别产品的直接成本和生产工时登记记入该批别成本计算单，并将其累计额平行登记记入生产成本二级账；间接费用按原始凭证汇总后，将其累计额登记记入生产成本二级账。

（3）当有某批次产品完工时，计算间接费用累计分配率，分配各完工批别产品应负担的间接成本，记入该完工批别产品的成本计算单，计算其产成品总成本和单位成本，并从产品成本计算单转出。

（4）将所有完工批别产品的直接成本、间接费用和累计生产工时从生产成本二级账中转出，生产成本二级账的月末余额为全部在产品成本。

三、简化的分批法的优缺点及应用条件

累计间接费用分配法，每月发生的各项间接费用先累计起来，到有完工产品的月份才

按照完工产品生产工时和累计间接费用分配率，分配计算完工产品应负担的各项间接费用。在没有完工产品的月份，则不需分配间接费用，这样就大大地简化了费用的分配和登记工作，月末未完工产品的批数越多，核算工作就越简化。

综上可见，简化的分批法能够起到节省成本会计人员的工作量，提高劳动效率的作用，但是也带来了以下两方面的问题：

第一，在产品的生产月份，生产费用是全厂累计，而不分配到各批产品上去（只有到某批产品完工时才分配），因而对各批产品在生产过程中所发生的费用是节约还是浪费不能及时了解，在一定程度上削弱了成本控制。

第二，费用分配是按各月累计数计算的，但由于各月的费用水平并不一致，计算累计分配率会使费用的分配趋于平均化，在一定程度上影响了成本计算结果的准确性。所以，如果各月间接费用相差悬殊，则不宜采用这种方法，否则会影响各月产品成本的正确性。

由此可见，要使用简化的分批法必须具备两个条件：一是各个月份的间接费用水平比较均衡，二是月末未完工产品的批数较多。这样才能保证既简化核算工作又确保成本正确。

四、简化的分批法应用举例

【例2】某工业企业小批生产多种产品，产品批数多，为了简化成本核算工作，采用简化的分批法计算成本。该企业9月份生产情况如下：

（1）本月份该企业的产品批号及完工情况如表9－5所示：

表9－5

产品批号	产品名称	投产情况	本月完工数量	月末在产品
7022	甲产品	7月15日投产8件	8件	
8012	乙产品	8月12日投产10件	6件	4件
9006	丙产品	9月2日投产12件		12件

第8012号产品的原材料是在生产开始时一次投入，其完工6件产品的工时为13 250小时，在产品4件的工时为3 580小时。

（2）该企业基本生产成本二级账累计资料如表9－6所示：

表9－6　基本生产成本二级账（全部各批别产品总成本）

单位：元

月	日	摘　要	直接材料	生产工时	工资及福利费	制造费用	成本合计
8	31	期初在产品	218 000	30 650	50 276	68 240	336 516
9	30	本月发生	81 600	30 150	54 300	70 384	206 284
	30	累计	299 600	60 800	104 576	138 624	542 800
	30	全部产品累计间接费用分配率			1.72	2.28	
	30	本月完工转出	178 480	38 450	66 134	87 666	352 104
	30	期末在产品	121 120	22 350	38 442	50 958	190 696

该企业的直接材料为直接计入费用，不需在各批产品之间进行分配。工资及福利费、制造费用是间接费用，按累计工时比例分配。

在上列基本生产成本二级账中，月初在产品的生产工时和各项费用是上月末根据上月的生产工时和生产费用资料计算登记；本月发生的直接材料费用和生产工时应根据本月各批产品原材料费用分配表、生产工时记录，与各该批产品成本明细账平行登记；本月发生的各项间接计入费用，应根据各该费用分配表登记；完工产品的直接材料费用和生产工时，应根据后列各批产品成本明细账中的完工产品的直接材料费用和生产工时汇总登记；完工产品的各项间接计入费用，可以根据账中完工产品生产工时分别乘以各该费用分配率计算登记，也可以根据后列各批产品成本明细账中的完工产品的各该费用分别汇总登记；月末在产品的直接材料费用和生产工时，可以根据账中累计的直接材料费用和生产工时分别减去本月完工产品的直接材料费用和生产工时计算登记，也可以根据后列各批产品成本明细账中的月末在产品的直接材料费用和生产工时分别汇总登记，两者计算结果应该相符；月末在产品的各项间接计入费用，可以根据账中在产品生产工时分别乘以各该费用累计分配率计算登记，也可以根据各该费用的累计数分别减去完工产品的相应费用计算登记。

计算全部产品累计间接费用分配率：

$$全部产品累计工资及福利费分配率=\frac{104\ 576}{60\ 800}=1.72$$

$$全部产品累计制造费用分配率=\frac{138\ 624}{60\ 800}=2.28$$

（3）编制各批产品成本明细账：

表 9－7　产品成本明细账

产品批号：7022　　产品名称：甲　　投产日期：7月15日

订货单位：光明工厂　　产品批量：8件　　本月完工：8件

月	日	摘　要	直接材料	生产工时	工资及福利费制造	费用成本	合　计
7	31	本月发生	64 850	9 460			
8	31	本月发生	36 650	5 940			
9	30	本月发生	28 200	9 800			
	30	累计数和累计间接费用分配率	129 700	25 200	1.72	2.28	
	30	本月完工产品转出	129 700	25 200	43 344	57 456	230 500
	30	完工产品单位成本	16 212.50		5 418	7 182	28 812.50

表 9-8　产品成本明细账

产品批号：8012　　产品名称：乙　　投产日期：8 月 12 日

订货单位：环球公司　　产品批量：10 件　　本月完工：6 件

月	日	摘　要	直接材料	生产工时	工资及福利费制造	费用成本	合　计
8	31	期初在产品	74 420	7 410			
9	30	本月发生	6 880	9 420			
	30	累计数和累计间接费用分配率	81 300	16 830	1.72	2.28	
	30	本月完工产品转出	48 780	13 250	22 790	30 210	121 604
	30	完工产品单位成本	8 130		3 798	5 035	16 963
	30	期末在产品	32 520	3 580			

表 9-9　产品成本明细账

产品批号：9006　　产品名称：乙　　投产日期：9 月 2 日

订货单位：南方公司　　产品批量：12 件　　本月完工：无

月	日	摘　要	直接材料	生产工时	工资及福利费制造	费用成本	合　计
9	30	本月发生	6 660	37 840			

在各批产品成本明细账中，对于没有完工产品的月份，只登记本月发生直接材料费用和生产工时，这也就是该月份月末在产品的直接材料费用和生产工时。因此，各明细账中属于在产品的各个月份的直接材料费用或生产工时发生额之和，应该等于基本生产成本二级账中所记的在产品的直接材料费用或生产工时。

对于有完工产品（包括全批完工和批内部分完工）的月份，除了要登记当月发生的直接材料费用和生产工时，计算累计数外，还要根据基本生产成本二级账登记间接费用累计分配率。

第 7022 批产品，本月末全部完工，则其累计的直接材料费用和生产工时就是完工产品的直接材料费用和生产工时，将生产工时分别乘以各项间接计入费用累计分配率，即为完工产品的各项间接计入费用。

第 8012 批产品，本月部分完工，部分未完工，应在完工产品和月末在产品之间分配费用。该种产品的原材料是在生产开始时一次投入，月末在产品要与完工产品一样分配直接材料费用：

$$\text{完工产品应负担的直接材料费用}=\frac{81\ 300}{6+4}\times 6=48\ 780\text{（元）}$$

$$\text{在产品应负担的直接材料费用}=\frac{81\ 300}{6+4}\times 4=32\ 520\text{（元）}$$

将完工产品的生产工时分别乘以各项间接计入费用累计分配率，可求得完工产品的各项间接计入费用：

完工产品应负担的工资和福利费 = 13 250 × 1.72 = 22 790（元）

完工产品应负担的制造费用 = 13 250 × 2.28 = 30 210（元）

第9006批产品本月份没有完工产品，只登记本月发生的直接材料费用和生产工时，也就是月末在产品的直接材料费用和生产工时。

各批产品成本明细账计算登记完毕后，各完工产品的直接材料费用和生产工时应分别汇总登记入基本生产成本二级账，并据以计算登记全部各批别完工产品总成本。

本章小结

本章介绍了成本计算分批法和简化的分批法。通过本章的学习，应理解成本计算分批法和简化分批法的基本概念，掌握其特点、适用范围及计算程序。

1. 成本计算分批法是以产品批别或订单作为成本计算对象来归集生产费用，从而计算每批产品的总成本和单位成本的一种成本计算的方法。它主要适用于管理上不要求分步计算产品成本的单件、小批量多步骤生产及管理上要求分批计算产品成本的单件、小批量单步骤生产。

2. 分批法的特点主要有：①以产品生产的批别或订单作为成本计算对象；②以产品生产周期作为成本计算期；③生产费用无须在完工产品和在产品之间进行分配。

3. 分批法成本计算程序是：①产品投产时，按批别设立产品成本明细账；②各月份，按批别汇集生产费用；③产品完工月份，计算该批产品总成本和单位成本。

4. 在小批单件生产的企业或车间中，如果同一月份投产的产品批数很多，几十批甚至几百批，而且月末未完工批数较多，在这种情况下，如果不分各批产品是否已经完工，都要将各种间接费用在各批产品之间按月进行分配，核算工作将极为繁重。为了简化核算工作，这类企业也可以采用简化的分批法计算成本，即不分批计算在产品成本的分批法。

主要名词

分批法　成批生产　订单生产　小批单件生产　简化分配法　间接费用累计分配率

练习与思考

一、单选题

1. 分批法成本计算的对象是（　　）。

A. 产品品种　B. 产品批别　C. 产品类别　D. 产品生产步骤

2. 分批法适用于（　　）。

A. 小批生产　B. 大批生产　C. 大量生产　D. 大量大批生产

3. 马克思理论成本中，$C+V+M$，C 指（　　）。

A. 劳动者为自己创造的价值　　B. 劳动者为社会劳动创造的价值

C. 已耗费生产资料的转移价值　　D. 已耗费的劳动对象转移的价值

4. 分批法的成本计算器是（　　）。

A. 产品生产周期　　B. 会计报告周期

C. 日历周期　　D. 生产费用发生期

5. 分批法主要适用于（　　）。

A. 不登记任何费用　　B. 只登记间接费用和生产工时

C. 只登记直接费用和生产工时　　D. 只登记间接费用

二、多选题

1. 采用简化分批法，累计间接费用分配率是（　　）。

A. 各批产品之间分配间接费用的依据

B. 各批完工产品之间分配间接费用的依据

C. 完工产品与月末在产品之间分配间接费用的依据

D. 各批月末在产品之间分配间接费用的依据

2. 下列可采用分批法计算产品成本的有（　　）。

A. 精密仪器　　B. 专用设备　　C. 重型机械

D. 船舶制造　　E. 新产品试制

3. 采用简化分批法，企业（　　）。

A. 必须设立生产成本二级账

B. 在产品完工之前，产品成本明细账只登记原材料费用和生产工时

C. 在生产成本二级账中只登记间接费用

D. 不分批计算在产品成本

4. 分批法主要适用于（　　）。

A. 根据客户订单组织生产的企业

B. 根据市场需求不断改变产品生产的企业

C. 以修理业务为主的企业

D. 企业内部某些小批量生产的辅助生产车间

5. 分批法主要特征包括（　　）。

A. 以产品生产的批别或订单作为成本计算对象

B. 以产品生产周期作为成本计算期

C. 生产费用无须在完工产品和在产品之间进行分配

D. 生产费用在完工产品和月末在产品之间分配

6. 分批法的成本计算，包括以下步骤（　　）。

A. 产品投产时，按批别设立产品成本明细账

B. 各月份，按批别汇集生产费用

C. 产品完工月份，计算该批产品总成本和单位成本

D. 设置生产成本二级账登记间接费用，按生产批别设置产品成本计算单

7. 简化分批法的特点包括（ ）。

A. 节省成本会计人员的工作量

B. 提高劳动效率

C. 在一定程度上削弱了成本控制

D. 在一定程度上影响了成本计算结果的准确性

三、判断题

1. 分批法成本计算的对象是产品批别。（ ）

2. 分批法主要适用于小批、单件的多步骤但管理上又不要求分步骤计算产品成本的多步骤生产。（ ）

3. 在分批法下，成本计算对象要作具体分析。同一种产品也有可能进行分批生产，这也要求分批计算产品成本。（ ）

4. 分批法成本计算期和核算报告期基本一致，而与产品生产周期不一致。（ ）

5. 分批法不需要在完工产品和在产品之间分配费用。（ ）

6. 分批法下，生产成本只需按产品批别或订单及生产通知单明细账，不需按生产基本环节设置明细账。（ ）

7. 简化分批法只对完工产品分配间接费用，而不分批计算在产品成本。（ ）

四、简答题

1. 什么是成本计算的分批法？它适用于哪些企业？

2. 成本计算的分批法有什么特点？

3. 试述分批法的成本计算程序。

4. 什么是简化分批法？

5. 简化分批法有什么优缺点？

五、计算题

1. 长城工厂产品成本计算采用分批法，2010 年 3 月份同时生产三批产品，批号#101A 产品，1 月份投产，产量 20 台，2 月份已完工 8 台，本月完工 12 台；批号#201B 产品，2 月份投资，产量 30 台，本月完工 30 台；批号#301C 产品，本月投产，产量 45 台，本月尚未完工。3 月份有关成本资料如下：

① 月初在产品成本如下：

单位：元

产品批号及名称	月　份	摘　要	直接材料	直接人工	制造费用
#101A 产品	1	减完工 8 台计划成本	12 000	2 200	1980
	2		38 000	8 800	6 020
	2		－27 600	－71 000	－6 160
#201B 产品	2		9 300	1 060	1 100

② 本月耗用原材料及生产工时如下：

产品批号	产品名称	直接材料	生产工时
#101	A 产品	20 000	1 240
#201	B 产品	15 000	1 660
#301	C 产品	9 800	500

③ 本月发生的直接人工 18 700 元，制造费用 20 400 元。

要求：

(1) 编制费用分配表，按生产工时比例分配直接人工和制造费用。

(2) 编制产品成本计算单，计算各种完工产品的总成本和单位成本。

(3) 编制完工产品入库的会计分录。

2. 某企业生产属于小批生产，产品批数多，每月末都有很多批号没有完工，因而采用简化的分批法计算产品成本。

① 8 月份生产的产品批号有：

8210 号：甲产品 6 件，7 月投产，8 月 25 日全部完工。

8211 号：乙产品 14 件，7 月投产，8 月完工 8 件。

8212 号：丙产品 8 件，7 月末投产，尚未完工。

8213 号：丁产品 6 件，8 月投产，尚未完工。

② 各批号产品 8 月末累计原材料费用（原材料在生产开始时一次投入）和生产工时为：

8210 号：原材料 32 000 元，工时 9 200 小时。

8211 号：原材料 98 000 元，工时 29 600 小时。

8212 号：原材料 62 400 元，工时 18 200 小时。

8213 号：原材料 42 600 元，工时 8 320 小时。

③ 8 月末，该企业全部产品累计原材料费用 235 000 元，工时 65 320 小时，工资及福利费 26 128 元，制造费用 32 660 元。

④ 8 月末，完工产品工时 25 200 小时，其中乙产品 16 000 小时。

要求：

(1) 根据上列资料，登记基本生产成本二级账和各批产品成本明细账。

(2) 计算和登记累计间接费用分配率。

(3) 计算各批完工产品成本。

第十章　分步法

在实际工作中，不少工业大量重复生产的产品，都是经过多个步骤连续加工完成的。在这种情况下，如果企业管理层也要求提供各生产步骤半成品成本资料时，就需要分别按各生产步骤计算半成品成本和最终完工产品成本。这种以产品及其生产步骤为成本计算对象、归集各生产步骤发生的生产费用，计算产品成本的方法就被称为分步法。

通过本章学习，应该掌握以下内容：

（1）分步法的特点及分类；

（2）逐步结转分步法的成本计算以及逐步综合结转分步法下成本还原的方法；

（3）平行结转分步法的成本计算以及生产费用在广义在产品和完工产品之间的分配；

（4）分步法内各种成本计算方法的优缺点。

第一节　分步法概述

产品成本计算的分步法（Process Costing），是按照产品生产的步骤归集分配各生产步骤发生的生产费用，最终计算出产品成本的一种方法。

在一些复杂生产（多步骤生产）的企业中，生产工艺过程在若干个技术上是可以间断的，因此可以分为多个生产步骤生产。例如，纺织企业生产可以分为纺纱、织布等步骤；冶金企业生产可以分为炼铁、炼钢、轧钢等步骤；机器制造企业可以分为铸造、加工、装配等步骤。为了加强成本管理，当管理层要求提供各生产步骤半成品资料的情况下，我们不仅要按照产品品种归集各种费用，计算产品成本，还要按照产品的生产步骤归集生产费用，计算各步骤产品成本，提供反映各种产品及其各生产步骤成本计划执行情况的资料。因此，分步法一般适用于大量大批的多步骤生产企业，如冶金、纺织、造纸、化工、水泥以及大量大批生产的机械制造类企业。

一、分步法的特点

1．成本计算对象

成本计算对象就是各种产品的生产步骤，因此，产品成本明细账或成本计算单要按照各种产品的生产步骤设置。如果只生产一种产品，成本计算对象就是这种产品及其所经过的各生产步骤，产品成本明细账就应该按照产品的生产步骤开设。如果生产多种产品，成本计算对象则应是各种产品及其所经过的各生产步骤，产品明细账要按每种产品的各个步骤开设。

但应注意，产品成本计算的分步与实际的生产步骤可能一致，也可能不一致。为了简化成本计算工作，可以只对管理上有必要分步计算成本的生产步骤单独设立产品成本明细账，单独计算成本；管理上不要求单独计算成本的生产步骤，则可与其他生产步骤合并设置产品成本明细账，合并计算成本。有时，一个企业生产规模很大，一个车间内又分为几个小生产步骤，管理上又要求计算各个小步骤的成本的，就可以在车间内再分成几个生产步骤。

2. 成本计算期

在大量大批的多步骤生产中，由于生产过程较长，材料不断投入后，经过多个生产步骤，半成品不断向下一步骤移动，直到最后完工，所以可以间断生产。产品往往都是跨月陆续完工，因此，成本计算期一般都是按月、定期地进行，与会计报告期一致，与产品的生产周期不一致。

3. 费用在完工产品与在产品之间的分配

由于大量大批生产的半成品、产成品往往跨月陆续完工，月末各生产步骤一般都存在未完工的在产品。因此，在计算成本时，需要采用适当的分配方法，将汇总的各产品、各生产步骤产品成本明细账中的生产费用，在完工半成品与期末在产品、完工产品与在产品之间进行分配。

4. 各生产步骤之间成本的结转

由于产品生产是分步骤进行的，上一步骤生产的半成品是下一步骤加工的对象。因此，与其他成本计算方法不同，分步法需要在各生产步骤之间结转半成品成本，这是分步法的一个重要特点。

二、分步法的分类

由于各个企业生产工艺过程的特点及成本管理对各步骤成本资料的要求（是否要计算各生产步骤的半成品成本）不同，以及对简化成本计算工作的考虑，根据各生产步骤成本的计算和结转方式不同，分步法可分为逐步结转分步法和平行结转分步法两种。

1. 逐步结转分步法

逐步结转分步法（Sequential Transfer）是按照产品的生产步骤逐步计算并结转半成品成本，最后算出产品成本的一种分步法。在这种分步法下，前一生产步骤的半成品转入下一生产步骤继续加工时，半成品的实物和成本一起转入下一生产步骤。实物转入下一生产步骤继续加工，半成品成本转入下一生产步骤成本计算单内。因此，这种方法也称计列半成品成本的分步法。

逐步结转分步法按半成品成本转入下一生产步骤成本计算单的结转方式不同，又可分为逐步综合结转分步法和逐步分项结转分步法。

（1）逐步综合结转分步法是将上一生产步骤的半成品成本以一个综合的数额转入下一生产步骤成本计算单的“原材料”或“半成品”项目内，不区分“直接材料”、“直接工资”、“制造费用”成本项目。

（2）逐步分项结转分步法是将上一生产步骤半成品成本按原始成本项目，即“直接材料”、“直接工资”、“制造费用”数额分别转入下一生产步骤成本计算单中对应成本项目内。

2. 平行结转分步法

在一些大量大批多步骤生产的企业中，如机械制造企业，各生产步骤所产半成品种类很多，但管理上不要求计算半成品成本。在这种情况下，只归集本步骤中为加工半成品或产成品而发生的生产费用部分，上一步骤转入的半成品部分，只是实物在本步骤加工，但并不将半成品成本转入本步骤成本计算单内。在最后生产步骤确定完工产品数量后，各步骤分别将该完工产品在本生产步骤所发生的费用份额转出，汇总完工产品的成本。这种分步法就是平行结转分步法（Parallel Transfer），也称不计列半成品成本分步法。

分步法的分类可用图 10－1 表示。

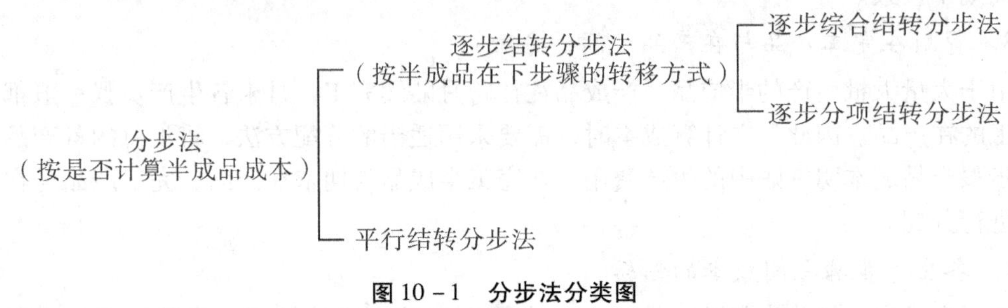

图 10－1　分步法分类图

第二节　逐步结转分步法

逐步结转分步法是按照产品的加工步骤的先后顺序，逐步计算并结转半成品成本，直至最后步骤累计计算出产成品成本的一种成本计算方法。各生产步骤的半成品，不仅供本企业进一步加工，还可以作为商品出售，并要进行同行业的评比，有时一些半成品要供多种产品使用。实行责任会计的企业，还需要考核和分析各生产步骤等内部单位的生产耗费和资金占用水平。在这些情况下，为了满足对半成品资料的需要，我们需要采用逐步结转分步法。

一、逐步结转分步法的计算程序

逐步结转分步法的特点是各步骤的半成品成本要随着半成品实物的转移而结转，以便逐步计算出各步骤的半成品成本和最后一个生产步骤的完工产品的成本。它的计算程序是：

（1）根据第一步骤成本计算单上的直接材料、直接工资和制造费用，计算出第一步骤的半成品成本。如果半成品不通过自制半成品库，直接转入第二生产步骤加工，则应将第一步骤完工的半成品成本转到第二生产步骤相应的产品成本计算单中，并编制会计分录：

借：基本生产成本——二车间

　贷：基本生产成本——一车间

如果半成品通过半成品库收发，在验收入库时应编制会计分录：

借：自制半成品——××半成品

　贷：基本生产成本——一车间

第二生产步骤从自制半成品库领用半成品时，应将其领用的自制半成品成本记入第二生产步骤成本计算单的相应项目内，同时编制会计分录：

借：基本生产成本——二车间

　贷：自制半成品——××半成品

（2）第二生产步骤将从第一生产步骤转入或从自制半成品库领用的半成品成本加上第二生产步骤领用的直接材料、直接工资和制造费用，计算出第二生产步骤的半成品成本，再按前述方法编制有关会计分录。以后步骤跟第二步骤相同，按照加工程序，逐步计算和逐步结转半成品成本，在最后一个步骤就可以计算出完工产品的成本。这一计算程序如图10－2、10－3所示。

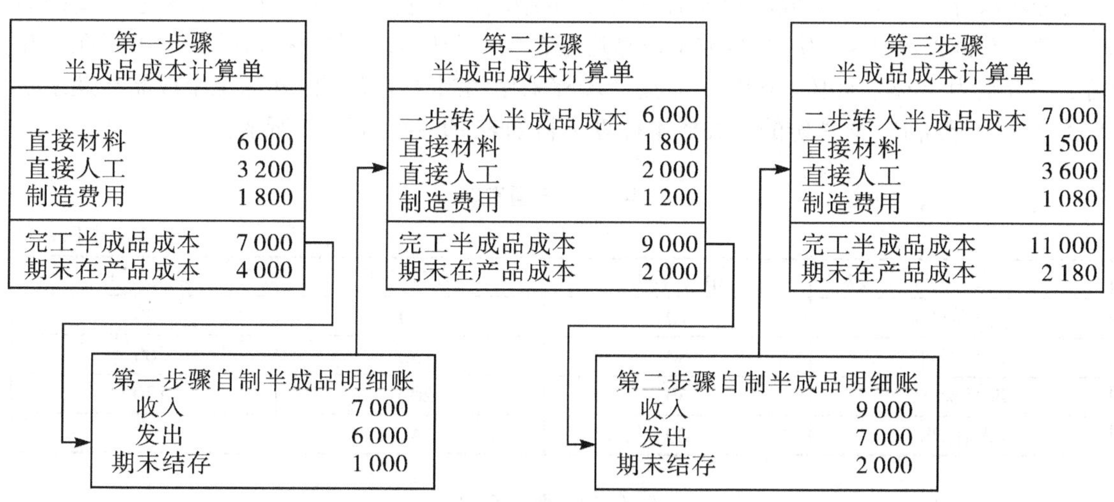

图10－2　逐步结转分步法成本计算程序图（设自制半成品库）

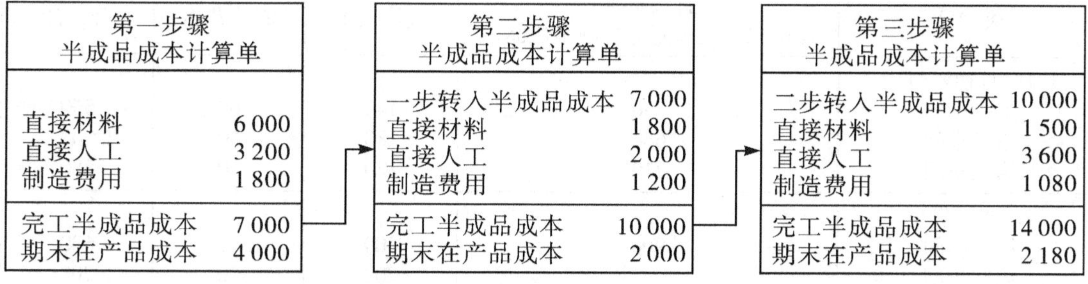

图10－3　逐步结转分步法成本计算程序图（不设自制半成品库）

从图10－2和10－3可以看出，采用逐步结转分步法，每月月末，生产费用（包括上一步骤转入的半成品成本）在各步骤产品成本明细账中归集以后，如果该步骤既有完工半成品（最后步骤为产成品），又有正在加工中的在产品，则应采用适当的分配方法，将该生产费用在完工半成品（最后步骤为产成品）和正在加工中的在产品之间进行分配。

上述计算程序也表明，每个步骤都是一个品种法，逐步结转分步法实际上是品种法的多次连续应用。

二、逐步综合结转分步法

逐步综合结转法是指各步骤耗用的上一生产步骤的所有半成品成本，以“直接材料”或“半成品”项目结转入下一生产步骤成本计算单中，即下一生产步骤耗用上一生产步骤半成品的成本是以一个综合的数额计入下一生产步骤成本计算单的。综合结转分步法可以按照半成品的实际成本结转，也可以按照半成品的计划成本（或定额成本）结转。

1. 半成品按实际成本综合结转

【例1】某企业大量生产A产品，依次经过三个车间生产完成，第二车间在第一车间生产的甲半成品的基础上生产出乙半成品，第三车间将乙半成品加工成产成品。采用逐步结转分步法计算成本，半成品成本按实际成本结转。半成品在各个生产步骤之间直接结转，两个车间产品所耗的原材料或半成品均是在生产开始时一次性投入的。各车间在产品完工率分别为30%、50%、60%，各生产步骤采用约当产量比例法在完工半成品与期末在产品之间分配成本。9月份的有关成本计算资料如表10－1、10－2所示：

表10－1 产量资料

单位：件

项 目	第一车间	第二车间	第三车间
月初在产品	70	90	30
本月投产	180	150	200
本月完工	150	200	180
月末在产品	100	40	50

表10－2 费用资料

单位：元

项 目	直接材料（第二、三车间为自制半成品）	直接人工	制造费用	合 计
1. 月初资料				
第一车间	350	140	60	550
第二车间	660	180	160	1 000
第三车间	710	120	50	880
2. 本月发生				
第一车间	900	400	300	1 600
第二车间		700	500	1 200
第三车间		300	160	460

要求：按半成品实际成本综合结转分步法计算A产品成本。

（1）根据生产费用、产品记录资料计算甲半成品成本和月末在产品成本，填列甲半成品成本计算单如表 10－3。

表 10－3　产品成本计算单

××年 9 月

车间：第一车间　　　　完工产量：150 件

产品：甲半成品　　　　在产品量：100 件

成本项目	月初在产品成本	本月生产成本	合　计	月末在产品成本	完工半成品成本	
					总成本	单位成本
直接材料	350	900	1 250	500	750	5
直接人工	140	400	540	90	450	3
制造费用	60	300	360	60	300	2
合　计	550	1 600	2 150	650	1 500	10

表 10－3 的产品成本计算单中，月初在产品成本应根据上月末在产品成本登记；本月发生费用应根据本月各种费用分配表登记；本月完工产品成本和月末在产品成本应根据约当产量分配法计算后登记：

① 直接材料分配率 = 1 250 ÷ (150 + 100) = 5(元/件)

完工半成品直接材料成本 = 150 × 5 = 750(元)

月末在产品直接材料成本 = 1 250 − 750 = 500(元)

或 = 100 × 5 = 500(元)

② 直接人工分配率 = 540 ÷ (150 + 100 × 30%) = 3(元/件)

完工半成品直接人工成本 = 150 × 3 = 450(元)

月末在产品直接人工成本 = 540 − 450 = 90(元)

③ 制造费用分配率 = 360 ÷ (150 + 100 × 30%) = 2(元/件)

完工半成品制造费用成本 = 150 × 2 = 300(元)

月末在产品制造费用成本 = 360 − 300 = 60(元)

（2）根据第二车间领用的自制甲半成品、发生的直接工资、制造费用以及完工乙半成品和月末在产品资料，分配费用并登记第二车间产品成本计算单如表 10－4。

表 10－4　产品成本计算单

××年 9 月

车间：第二车间　　　　完工产量：200 件

产品：乙半成品　　　　在产品量：40 件

成本项目	月初在产品成本	本月生产成本	合　计	月末在产品成本	完工半成品成本	
					总成本	单位成本
自制半成品	660	1 500	2 160	360	1 800	9
直接人工	180	700	880	80	800	4
制造费用	160	500	660	60	600	3
合　计	1 000	2 700	3 700	500	3 200	16

表10－4产品成本计算单本月发生的生产费用中，“半成品”成本项目是为了综合登记所耗第一车间半成品的成本而设，该项目应根据自制半成品的加权平均单位成本计算的领用自制半成品成本登记：

① 自制半成品分配率＝2 160÷（200＋40）＝9（元/件）

完工半成品自制半成品成本＝200×9＝1 800（元）

月末在产品自制半成品成本＝2 160－1 800＝360（元）

或＝40×9＝360（元）

② 其他成本项目的分配与第一车间相同，只是第二车间月末在产品的完工率为50%，即第二车间的月末在产品应按50%约当，计算约当产量。

（3）计算第三车间成本。计算结果如表10－5所示：

表10－5　产品成本计算单

××年9月

车间：第三车间　　　　完工产量：180件

产品：A产品　　　　在产品量：50件

成本项目	月初在产品成本	本月生产成本	合　计	月末在产品成本	完工半成品成本	
					总成本	单位成本
自制半成品	710	3 200	3 910	850	3 060	17
直接人工	120	300	420	60	360	2
制造费用	50	160	210	30	180	1
合　计	880	3 660	4 540	940	3 600	20

第三车间的成本计算原理与第二车间相同，第三车间月末在产品的完工率为60%。

第三车间为最后的生产车间，其完工成本即为产成品成本，应予以结转：

借：库存商品　　3 600

　贷：生产成本——基本生产成本　　3 600

2．半成品按计划成本综合结转

半成品成本按计划成本综合结转时，半成品的日常收发均按计划单位成本核算，在半成品实际成本计算出来以后，再计算半成品的成本差异，调整所耗半成品的成本差异。半成品成本按计划成本核算与材料按计划成本计价核算基本相同。

半成品按计划成本综合结转所用账表的特点：

（1）自制半成品明细账不仅要反映半成品收发的数量和实际成本，而且要反映其计划成本，以及成本差异率和成本差异额。其格式见表10－7。

（2）在产品成本计算单中，对于所耗用的半成品成本，可以直接按调整后的实际成本登记，也可以按计划成本和成本差异分别登记。采用后一种做法时，应分设“计划成本”、“成本差异”、“实际成本”三栏。其格式见表10－8。

【例2】假定乙产品的生产分两个步骤，分别有第一、第二车间进行，采用逐步结转分步法计算产品成本。两个车间产品所耗的原材料或半成品均是在生产开始时一次性投入的。半成品通过半成品库收发。第二车间所耗半成品费用按计划成本综合结转。两个车间的完工产品与月末在产品之间的费用分配采用在产品定额成本计价法。乙产品的成本计算过程如下：

（1）根据上月第一生产步骤产品成本明细账记录的月末在产品成本和本月各种生产费用分配表分别登记第一车间乙产品成本明细账中月初在产品成本和本月费用两行，并采用在产品按定额成本计价法将生产费用合计数在完工半成品与月末在产品之间进行分配（分配过程略）。其登记结果如表 10－6 所示。

表 10－6　产品成本计算单

第一车间：乙产品　　　　完工量：1 000 件

成本项目	月初在产品（定额成本）	本月发生生产费用	合　计	完工半成品成本	单位成本	月末在产品（定额成本）
直接材料	45 000	455 500	500 500	451 000	451	49 500
直接工资	14 400	236 440	250 840	235 000	235	15 840
制造费用	18 000	296 800	314 800	295 000	295	19 800
成本合计	77 400	988 740	1 066 140	981 000	981	85 140

（2）根据第一车间的半成品交库单所列交库数量和乙产品计算单中完工转出的半成品成本，编制会计分录：

借：自制半成品——乙半成品

　贷：基本生产成本——一车间

（3）根据本月交库乙半成品的实际成本、乙半成品计划单位成本、第一车间交库的乙半成品交库数量、第二车间半成品领用的乙半成品数量以及月初乙半成品数量、计划成本和实际成本等数量计算本月乙半成品的成本差异率，并据以计算第二车间领用乙半成品应负担的成本差异。其登记结果如表 10－7。

表 10－7　自制半成品计算单

单位：元

乙半产品　　　　计划单位成本：970 元

月　份			1	2
月初余额	数量（件）	①	50	50
	计划成本	②	48 500	48 500
	实际成本	③	47 685	48 015
本月增加	数量（件）	④	1 000	
	计划成本	⑤	970 000	
	实际成本	⑥	981 000	

（续上表）

月份			1	2
合计	数量（件）	⑦=①+④	1 050	
	计划成本	⑧=②+⑤	1 018 500	
	实际成本	⑨=③+⑥	1 028 685	
	成本差异	⑩=⑨-⑧	10 185	
	成本差异率	⑪=⑩/⑧×100%	+1%	
本月减少	数量（件）	⑫	1 000	
	计划成本	⑬	970 000	
	实际成本	⑭	979 700	

$$半成品成本差异率=\frac{月初结存半成品成本差异+本月入库半成品成本差异}{月初结存半成品计划成本+本月入库半成品计划成本}\times 100\%$$

发出半成品成本差异＝发出半成品计划成本×半成品成本差异率

＝970 000×1%＝9 700（元）

发出半成品实际成本＝发出半成品计划成本＋发出半成品成本差异

＝970 000＋9 700＝979 700（元）

（4）根据上月第二步骤产品计算单所记录的月末在产品成本和本月各种生产费用分配表、半成品领用单登记第二车间乙产品计算单，在产品按定额成本计价法将生产费用在完工产品与月末在产品之间进行分配（分配过程略）。其登记结果如表10－8。

表10－8　产品成本计算单

第二车间：乙产品　　　　完工量：1 000件

成本项目		月初在产品（定额成本）	本月发生生产费用	合计	完工半成品成本	单位成本	月末在产品（定额成本）
半成品	计划成本	97 000	970 000	1 067 000	970 000	970	97 000
	成本差异		9 700	9 700	9 700	9.7	
	实际成本	97 000	979 700	1 076 700	979 700	979.7	97 000
直接人工		18 000	295 000	313 000	292 000	292	21 000
制造费用		22 500	370 000	392 500	366 250	366.25	26 250
成本合计		137 500	1 644 700	1 782 200	1 637 950	1 637.95	144 250

3．综合结转法的成本还原

（1）为什么要进行成本还原？从前面的例题中我们可以看出，采用综合结转法的结果是，表现在产成品成本中的绝大部分费用是所耗的半成品费用，而直接人工、制造费用只是最后一个车间发生的，在产品成本中所占比重很小。显然，这样的成本结构是不符合实际的，也不便于企业编制材料采购计划、工资计划和制造费用计划或预算。为了解决这一问题，需要对按逐步综合结转分步法计算出来的产品成本进行“成本还原”。

（2）怎样进行成本还原？所谓成本还原，是指从最后步骤起，把本月产成品耗用上一生产步骤的“半成品”的综合成本，按照上一生产步骤本月完工半成品的成本项目的比例，分解为原来的成本项目，如此自后向前逐步分解还原，直到第一生产步骤为止。然后，再将各步骤还原后的相同项目加以汇总，即可求得按原始成本项目反映的产成品成本资料。

通常采用的成本还原方法有两种：一是通过计算成本还原率进行成本还原；二是通过计算半成品各成本项目占其总成本比重进行成本还原。

① 计算成本还原率进行成本还原：

$$成本还原率=\frac{需要还原的半成品综合成本}{上一步骤本月完工半成品成本合计}$$

还原成上步直接材料 = 上步本月完工半成品直接材料成本 × 成本还原率

还原成上步直接工资 = 上步本月完工半成品直接工资成本 × 成本还原率

还原成上步制造费用 = 上步本月完工半成品制造费用金额 × 成本还原率

【例3】以【例1】所计算的产品成本资料进行成本还原。在本例中，需要进行两次还原：第一次成本还原，按照第二车间产品成本计算单中该产品成本项目比例，对第三车间完工产品中半成品的金额3 060进行还原；第二次还原，针对第一次还原中所计算出的综合性成本项目即1 721.25，按照第一车间产品成本计算单中该产品成本项目比例进行还原。具体计算如表10－9所示。

表10－9　产品成本还原计算表

产量：180件

项　目	成本项目	还原前产品成本	本月生产半成品成本	还原分配率	半成品还原金额	还原后总成本	还原后单位成本
按第二步半成品成本结构进行还原	直接材料			3 060 ÷ 3 200 = 0.956 25			
	半成品	3 060	1 800		1 721.25	1 721.25	9.562 5
	直接人工	360	800		765	1 125	6.25
	制造费用	180	600		573.75	753.75	4.187 5
	合　计	3 600	3 200			3 600	20
按第一步半成品成本结构进行还原	直接材料			1 721.25 ÷ 1 500 = 1.147 5	860.625	860.625	4.781 25
	半成品	1 721.25	750				
	直接人工	1 125	450		516.375	1 641.375	9.118 75
	制造费用	753.75	300		344.25	1 098	6.1
	合　计	3 600	1 500			3 600	20

② 计算半成品各成本项目占其总成本比重进行成本还原：

$$还原分配率=\frac{上步本月完工半成品各成本项目金额}{上步本月完工半成品成本合计}$$

还原成上步直接材料＝上步本月完工半成品的直接材料比重×本月完工产品所耗上步骤“半成品”成本

还原成上步直接工资＝上步本月完工半成品的直接工资比重×本月完工产品所耗上步骤“半成品”成本

还原成上步制造费用＝上步本月完工半成品的制造比重×本月完工产品所耗上步骤“半成品”成本

【例4】仍以例1所计算的产品成本资料进行成本还原，如表10－10所示：

表10－10　产品成本还原计算表

产量：180件

项目	成本项目	还原前产品成本	本月生产半成品成本	还原分配率	半成品还原金额	还原后总成本	还原后单位成本
按第二步半成品成本结构进行还原	直接材料						
	半成品	3 060	1 800	0.562 5	1 721.25	1 721.25	9.562 5
	直接人工	360	800	0.25	765	1 125	6.25
	制造费用	180	600	0.187 5	573.75	753.75	4.187 5
	合　计	3 600	3 200			3 600	20
按第一步半成品成本结构进行还原	直接材料				860.625	860.625	4.781 25
	半成品	1 721.25	750	0.5			
	直接人工	1 125	450	0.3	516.375	1 641.375	9.118 75
	制造费用	753.75	300	0.2	344.25	1 098	6.1
	合　计	3 600	1 500			3 600	20

$$第二步完工半成品直接材料比重=\frac{1\ 800}{3\ 200}=0.562\ 5$$

$$第二步完工半成品直接工资比重=\frac{800}{3\ 200}=0.25$$

$$第二步完工半成品制造费用比重=\frac{600}{3\ 200}=0.187\ 5$$

$$第一步完工半成品直接材料比重=\frac{750}{1\ 500}=0.5$$

$$第一步完工半成品直接工资比重=\frac{450}{1\ 500}=0.3$$

$$第一步完工半成品制造费用比重=\frac{300}{1\ 500}=0.2$$

此还原结果与采用计算成本还原率还原的结果完全一样。需要特别指出的是，第二次还原的对象是第一次还原出来的“半成品”或“直接材料”成本，不必对第二步骤的完工半成品成本进行成本还原，成本还原只是对完工产品成本进行成本还原。

4. 综合结转法的优缺点

采用逐步综合结转分步法时，各生产步骤的产品成本计算单或产品成本明细账中都能反映各步骤所耗半成品费用的水平和各步骤加工费用水平，有利于各个生产步骤的成本管理，可以提供各步骤半成品成本资料。

但如果管理上要求提供按原始成本项目反映的产成品的成本资料，就需要进行成本还原，这可能会增加成本核算工作量。同时，如果以前月份所产半成品成本构成与本月所产半成品成本构成变化较大时，对还原结果的准确性就有较大的影响。因此，这种方法只适用于半成品较少的，管理上要求计算各半成品成本，但不要求进行成本还原的企业采用。

三、逐步分项结转分步法

逐步分项结转分步法是按照各生产步骤半成品成本的成本项目，分项目转入下一生产步骤成本计算单的相应成本项目中。如果半成品通过自制半成品库收发，“自制半成品”明细账中登记半成品成本时，必须按成本项目分项登记。其他计算程序与综合结转相同。

分项结转可以按照半成品的实际成本结转，也可按照半成品计划成本结转，然后按成本项目调整成本差异。但调整半成品成本差异的工作量较大，因此一般采用实际成本分项结转的方法。

逐步分项结转分步法计算出来的产品成本将上步费用和本步费用分得很清楚，可以直接、准确地提供原始成本项目反映的产成品成本资料，无须进行成本还原，便于从整个企业的角度考核和分析企业产品成本的计划完成情况。但这种方法的成本结转工作比较复杂，工作量也比较大。因此，这种方法一般适用于在管理上不要求计算各步骤完工产品所耗半成品成本，而要求按原成本项目反映产品成本的企业。

第三节　平行结转分步法

一、平行结转分步法的概念和特点

多步骤平行加工式生产是产生平行结转分步法的生产实践基础。在这些企业里，每一生产步骤是投入各种材料平行加工成为各种半成品、零件或部件，然后移交到最后一个生产步骤装配为产成品。这种生产类型的企业，每个步骤所生产的半成品或零件种类繁多，但对外出售情况极少，当企业管理层不要求提供半成品成本资料时，就没有必要计算出每个步骤半成品成本，也不计算下一生产步骤耗用上一步骤半成品的成本，只需计算每一步骤各产品发生的各项费用及这些费用中应计入产成品负担的“份额”。然后，将各生产步骤应计入同一产品的份额平等结转、汇总，即可计算出该种产品的完工产品成本。这种平行结转各个生产步骤成本的方法，称为平行结转分步法，或称不计列半成品成本分步法。

平行结转分步法一般适用于大量大批多步骤生产，各步骤所产半成品品种较多，但又不需要计算半成品成本的企业。平行结转分步法成本计算程序如图 10－4 所示。

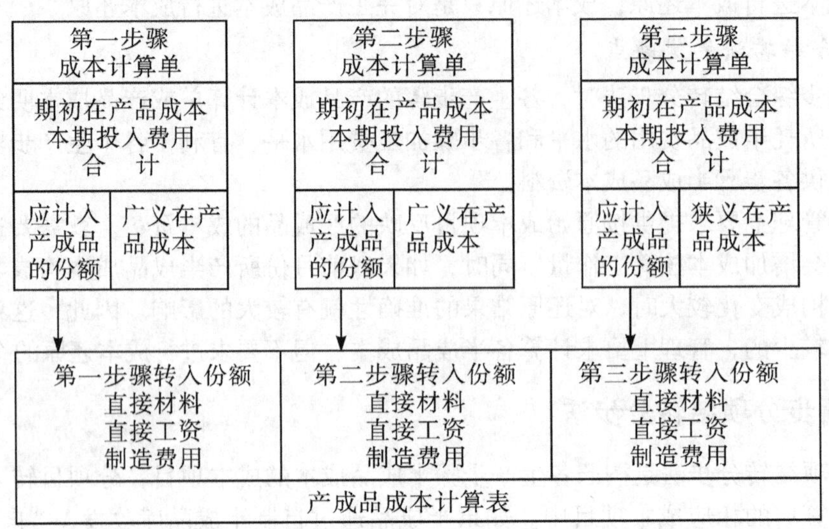

图10－4　平行结转分步法成本计算程序

从上述成本计算程序中，我们可以看出平行结转分步法的特点：

1. 成本计算对象是各种产成品及其所经过的各生产步骤的“份额”

采用这一成本计算方法，各生产步骤之间不计算半成品成本，只计算本步骤所发生的生产费用。各个步骤基本生产明细账只归集本步骤发生的费用，不归集耗用上一步骤的半成品成本；只计算计入最后完工产品成本的“份额”，不计算各步骤完工的半成品成本。

2. 各个步骤之间不结转所耗用的半成品成本

在生产过程中，半成品在各步骤之间只进行实物转移，不进行成本转移，即上步生产步骤的半成品实物转入下步生产步骤继续加工时，其半成品的成本不随实物而转入下步生产步骤成本计算单中，仍保留在生产费用发生的步骤。因此，半成品实物不论是在各个生产步骤之间直接转移，还是通过半成品仓库收发，都不用设置“自制半成品”账户进行核算，但需要核算自制半成品的数量。

3. 各生产步骤归集的生产费用应在最终完工产品和广义在产品之间分配

为了正确计算各步骤应计入产品成本的“份额”，必须将各步骤发生的生产费用总额在完工产品和尚未最后制成的在产品部分（即广义在产品）之间分配。广义在产品是相对于完工产品而言的，它包括：①尚在本步骤加工中的在产品（狭义在产品）；②本步骤已经完工转入半成品库的半成品；③已从半成品库转到下一生产步骤，但未最后制成的半成品。因此，各步骤“基本生产成本”账户余额不仅包括本步骤正在加工中的在产品在本步骤发生的费用，还包括本步骤已经完工，已转交下步骤正在加工的在产品或转入半成品库的半成品在本步骤发生的费用。也就是说，只要半成品没有最后完工或没有对外销售，它们的成本分别存放在它们所发生的步骤“基本生产成本”账户余额内。

4. 平行结转、汇总各生产步骤应记入产成品的“份额”

月末，将同种产品各步骤基本生产成本明细账中应记入产成品的“份额”平行结转，汇总计算该产品的完工总成本和单位成本。这样，产品成本的资料就反映了原始成本项目的构成，便于产品成本的分析。

如何正确确定各步骤生产费用中应计入产成品成本的份额，即每一生产步骤的生产费用如何正确地在完工产品和广义在产品之间进行分配，是采用这一方法时能否正确计算产成品成本的关键。现实生活中，我们一般采用定额比例法或产量比例法来进行费用的分配。

二、平行结转分步法的应用

在平行结转分步法下，采用约当产量法分配应计入完工产品成本的份额和广义在产品成本时，其计算公式为：

$$各成本项目费用分配率=\frac{各项目月初费用+本月发生费用}{完工产品数量+广义在产品约当量}$$

$$应计入完工产品成本中各成本项目份额=完工产品数量\times各成本项目分配率$$

$$广义在产品约当量=本步骤在产品约当量+以后各步骤在产品约当量$$

【例5】某企业生产的丙产品经过第一、第二、第三车间连续加工完成。第一车间完工的半成品全部转移给第二车间；第二车间完工的半成品全部转移给第三车间，生产出完工产品丙产品。企业采用平行结转分步法计算产品成本，原材料于生产开始时一次投入，各车间采用约当产量法分配完工产品与期末在产品的费用，各车间月末在产品完工程度均为50%，有关产量资料和费用资料分别如表10－11和10－12所示。

表10－11　产量资料

单位：件

项　目	第一车间	第二车间	第三车间
期初在产品数量	50	100	200
本期投入或上步转入数量	550	500	500
本期完工转出数量	500	500	550
月末在产品数量	100	100	150

表10－12　生产费用资料

单位：元

项　目	月初在产品成本			本月发生的费用		
	第一车间	第二车间	第三车间	第一车间	第二车间	第三车间
直接材料	87 500			137 500		
直接工资	40 625	50 000	20 000	65 625	100 000	105 000
制造费用	32 500	33 000	15 000	52 500	75 000	78 750
合　计	160 625	83 000	35 000	255 625	175 000	183 750

（1）根据表10－11和10－12的资料，采用约当产量分配法分配完工产品应负担的成本份额和月末在产品应负担的成本，并登记第一车间成本计算单如表10－13所示，第二车间成本计算单如表10－14所示，第三车间成本计算单如表10－15所示。

第一车间产成品与广义在产品之间的费用分配：

① 直接材料费用分配。

$$\text{直接材料分配率}=\frac{87\ 500+137\ 500}{550+(100+100+150)}=250$$

$$\text{应转入完工产品的直接材料}=550\times250=137\ 500\ (\text{元})$$

$$\text{广义在产品应负担直接材料}=(100+100+150)\times250=87\ 500\ (\text{元})$$

② 直接人工费用分配。

$$\text{直接工资分配率}=\frac{40\ 625+65\ 625}{550+(100\times50\%+100+150)}=125$$

$$\text{应转入完工产品的直接工资}=550\times125=68\ 750\ (\text{元})$$

$$\text{广义在产品应负担直接工资}=(100\times50\%+100+150)\times125=37\ 500\ (\text{元})$$

③ 制造费用分配。

$$\text{制造费用分配率}=\frac{32\ 500+52\ 500}{550+(100\times50\%+100+150)}=100$$

$$\text{应转入完工产品的制造费用}=550\times100=55\ 000\ (\text{元})$$

$$\text{广义在产品应负担制造费用}=(100\times50\%+100+150)\times100=30\ 000\ (\text{元})$$

表10－13　产品成本计算单

车间名称：第一车间　　　　20××年8月　　　　产量：550件

成本项目	月初在产品成本	本月生产费用	合　计	分配率	转入完工产品份额	月末在产品成本
直接材料	87 500	137 500	225 000	250	137 500	87 500
直接工资	40 625	65 625	106 250	125	68 750	37 500
制造费用	32 500	52 500	85 000	100	55 000	30 000
合　计	160 625	255 625	416 250	475	261 250	155 000

第二车间产成品与广义在产品之间的费用分配：

① 直接人工费用分配。

$$\text{直接工资分配率}=\frac{50\ 000+100\ 000}{550+(100\times50\%+150)}=200$$

$$\text{应转入完工产品的直接工资}=550\times200=110\ 000\ (\text{元})$$

$$\text{广义在产品应负担直接工资}=(100\times50\%+150)\times200=40\ 000\ (\text{元})$$

② 制造费用分配。

$$制造费用分配率=\frac{33\ 000+75\ 000}{550+（100\times50\%+150）}=144$$

$$应转入完工产品的制造费用=550\times144=79\ 200（元）$$

$$广义在产品应负担制造费用=（100\times50\%+150）\times144=28\ 800（元）$$

表 10－14　产品成本计算单

车间名称：第二车间　　　　20××年8月　　　　产量：550件

成本项目	月初在产品成本	本月生产费用	合　计	分配率	转入完工产品份额	月末在产品成本
直接材料						
直接工资	5 000	100 000	105 000	200	110 000	40 000
制造费用	33 000	75 000	108 000	144	79 200	28 800
合　计	83 000	175 000	258 000	344	189 200	68 800

第三车间产成品与广义在产品之间的费用分配：

① 直接人工费用分配。

$$直接工资分配率=\frac{20\ 000+105\ 000}{550+150\times50\%}=200$$

$$应转入完工产品的直接工资=550\times200=110\ 000（元）$$

$$广义在产品应负担直接工资=(150\times50\%)\times200=15\ 000（元）$$

② 制造费用分配。

$$制造费用分配率=\frac{15\ 000+78\ 750}{550+150\times50\%}=150$$

$$应转入完工产品的制造费用=550\times150=82\ 500（元）$$

$$广义在产品应负担制造费用=(150\times50\%)\times150=11\ 250（元）$$

表 10－15　产品成本计算单

车间名称：第三车间　　　　20××年8月　　　　产量：550件

成本项目	月初在产品成本	本月生产费用	合　计	分配率	转入完工产品份额	月末在产品成本
直接材料						
直接工资	20 000	105 000	125 000	200	110 000	15 000
制造费用	15 000	78 750	93 750	150	82 500	11 250
合　计	35 000	183 750	218 750	350	192 500	26 250

（2）将第一车间、第二车间、第三车间计算出应转入完工产品成本的份额，平行汇总确定完工产品的成本，编制丙产品成本计算汇总表如表 10－16 所示。

表 10－16　产品成本计算汇总表

产品名称：丙产品　　　　20××年 8 月　　　　产量：550 件

成本项目	应转入产品成本的份额			总成本	单位成本
	第一车间	第二车间	第三车间		
直接材料	137 500			137 500	250
直接工资	68 750	110 000	110 000	288 750	525
制造费用	55 000	79 200	82 500	216 700	394
合　计	261 250	189 200	192 500	642 950	1 169

（3）根据产品成本计算汇总表编制完工入库产品的会计分录。

借：产成品——丙产品　　642 950

　贷：基本生产成本——第一车间　　261 250

　　　　　　　　　——第二车间　　189 200

　　　　　　　　　——第三车间　　192 500

采用平行结转分步法，各步骤可以同时计算成本，平行汇总计算出产成品成本；能够直接提供按原始项目反映的产品成本资料，不必进行成本还原，能简化和加速成本核算工作，为经营管理当局及时提供成本信息。但它不能提供各个步骤的半成品成本资料；在产品的费用在最后产成品完工之前不随半成品实物转出，实物运动与其价值运动相分离，不便于各步骤加强实物管理和资金管理；各生产步骤成本计算单内提供的成本资料不包括半成品在前生产步骤的耗费，因而不能全面反映各步骤半成品的耗费水平，不便于企业进行内部成本考核和成本分析。

三、逐步结转分步法与平行结转分步法的比较

采用逐步结转分步法与平行结转分步法计算出来的产成品成本是不一样的，因为各月份各车间的成本构成比例不一，必然导致其计算结果有所差异。

1. 在产品的含义不同

逐步结转分步法下，完工产品与在产品之间分配费用，是指前几个步骤是在完工半成品与狭义在产品（正在各步骤加工中的在产品）之间分配费用，最后步骤是在完工产品与狭义在产品之间分配费用。因而，在逐步结转分步法下，其在产品的含义主要指狭义在产品——正在各生产步骤正式在加工中的在产品。平行结转分步法下，完工产品与在产品之间分配费用，是指前几步骤是在完工产品与广义在产品之间分配费用，最后步骤是在完工产品与狭义在产品之间分配费用。因而，在平行结转分步法下，其在产品的含义主要指广义在产品——不仅包括正在加工中的在产品，还包括经过某一步骤加工完毕，但还未最后成为产成品，也未对外销售的所有半成品。

2. 对半成品成本处理的方法不同

逐步结转分步法下，由于半成品可能对外销售，所以，每个步骤均要求计算出完工半成品成本，且其成本随着半成品实物而转移，即实物转移和价值转移并存。平行结转分步法下，一般不计算出各步骤半成品成本，半成品实物转移到下一步骤继续加工时，其成本仍然保留在原发生地的成本明细账内，即实物转移和价值转移脱离，不便于加强半成品的实物管理。

3. 产成品成本的结构不同

逐步综合结转分步法下，产成品成本是将最后加工步骤所耗上一步骤半成品成本加上最后步骤发生的加工费构成，不是按原始的成本项目反映的，因而需要进行成本还原。平行结转分步法下，产成品成本是原材料与各步骤发生的加工费构成，是按原始的成本项目反映的，因而不需要进行成本还原，省去了大量烦琐的计算工作。

4. 成本计算的时序不同

逐步结转分步法下，要按加工步骤的顺序来累计计算产品成本，后一步骤计算成本必须等到前一个步骤成本计算出来后才能进行成本计算。平行结转分步法各步骤可以同时计算成本，平行结转、汇总应计入产成品成本，不必逐项结转半成品成本，从而可以简化和加速成本计算工作。

本章小结

1. 产品成本计算的分步法是以产品的生产步骤为成本计算对象，归集分配各生产步骤发生的生产费用，计算产品成本的一种方法。它适用于大量大批的多步骤生产。根据成本管理对各生产步骤成本资料的不同要求及对简化成本计算工作的考虑，各生产步骤成本计算和结转的方式也不同，分步法可分为逐步结转分步法和平行结转分步法。

2. 逐步结转分步法是按产品加工步骤的先后顺序，逐步计算并结转各步骤半成品成本，直至最后步骤累计计算出产成品成本的一种成本计算方法。它主要适用于各步骤半成品有独立的经济意义，管理上要求核算半成品成本的企业。

3. 平行结转分步法是指不计算各步骤的半成品成本，只计算本步骤发生的费用和应由产成品负担的份额，将各步骤成本计算单中产成品应负担的份额平行汇总来计算产品成本的一种方法。平行结转分步法一般适用于大量大批多步骤生产，各步骤所产半成品品种较多，又不需要计算半成品成本的企业。

主要名词

分步法　逐步结转分步法　逐步综合结转分步法　逐步分项结转分步法　平行结转分步法　广义在产品　成本还原

练习与思考

一、单选题

1. 分步法是以（ ）为成本计算对象。

A. 产品批别　B. 产品品种　C. 产品类别　D. 产品的生产步骤

2. 逐步综合结转分步法，在完工产品与在产品之间分配费用是指（　　）之间分配。

A. 产成品与月末在产品

B. 产成品与广义在产品

C. 广义在产品与狭义在产品

D. 本步骤完工半成品与正在加工中的产品

3. 在分步法下，不需要计算在产品成本的是（　　）。

A. 逐步结转分步法　B. 综合结转分步法

C. 分项结转分步法　D. 平行结转分步法

4. 分步法适用于（　　）。

A. 大量大批单步骤生产　B. 大量大批多步骤生产

C. 单件小批多步骤生产　D. 单件小批单步骤生产

5. 成本还原的目的是为了求得按（　　）反映的产成品成本资料。

A. 半成品成本　B. 原始成本项目

C. 实际产成品成本　D. 计划产成品成本

6. 成本还原的对象是（　　）。

A. 广义的在产品成本　B. 各步骤的半成品成本

C. 产成品所耗上一步骤半成品成本　D. 各步骤的在产品成本

7. 甲产品分两个生产步骤连续加工，第一步骤加工完毕转入第二步骤继续加工，制成产成品。第一步骤本月共发生费用50 000元，完工半成品成本30 000元；第二步骤本月完工产品成本48 000元，其中所耗半成品成本36 000元。甲产品的成本还原率为（　　）。

A. 1.2　B. 1.6　C. 0.72　D. 0.83

8. 逐步结转分步法下，上一步骤的半成品移交下一步骤继续加工时，其半成品成本（　　）。

A. 不随实物的转移而转移　B. 应保留在本步骤

C. 随实物的转移而转移　D. 只转移由完工产品负担的份额

9. 采用逐步结转分步法，若半成品通过仓库收发，则应设的账目是（　　）。

A. “库存商品”　B. “原材料”　C. “自制半成品”　D. “外购商品”

10. 在分步法下，需要进行成本还原的是（　　）。

A. 逐步结转分步法　B. 综合结转分步法

C. 分项结转分步法　D. 平行结转分步法

二、多选题

1. 采用逐步结转分步法，按照结转的半成品成本在下一步骤产品成本计算单中的反映方法，分为（　　）。

A. 综合结转法　　B. 分项结转法
C. 逐步结转法　　D. 平行结转法

2. 逐步综合结转分步法的优点有（　　）。
A. 可以反映各步骤所耗半成品费用水平和各步骤加工费用水平
B. 有利于各生产步骤成本管理
C. 可以提供自制半成品成本资料
D. 需要进行成本还原

3. 采用平行结转分步法（　　）。
A. 各步骤可以同时计算产品成本　　B. 能提供各步骤半成品成本
C. 不必进行成本还原　　D. 不便于各步骤加强实物与资金管理

4. 在综合结转分步下，半成品成本的结转，可以按照（　　）结转。
A. 实际成本　　B. 定额成本　　C. 计划成本　　D. 原材料费用

5. 采用逐步结转分步法，计算各步骤半成品成本是（　　）。
A. 对外报告的需要　　B. 成本计算的需要
C. 成本控制的需要　　D. 考核和分析成本计划执行情况的需要

6. 采用平行结转分步法应具备的条件是（　　）。
A. 半成品大量对外销售
B. 管理上不要求提供各步骤半成品成本资料
C. 管理上要求提供按原始成本项目反映的产品成本资料
D. 半成品各类较多，计算和结转半成品工作量太大

7. 综合结转分步法的优点是（　　）。
A. 能够提供各生产步骤的半成品成本资料
B. 有利于各生产步骤的成本管理
C. 成本核算简单及时
D. 能够为在产品实物管理和生产资金管理提供资料

8. 分项结转分步法的优点是（　　）。
A. 有利于各生产步骤的成本分析
B. 可以直接提供按原始成本项目反映的产品成本资料
C. 能够简化和加速成本核算工作
D. 便于企业分析和考核产品成本的构成和水平

9. 在平行结转分步法下，完工产品和在产品之间的费用分配，下列说法正确的是（　　）。
A. 应计入产成品的“份额”与广义的在产品
B. 产成品与半成品
C. 产成品与广义的在产品
D. 产成品与狭义的在产品

10. 与逐步结转分步法相比，平行结转分步法的缺点是（　　）。
A. 不需要进行成本还原

B. 各步骤不能同时计算产成品成本

C. 不能为在产品实物管理和生产资金管理提供资料

D. 不能提供各步骤的半成品成本资料

11. 采用平行结转分步法，某步骤的广义在产品包括（　　）。

A. 本步骤正在加工的产品

B. 本步骤已经完工尚在后续步骤加工的产品

C. 本步骤已经完工，现滞留在半成品库的半成品

D. 本步骤已经完工准备对外销售的半成品

三、判断题

1. 成本还原的对象是产品成本。（　　）

2. 不论是逐步结转还是平行结转分步法，随着上一步骤半成品转入到下一步骤继续加工，半成品实物与成本都转入到下一个步骤。（　　）

3. 分步法下，产品成本计算的分步与产品实际生产步骤一致。（　　）

4. 成本还原的依据是本月所产该种半成品的成本构成。（　　）

5. 综合结转半成品成本有利于从整个企业角度分析和考核产成品成本的构成。（　　）

6. 采用平行结转分步法，如果是按半成品成本综合结转，也需要进行成本还原。（　　）

7. 由于各个企业生产组织的特点不同，各生产步骤成本的计算和结转采用两种不同的方法：逐步结转和平行结转。（　　）

8. 逐步结转分步法就是为了计算半成品成本而采用的一种分步法。（　　）

9. 采用平行结转分步法，各生产步骤都不能全面反映其生产耗费的水平。（　　）

四、简答题

1. 什么是分步法？分步法的特点有哪些？

2. 什么是综合结转分步法？其优缺点有哪些？

3. 什么是平行结转分步法？其优缺点有哪些？

4. 什么叫成本还原？为什么要进行成本还原？

5. 逐步结转分步法和平行结转分步法的区别有哪些？

五、计算题

1. 某企业生产甲产品，采用逐步综合结转分步法计算产品成本。第一步生产完工半成品转入第二步加工成产成品，第二步不再投料，仅对上步转入半成品加工。有关资料如下：

① 本月第一步月初在产品成本：直接材料 1 350 元，直接人工 350 元，制造费用 300 元；

② 第一步本月发生的费用：直接材料 7 500 元，直接人工 3 430 元，制造费用 2 100元；

③ 第一步本月完工半成品 300 件，在产品 200 件，完工程度为 50%；

④ 第二步月初在产品成本：半成品 3 000 元，直接人工 800 元，制造费用 590 元。本月发生的费用：直接人工 4 300 元，制造费用 3 694 元。

⑤ 第二步完工甲产品420件，月末在产品180件，完工程度为50%。

要求：

（1）计算第一车间完工半成品的总成本。

（2）根据第一车间计算的半成品成本计算甲种产品的总成本和单位成本。

（3）对第二车间计算的甲产品成本进行成本还原。

2. 某企业甲产品分三个步骤生产，分别由三个车间进行，采用逐步结转分步法计算成本。各步骤设半成本库，半成品成本的结转采用综合法，按实际成本进行。某月甲产品各步骤产品成本明细账见表1、表2、表3。

表1　产品成本明细账

车间名称：第一车间　　　　单位：元

项　目	直接材料	直接人工	制造费用	合　计
月初在产品成本	1 500	300	855	2 655
本月生产费用	7 000	1 300	3 750	12 050
生产费用合计	8 500	1 600	4 605	14 705
完工产品成本	7 600	1 400	4 125	13 125
月末在产品成本	900	200	480	1 580

表2　产品成本明细账

车间名称：第二车间　　　　单位：元

项　目	半成品	直接材料	直接人工	制造费用	合　计
月初在产品成本	1 800	300	200	400	2 700
本月生产费用	11 800	2 200	1 600	2 800	18 400
生产费用合计	13 600	2 500	1 800	3 200	21 100
完工产品成本	12 000	2 270	1 630	2 900	18 800
月末在产品成本	1 600	230	170	300	2 300

表3　产品成本明细账

车间名称：第三车间　　　　单位：元

项　目	半成品	直接材料	直接人工	制造费用	合　计
月初在产品成本	2 000	300	400	600	3 300
本月生产费用	19 000	2 600	3 200	4 000	28 800
生产费用合计	21 000	2 900	3 600	4 600	32 100
完工产品成本	19 740	2 710	3 360	4 250	30 060
月末在产品成本	1 260	190	240	350	2 040

要求：将产品成本中所耗上一车间半成品的综合成本，分别按本月第二车间、第一车间所产半成本构成进行还原，计算按原始成本项目反映的产成品成本。

3. 某企业生产A产品顺序经过两个生产步骤连续加工完成，第一步骤半成品直接投入第二步骤加工不通过自制半成品库。原材料于生产开始时一次投入，各步骤在产品在本工序的加工程度均为50%。期初无在产品成本。有关费用、投产量、产出量情况如下：

第一步骤发生材料费用60 000元，发生工资费用10 000元，发生制造费用20 000元，完工半成品400件，月末在产品200件；

第二步骤发生材料费用60 000元，发生工资费用3 500元，发生制造费用10 500元，完工产品300件，月末在产品100件。

要求：

（1）采用逐步综合结转分步法计算产品成本，并对产品成本进行还原。

（2）采用逐步分项结转分步法计算产品成本。

（3）将逐步综合结转分步法计算的产品成本结构（还原前的产品成本和还原后的产品成本）与逐步分项结转分步法计算的产品成本结构比较分析并加以说明。

4. 某企业大量生产乙产品，顺序经过三个车间连续加工制成，最后形成产成品，采用平行结转分步法计算乙产品。各车间计入产品成本的份额采用约当产量法计算，原材料在第一车间开工时一次投入，设置直接材料，直接人工和制造费用三个成本项目。该企业2003年5月份有关成本计算资料如表4、表5所示：

表4　产量资料

5月份

项　目	计量单位	第一车间	第二车间	第三车间
月初在产品数量	件	60	70	50
本月投入或上步转入数	件	200	180	190
本月完工转出数	件	180	190	200
月末在产品数	件	80	60	40
月末在产品完工程度	件	30%	50%	60%

表5　生产费用资料

5月份

成本项目	月初在产品成本			本月发生费用		
	一	二	三	一	二	三
直接材料	10 500			56 000		
直接人工	5 320	4 000	2 270	12 500	12 200	8 930
制造费用	4 000	3 000	2 000	7 340	7 800	5 840
合　计	19 820	7 000	4 270	75 840	20 000	14 770

要求：

（1）采用约当产量比例法在完工产品和在产品之间分配费用。

（2）采用平行结转分步法计算乙产品总成本和单位成本。

第十一章　分类法

对于一些产品品种、规格较多的企业，如果采用品种法核算成本，将使核算工作繁重，如果将产品进行分类，按类别核算成本，将大大简化成本核算工作，分类法便应运而生。分类法是将类别作为品种，按品种法计算出各类别产品成本后，再按照一定的方法，将各类产品总成本在同类产品之间进行分配，计算出各种产品成本。

通过本章学习，应该掌握以下内容：

（1）分类法的意义及特点；

（2）分类法的成本计算程序；

（3）类内分配系数的选择和计算；

（4）联产品、副产品的成本计算；

（5）等级品的成本计算原理。

第一节　分类法的特点及适用范围

一、分类法的特点

成本计算的分类法（Category Costing Method）是指以产品的类别作为成本计算对象，归集生产费用，计算各类完工产品总成本，再按一定标准和方法分配计算类内各种产品成本的一种方法。它是品种法的一种延伸，而不是一种独立的成本计算方法。分类法的基本特征包括：

1. 成本计算对象

分类法是以产品的类别作为成本计算对象，归集种类产品的生产费用，采用相应的基本方法（品种法、分批法、分步法）计算该类产品的成本。采用分类法计算产品成本，要按照产品类别开立成本明细账，归集生产费用。直接费用直接记入，几类产品共同负担的费用，采用适当的标准分配记入，然后汇总计算各类产品总成本。

2. 分配标准

类内不同产品成本按照一定的分配标准分配确定。选择分配标准时，应考虑分配标准是否与产品成本的高低存在关系，也就是说，应选择与产品各项耗费的高低有密切联系的分配标准。一般情况下，各成本项目应该按照成本项目的性质，分别采用不同的分配标准，以使分配结果更加合理。

3．成本计算期

产品成本计算期可与会计报告期一致，也可与产品的生产周期一致，这取决于各类产品生产工艺特点和管理要求。分类法选择与品种法、分步法、分批法结合使用。如果是大量大批生产，应结合品种法或分步法进行成本计算，这样，成本计算就在月末定期进行，则成本计算期与会计报告期一致；如果是小批单件生产，适合与分批法结合运用，应在各批（件）产品完工时进行成本计算，则成本计算期与生产周期一致，不固定进行。

4．生产费用分配

采用分类法，如果月末在产品数量较多，应该将该类产品生产费用总额在完工产品和月末在产品之间进行分配。

二、分类法的适用范围

有些工业企业生产的产品品种、规格繁多，而且基本上是一些品种规格相近、工艺过程基本相同的产品以及一些联产品和副产品。在这样的企业里，如果采用品种法，对每一品种、规格的产品归集费用、计算成本，势必造成成本核算工作的繁重。如果这些产品可以按照一定标准划分为若干类别，则可按产品的类别归集生产费用，计算出各类完工产品的总成本，再将各类产品的总成本按一定的标准和方法在类内各产品之间进行分配，这样可简化成本核算工作。由此可见，分类法实际上是以类别分配生产费用的一种方法，分类法是品种法的延伸。在实际工作中，分类法不是一种独立的成本计算方法，它要根据各类产品的工艺特点和管理上的需要，与品种法、分批法或分步法结合运用。例如，多步骤、大量生产的钢铁厂可采用分步法计算各类钢铁产品的成本，然后采用分类法分配计算各类中各种产品的成本。单步骤、大量、大批的无线电元件厂可先采用品种法计算出某一类元件的成本，然后采用分类法分配计算这一类元件中各种元件的成本。也就是说，先按照各种主要的成本计算方法算出各类产品的总成本后，再根据下面述及的方法，把类别总成本在同类中各种产品之间进行分配。

分类法一般适用于使用同样的原材料，通过基本相同的生产工艺过程，所生产产品品种、规格、型号较多，并可以按照一定标准予以分类的企业，采用分类法可以适当减少成本计算对象，简化成本计算工作。

第二节　分类法的成本计算程序

一、分类法成本计算的基本程序

分类法成本核算的基本程序与品种法相似，其独特之处体现在以下两方面：

（1）划分产品类别，按各类产品的类别开立成本计算单，计算各类产品的总成本。采用分类法计算产品成本，首先要根据产品所用原材料、工艺技术特点、品种规格等的不同，将产品划分为若干类别，如制衣厂可根据耗用布料的不同，将产品分为纯棉、化纤、丝绸等类别；轧钢厂可根据产品结构的不同，将产品分为原钢、钢板、钢管等类别。然后按照产品类别开立成本明细账和成本计算单，按照成本项目归集生产费用，计算各类产品的总成本。

（2）选择合理的分配标准，在类内各种产品之间分配费用，计算类内各种产品的成本。在选择类内各种产品的费用分配标准时，应考虑分配标准与产品成本关系的密切程度。分配标准一般有定额消耗量、定额费用、产品的售价、体积、长度和重量等，也可以将分配标准折算为固定的系数进行分配。各成本项目可以采用同一标准分配，也可以按照成本项目的性质，分别采用不同的标准分配，以使分配结果更加合理。

二、类内产品成本的分配方法

类内各完工产品成本的分配方法一般有系数法和定额比例法两种。

1. 系数法

在分类法下，按系数将类别产品总成本在产成品和在产品之间以及在产成品中的各种产品之间进行分配的方法，简称系数法。其具体做法是：在同类产品中选择一种产销量大、生产正常、售价稳定的产品，作为标准产品，并将其系数定为“1”，其他各种产品的分配标准与标准产品的分配标准相比，其比率即为其他各种产品的系数。系数一经确定，应保持相对稳定。根据各种产品的实际产量，按系数折算为标准产品产量（即总系数），在产品可按约当产量先折算成该完工产品的产量，再按系数折算为标准产品产量。然后，按标准产品产量的比例计算出各种产品的产成品成本和在产品成本。这种分配方法的计算公式为：

$$\text{类内某产品标准产量} = \text{该产品实际产量} \times \text{该产品系数}$$

$$\text{类内在产品标准产量} = \text{在产品数量} \times \text{完工程度} \times \text{该产品系数}$$

$$\text{类内标准产品总产量} = \sum（\text{各种产品标准产量} + \text{类内在产品标准产量}）$$

$$\text{某项费用分配率} = \frac{\text{该项费用总额}}{\text{类内标准产品总产量}}$$

$$\text{某种产品负担的费用} = \text{该种产品标准产量} \times \text{费用分配率}$$

$$\text{在产品负担的费用} = \text{在产品标准产量} \times \text{费用分配率}$$

2. 定额比例法

在分类法下，某类产品的总成本也可按该类内各种产品的定额比例进行分配，这种按定额比例进行分配的方法，通常称为定额比例法。

运用定额比例法划分类内完工产品和在产品成本以及各种产成品成本的计算程序如下：

首先，分别成本项目算出各类产品的本月定额成本或定额耗用量总数。在实际工作中，为简化核算，通常只计算原材料定额成本（定额耗用量）和定额公式耗用量，各成本项目则根据原材料定额成本（定额耗用量）或定额工时耗用量比例进行分配。

其次，分别成本项目求得各类产品本月实际总成本，并计算出各项费用分配率。其计算公式如下：

$$原材料成本分配率=\frac{某类产品原材料实际总成本}{某类产品的原材料定额成本（定额耗用量）总数}$$

$$工资、费用分配率=\frac{某类产品工资、费用的实际总成本}{某类产品的定额工时总数}$$

再次，将一类产品中各种产品分别成本项目计算的定额成本或定额耗用量乘以相关的分配率，即可求得各种产品的实际成本。其计算公式如下：

同类产品中某种产品原材料成本＝该种产品的材料定额成本（或定额耗用量）×原材料成本分配率

同类产品中某种产品的工资、费用成本＝该种产品定额工时×工资、费用分配率

在产品的原材料成本＝在产品的材料定额成本（或定额耗用量）×原材料成本分配率

在产品的工资、费用成本＝在产品定额工时×工资、费用分配率

三、分类法应用举例

【例1】华南工业企业生产甲、乙、丙三种产品，它们同时生产且所用原材料和工艺过程基本相同，采用分类法计算产品成本。生产费用在三种产品之间分配的标准为：直接材料费用按直接材料定额成本系数分配，其他费用按工时定额系数分配。乙产品为标准产品，耗用材料和工时的系数均为1。该类产品的消耗定额比较准确、稳定，每个月末在产品数量变动也不大，因而月初月末在产品均按定额成本计价。

该企业2010年9月份完工产品产量：甲产品400件、乙产品360件、丙产品800件。

1．计算系数

类内各产品耗用各种直接材料的消耗定额、计划单价、工时定额以及计算出的定额成本、直接材料定额成本系数、工时定额系数如表11－1所示。直接材料定额成本系数根据直接材料定额成本确定，工时定额系数按工时单耗定额确定。

表11－1　材料、工时定额系数计算表

产品名称	单位产品直接材料成本				直接材料定额成本系数	工时定额	
	材料名称	消耗定额（千克）	计划单价	定额成本（元）		单　耗	系　数
甲	A	2.00	10	20	$\frac{72}{64}=1.125$	9小时	$\frac{9}{6}=1.5$
	B	3.00	12	36			
	C	0.80	20	16			
	小计			72			
乙	A	1.60	10	16	1	6小时	1
	B	2.00	12	24			
	C	1.20	20	24			
	小计			64			

（续上表）

产品名称	单位产品直接材料成本				直接材料定额成本系数	工时定额	
	材料名称	消耗定额（千克）	计划单价	定额成本（元）		单　耗	系　数
丙	A	1.68	10	16.8	$\frac{56}{64}=0.875$	6.6 小时	$\frac{6.6}{6}=1.1$
	B	1.60	12	19.2			
	C	1.00	20	20			
	小计			56			

2．计算某类产品成本

2010 年 9 月该类产品月初、月末在产品定额成本、当月生产费用及计算出来的完工产品成本如表 11－2 所示：

表 11－2　产品成本计算表

产品类别：××类产品　　2010 年 9 月　　单位：元

项　目	直接材料	直接人工	制造费用	合　计
月初在产品成本（定额成本）	16 400	2 400	3 200	22 000
本月生产费用	43 200	7 200	9 000	59 400
生产费用合计	59 600	9 600	12 200	81 400
完工产品成本	51 340	7 360	9 200	67 900
月末在产品成本（定额成本）	8 260	2 240	3 000	13 500

3．类内分配

将该类完工产品成本在类内各种产品之间进行分配，见表 11－3。

表 11－3　某类产品内各种产品成本计算表

单位：元

	产量（件）	材料费用系数	材料费用总系数	定额工时系数	定额工时总系数	直接材料	直接人工	制造费用	合　计
①	②	③	④＝②×③	⑤	⑥＝②×⑤	⑦＝④×分配率	⑧＝⑥×分配率	⑨＝⑥×分配率	⑩＝⑦＋⑧＋⑨
分配率						34	4	5	
甲产品	400	1.125	450	1.5	600	15 300	2 400	3 000	20 700
乙产品	360	1	360	1	360	12 240	1 440	1 800	15 480
丙产品	800	0.875	700	1.1	880	23 800	3 520	4 400	31 720
合　计			1 510		1 840	51 340	7 360	9 200	67 900

$$直接材料系数分配率=\frac{完工产品直接材料费用合计}{直接材料费用总系数合计}=\frac{51\ 340}{1\ 510}=34$$

$$直接人工系数分配率=\frac{完工产品直接人工费用合计}{定额工时总系数}=\frac{7\ 360}{1\ 840}=4$$

$$制造费用系数分配率=\frac{完工产品制造费用合计}{定额工时总系数}=\frac{9\ 200}{1\ 840}=5$$

四、分类法的优缺点及适用情况

采用分类法，按产品类别归集费用、计算成本，不仅可以简化成本核算工作，而且能够在产品品种、规格繁多的情况下，分类考核分析产品成本的水平。但是，由于类内各产品成本是按一定标准分配计算出来的，因而计算结果带有一定的假定性。因此，在分类法下，分配标准的选择成为成本计算正确的关键。企业应选择与成本水平高低有直接关系的分配标准来分配费用，并随时根据实际情况的变化修订或变更分配标准，以保证分类法计算的成本数据的正确性。

分类法的应用范围很广，凡是生产的产品品种、规格繁多，又可以按一定标准划分为若干类别的企业或车间，均可采用分类法计算成本。例如，钢铁厂生产的各种牌号和规格的生铁、钢锭和钢材；灯泡厂生产的各种类别和瓦数的灯泡等，都可以采用分类法。可见，分类法与生产类型没有直接关系，可以在各种类型的生产中应用。

分类法对于一般的可以分类的产品来说，可以采用，也可以不采用。采用分类法只是为了简化产品成本的计算工作，但要注意以下几种情况：

（1）在一些制造企业，特别是化工企业，在生产过程中对同一原料进行加工，可以同时生产几种主要产品。例如，原油经过提炼，可以同时生产各种汽油、煤油和柴油等产品，这些产品称为联产品。这些联产品由于所用的原料和工艺技术过程相同，因而最适合，也只能归为一类，采用分类法计算成本。

（2）某些企业除了生产主要产品以外，还可能生产一些零星产品，虽然内部结构所耗原材料和工艺过程不一定完全相近，但是它们的品种、规格多，数量少，费用比重小。为简化核算，也可将这些零星产品归类，采用分类法计算成本。

（3）等级产品的结构、所用原材料和工艺过程完全相同，产品质量的差别是由于工人操作而造成的。这些不同等级产品的单位成本应该是相同的，因而不能将分类法的原理应用到这些产品的成本计算中。如果不同质量的产品，是由于所用原材料的质量或工艺技术上的要求不同而产生的，则这些产品应属于同一品种不同规格的产品，可以把它们归为一类，采用分类法计算成本。

第三节　联产品、副产品及等级品的成本计算

有些工业企业特别是化工企业，在生产过程中使用同一原料进行加工，可能同时生产出几种主要产品；有些企业在生产主要产品的过程中会附带生产出一些非主要产品；或者

生产中可能由于操作技术及其他方面的原因生产出不同等级的同一产品。这些产品根据不同情况，分为联产品、副产品和等级品。

一、联产品的含义及成本计算原理

联产品（Joint Product）是指使用同样的原料，经过同一生产过程，同时生产出两种或者两种以上具有同等地位但不同使用价值的主要产品。如炼油厂从原油中可以同时提炼出汽油、柴油、煤油和机油等几种主要产品。它们虽然在性质上和用途上不同，但在经济上都具有重要意义，它们都是企业生产的主要目的。联产品最适合也只能归为一类采用分类法计算成本。

投入相同的原材料，经过同一生产过程，在某一个“点”上分离为各种联产品时，这个“点”通常称为“分离点”。分离后的联产品，有的直接对外销售，有的进一步加工后再出售。在分离前发生的成本称为联合成本或共同成本，而把分离后发生的进一步加工成本称为可归属成本，亦称可分成本。

计算联产品成本，可采用分类法的计算程序：首先，采用分类法计算联产品的总成本；然后，采用一定的分配标准，在联产品中各种产品之间进行分配，计算出每种联产品的成本。可以看出，联产品成本计算的关键是联合成本的分配，而联合成本的分配采用上述所提到的系数法进行操作。对于分离以后的可归属成本，可按一般的成本计算方法单独计算。

二、副产品的含义及成本计算原理

副产品（By-Product）是指在同一生产过程中，使用同种原材料，在生产主要产品的同时附带生产出来的非主要产品，或利用生产中的废料加工而成的产品，如原油提炼过程中产生的石油焦，香皂生产中产生的甘油等。这些产品的价值虽低，但它们具有一定的使用价值，有时也作为产品对外出售，因此，也必须计算其成本。副产品可以与主产品归为一类，设立成本计算单计算成本。由于副产品费用比重一般不大，可采用简单的方法计价，如按照固定的单价计价，将其从产品成本计算单所归集的生产费用中扣除出来，可得到副产品成本，其余即为主产品成本。如果副产品比重较大，应该将主、副产品视同联产品采用分类法计算成本。副产品的计价，关系到主产品成本正确性的问题。副产品的计价方法一般有以下几种：

（1）对于分离后不再加工而且价值不大的副产品，如果其售价不能抵偿其销售费用，则副产品不应计价，即不从主产品中分离副产品的成本。

（2）对于分离后不再加工但价值较大的副产品，可以按其销售价格减去销售税金后的金额计价，从分离前的联合成本中扣除。扣除时，可以从直接材料成本项目中一次扣除，也可以从各个成本项目中按比例扣除。

（3）对于分离后需要进一步加工才能出售的副产品，若价值较小，可考虑只负担分离后产品的成本；若价值较大，则需同时负担分离前的联合成本，以保证主要产品成本的合理性。

三、联产品、副产品的成本计算举例

【例2】假设某炼油厂在对原油进行提炼时生产出汽油、柴油、煤油和机油等几种主要产品，同时产生副产品石油焦。该炼油厂分配联产品的联合成本采用价格比例系数法，对副产品的成本则按计划价格计算，并从分配前的联合成本中先行扣减。

该厂2010年7月发生的生产费用（分离前联合成本）以及各种产品产量、销售价格等资料如表11－4所示。

表11－4　产品成本计算单

2010年7月

单位：元

项　目	直接材料	燃料及动力	直接人工	制造费用	成本合计
月初在产品成本	865 600	203 000	286 600	394 800	1 750 000
本月生产费用	1 298 400	472 000	668 400	921 200	3 360 000
合　计	2 164 000	675 000	955 000	1 316 000	5 110 000
完工产品成本	1 732 000	540 400	764 000	1 052 000	4 088 400
月末在产品成本	432 000	134 600	191 000	264 000	1 021 600

表11－5　产量、销售价格资料及系数计算

产品名称		生产数量（吨）	销售价格（元/吨）	系　数
联产品	汽油	420	6 400	1
	柴油	300	5 440	0.85
	煤油	160	5 120	0.80
	机油	100	4 352	0.68
副产品	石油焦	80	3 200（计划单位成本）	

按销售价格比例确定系数，假设汽油的价格系数为1，则：

柴油的系数＝5 440/6 400＝0.85

煤油的系数＝5 120/6 400＝0.80

机油的系数＝4 352/6 400＝0.68

根据以上资料，计算联产品、副产品的成本如表11－6所示。

表 11-6　联、副产品成本计算单

2010 年 7 月

单位：元

产品名称		产量（吨）	系　数	折合标准产量	分配率	总成本	单位成本
联产品	汽油	420	1	420		1 848 000	4 400
	柴油	300	0.85	255		1 122 000	3 740
	煤油	160	0.80	128		563 200	3 520
	机油	100	0.68	68		299 200	2 992
	小计	—	—	871	4 400	3 832 400	—
副产品	石油焦	80				256 000	3 200
总　计						4 088 400	—

副产品石油焦按计划价格计价，成本为 80 × 3 200 = 256 000（元），从总成本中扣除副产品的成本，即为联产品的成本。

$$联产品的成本 = 4\ 088\ 400 - 256\ 000 = 3\ 832\ 400（元）$$

$$联产品成本分配率 = \frac{3\ 832\ 400}{871} = 4\ 400$$

$$汽油的成本 = 420 \times 4\ 400 = 1\ 848\ 000（元）$$

$$柴油的成本 = 255 \times 4\ 400 = 1\ 122\ 000（元）$$

$$煤油的成本 = 128 \times 4\ 400 = 563\ 200（元）$$

$$机油的成本 = 68 \times 4\ 400 = 299\ 200（元）$$

四、等级品的含义及成本计算原理

等级品（Graded product）是指使用相同的原材料，经过相同加工过程生产出来的品种相同，但质量不同的产品。等级品不同于废品，等级品是合格品，而废品是不合格品。

由于等级品经过相同的生产加工过程，使用了相同的原材料，因此原则上它们的成本应该是相同的，即等级低的产品和等级高的产品的单位成本应该是相同的。但在具体操作时，还要判断产生等级品的原因，因为产生等级品的原因不同，计算成本的方法也不同，一般可分为以下两种情况：

（1）如果这些等级品生产所用的原材料和工艺技术要求不同，则其单位成本应该不同，这些等级品可视为同一品种不同规格的产品，应采用分类法计算成本。常用的方法是以单位售价的比例确定系数，按系数比例来分配各等级品应分担的成本。即售价越高，负担的联合成本越多。

（2）如果这些等级品生产所用的原材料和工艺技术过程都完全相同，产品质量的等级是由于工人操作不慎造成的，则这些不同等级的产品，其单位成本应该相同，不能采用分类法为不同等级的产品确定不同的单位成本。

本章小结

本章介绍了分类法的概念、特点及其基本的成本核算程序，其中包括类内分配系数的运用和联产品、副产品和等级品的成本计算。

1. 成本计算的分类法是指以产品的类别作为成本计算对象，归集生产费用，计算各类完工产品总成本，再按一定标准和方法分配计算类内各种产品成本的一种方法。它是品种法的一种延伸。分类法的基本特征包括成本计算对象、成本计算期、生产费用分配。

2. 分类法成本核算的基本程序与品种法相似，其独特之处体现在两方面：①成本计算对象，按各类产品的类别开立成本计算单，计算各类产品的总成本；②选择合理的分配标准，在类内各种产品之间分配费用，计算类内各种产品的成本。

3. 类内各完工产品成本的分配方法一般有系数法和定额比例法。系数法是指按系数将类别产品总成本在产成品和在产品之间，以及在产成品中的各种产品间进行分配的方法。定额比例法是指某类产品的总成本按该类内各种产品的定额比例进行分配的方法。

4. 联产品是指使用同样的原料，经过同一生产过程，同时生产出几种具有同等地位但不同使用价值的主要产品。副产品是指在同一生产过程中，使用同种原材料，在生产主要产品的同时附带生产出来的非主要产品，或利用生产中的废料加工而成的产品。

主要名词

分类法成本计算　类内分类　系数法　定额分配法　主产品　联产品　副产品　等级品

练习与思考

一、单选题

1. 采用分类法的目的在于（　　）。

A. 分类计算产品成本机械化程度较高　B. 简化各类产品成本计算工作

C. 简化各种产品成本计算工作　D. 准确计算各种产品的成本

2. 在分类法下，类内各种产品之间采用分配方法计算分配的（　　）。

A. 只有原材料费用　B. 只有生产工资及福利费

C. 只有制造费用　D. 包括全部费用

3. 分类法适用于（　　）。

A. 单件、小批生产的产品　B. 大批、大量生产的产品

C. 单步骤或多步骤生产的产品

D. 品种、规格多且可以按标准分类的产品

4. 分类法的缺点是（　　）。

A. 不能衡量产品成本水平　B. 不利于加强成本控制

C. 计算结果有一定的假定性　D. 简化成本计算工作

5. 必须采用分类法计算成本的产品是（　　）。

A. 副产品　　B. 主产品　　C. 联产品　　D. 等级品

6. 产品成本计算分类法的优点是（　　）。

A. 能够在产品品种、规格繁多的情况下分类掌握产品成本，简化成本计算工作

B. 能够保证产品成本计算的正确性

C. 能够加强产品成本控制

D. 能反映产品的生产耗用水平

7. 分类法的成本计算对象是（　　）。

A. 产品品种　　B. 产品规格　　C. 产品类别　　D. 产品品种和规格

8. 在分类法下，类内各种产品之间采用分配方法计算分配的（　　）。

A. 只有原材料费用　　B. 只有生产工资及福利费

C. 只有制造费用　　D. 包括全部费用

9. 采用分类法时，为了简化计算工作，可以将分配标准折算成（　　），据以分配同类产品中各种产品的成本。

A. 确定的定额　　B. 统一的计划标准

C. 相对固定的系数　　D. 实际分配率

10. 采用系数分配法，被选定作为标准产品的应该是（　　）。

A. 盈利较多的产品

B. 亏损较多的产品

C. 成本计算工作量大的产品

D. 产量较大、生产比较稳定或规格适中的产品

二、多选题

1. 分类法不是一种独立的成本计算方法，往往要与（　　）联合使用。

A. 定额法　　B. 品种法　　C. 分步法　　D. 分批法

2. 采用系数法分配同类产品中不同产品的费用时，系数可分为（　　）。

A. 单项系数　　B. 双项系数　　C. 综合系数　　D. 原材料系数

3. 联产品联合成本的分配方法有（　　）。

A. 系数分配法　　B. 实物量分配法

C. 相对销售价值分配法　　D. 净实现价值分配法

4. 在分类法下，将产品划分为类别时，应考虑的条件有（　　）。

A. 产品的工艺特点的不同　　B. 产品所用原材料的不同

C. 产品数量的多少　　D. 产品的结构不同

5. 采用副产品按计划成本计价时，适用的情况有（　　）。

A. 副产品加工处理所需时间长

B. 副产品加工处理费用不大

C. 副产品加工处理所需时间不长

D. 副产品的计划成本或定额成本制定比较准确

6. 采用分类法计算成本的优点有（　　）。

A. 可以简化成本计算工作

B. 可以分类掌握产品成本情况

C. 可以使类内的各种产品成本的计算结果更为准确

D. 便于成本日常控制

7. 按照系数比例分配同类产品中各种成本的方法（　）。

A. 是一种单独的产品成本计算方法

B. 是在完工产品和月末在产品之间分配费用的方法

C. 是分类法的一种

D. 是一种简化的分类法

8. 可以或者应该采用分类法计算成本的产品，有（　）。

A. 联产品

B. 由于工人操作所造成的质量等级不同的产品

C. 品种、规格繁多，但可以按规定标准分类的产品

D. 品种、规格多，且数量少、费用比重小的一些零星产品

9. 使分类法做到既简化计算工作，又确保计算结果相对正确的关键是（　）。

A. 产品的分类　　B. 成本的管理

C. 分配标准的确定　　D. 系数的确定

10. 在分类法下，如果企业的各种消耗定额管理基础较好，各项消耗的定额比较准确、稳定，类内各种产品分配费用的方法一般采用（　）。

A. 定额比例法　　B. 系数法　　C. 定额成本法　　D. 约当产量法

三、判断题

1. 分类法是品种法的一种延伸，它不是一种独立的成本计算方法。（　）

2. 由于分类法与生产的类型没有直接的关系，因而可以在各种类型的生产中应用。（　）

3. 联产品一般采用分类法计算成本。（　）

4. 在分类法下，每类产品内各种产品的生产费用，包括直接费用和间接费用，都需要采用一定的分配方法分配计算。（　）

5. 在分离点之前，各种联产品的生产费用是联合在一起的，所以称为“综合成本”和“分离前成本”。（　）

6. 由于材料质量不同、工艺技术上的要求不同而产生的等级品，各等级品负担的成本也不一样。（　）

7. 采用系数法时，按系数分配费用实际上就是按以产量加权的总系数分配费用。（　）

8. 代用联产品是指若一种联产品增加会导致另一种联产品的减少。（　）

9. 由于产品内部结构、所用原材料的质量或工艺技术要求不同而产生的不同产品不能采用分类法。（　）

四、简答题

1. 简述分类法及其特点。

2. 分类法的优缺点是什么？采用这种方法应具备什么条件？

3. 简述分类法的成本计算程序。

4. 如何计算联产品、副产品的成本？如何计算等级品的成本？

5. 等级产品形成的原因有哪几种？不同原因形成的等级产品成本计算有何特点？

五、练习题

1. 某工厂大量生产甲、乙、丙三种产品。这三种产品的原材料和生产工艺相近，归为一类产品，采用分类法计算成本。该类产品的消耗定额比较准确、稳定，各月末在产品数量变动也不大，因而月末在产品按定额成本计价。

该厂各种产品生产费用的分配标准为：原材料费用按材料消耗定额成本系数分配，其他费用按工时定额系数分配。甲产品为标准产品，耗用料工费的系数均为1。

该厂2010年10月有关成本、费用资料如下：

（1）本月完工产量：甲产品1 200件，乙产品250件，丙产品400件。

（2）在产品定额成本和本月发生的费用如下：

	直接材料	直接人工	制造费用
月初在产品定额成本	26 320	2 400	1 860
月末在产品定额成本	38 500	1 800	2 400
本月生产费用	46 200	26 840	32 710

（3）材料、工时定额资料如下表，材料定额系数按材料单耗定额成本计算，工时定额系数按工时单耗定额计算。

材料、工时定额

产　品	材料种类	材料单耗定额（千克）	材料计划单价（元）	工时单耗定额（小时）
甲	A	500	10	2
	B	300	15	
	C	150	20	
乙	A	450	10	2.8
	B	300	15	
	C	100	20	
丙	A	650	10	2.4
	B	300	15	
	C	100	20	

要求：

（1）计算各产品的材料、工时定额系数。

（2）计算本月各种产成品的总成本和单位成本。

2. 振邦公司2010年7月生产A、B、C三种联产品，同时生产出副产品D。分离前联合成本为277 890元，其中直接材料142 000元，燃料及动力7 600元，直接人工77 550元，制造费用50 740元。

该厂分配联产品的联合成本采用价格比例系数法，对副产品的成本按计划价格计算，并从分配前的联合成本中先行扣减。各产品产量、销售价格资料如下：

产品名称		生产数量（千克）	销售价格（元/千克）
联产品	A 产品	3 980	150
	B 产品	3 800	126
	C 产品	2 200	140
副产品	D 产品	800	70

该厂按销售价格比例确定系数，A 产品的价格系数定为 1。

要求：计算该厂副产品及各联产品的成本。

第十二章　定额成本法

在前面所介绍的成本计算方法——品种法、分批法、分步法和分类法下，生产费用的日常核算，都是按照其实际发生额进行，产品的实际成本也是根据实际生产费用核算的，这是对已经结束的生产过程进行事后的成本计算。产品成本计算的定额成本法（Quota Costing），就是为了改变只能事后提供成本信息的被动状态，加强企业的定额管理的一种成本计算方法。

通过本章学习，应掌握的主要内容有：

（1）定额成本法的特点；

（2）定额成本法的计算程序，脱离定额差异、定额变动差异和材料成本差异的计算；

（3）定额成本法的优缺点及其应用条件。

第一节　定额成本法的基本内容

一、定额成本法的特点

定额成本法是以产品的定额成本为基础，加减实际脱离现行定额的差异、材料成本差异和定额变动差异，最终计算出产品实际成本的一种方法。它是在加强企业的计划管理和定额管理的基础上产生的。采用定额成本法计算产品成本，在生产费用发生的时候，就能根据生产费用定额和实际发生数额计算脱离定额的差异，以便随时控制、监督生产费用的发生，促使企业以定额成本为控制限度，降低成本，节约费用。它不仅是一种把产品的成本计划、控制、核算和分析结合在一起的产品成本计算方法，更重要的，它还是一种对产品成本进行直接控制与管理的方法。其主要特点是：

（1）将事前制定的产品消耗定额、费用定额和定额成本作为降低成本、控制成本的依据。

（2）在生产费用发生的当时，将符合定额的费用和发生的差异分别核算，以加强对成本差异的日常核算、分析和控制，包括脱离定额差异、材料成本差异和定额变动差异。

（3）月末，在定额成本的基础上加减各种成本差异，计算产品的实际成本。

（4）定额成本法必须与成本计算的基本方法结合运用，它不是一种独立的成本计算方法。

二、定额成本法的主要工作程序

根据定额成本法的特点我们可以得出它的主要工作程序是：首先，以产品的各项现行消耗定额为依据计算产品的定额成本；其次，根据产品的实际产量，核算产品的定额生产费用与实际生产费用之间的差异；最后，在完工产品的定额成本基础上，加减定额变动差异、脱离定额差异、材料成本差异，计算出产品的实际成本。定额成本法计算产品实际成本的公式为：

产品实际成本 = 产品定额成本 ± 脱离定额差异 ± 定额变动差异 ± 材料成本差异

三、定额成本法的基本要求

定额成本法的成本计算对象既可以是最终的完工产品，也可以是半成品，因而定额成本既可以在整个企业运用，也可以只运用于企业中的某些生产步骤或车间。

定额成本法核算成本除按照一般成本核算的要求外，还应做好以下几项工作：

（1）要制订定额成本计算卡，反映生产过程中材料、工时的现行消耗定额和现行成本定额的日常变动。

（2）每月或每季都要根据定额成本计算卡，编制定额成本计算表。在表中按照产品品种反映本期生产产品的定额水平。

（3）必须按照产品品种或类别设立生产费用明细账，核算产品的定额成本、定额变动差异、脱离定额差异和产品实际成本。

第二节　定额成本的确定

一、定额成本与计划成本的比较

产品的定额成本与计划成本既有联系，又有区别。其联系之处是：①两者都是以产品生产耗费的消耗定额和计划价格为依据确定的成本；②两者的制定过程，都是对产品成本进行事前的反映和监督，实行事前控制。两者的区别则表现在以下几个方面：

（1）计划成本的消耗定额是计划期（一般为一年）内的平均消耗定额，也称计划定额，在计划期内通常不会变动；计算定额成本所依据的消耗定额则是指现行定额，是企业在当时的生产技术条件下，在各项消耗上应达到的标准，它随着企业生产技术、劳动生产率和管理水平的提高而进行修订，经常发生变动。

（2）计算计划成本的原材料、其他费用的计划单价和计划费用率，在计划期内通常也是不变的，属于年度计划的内容之一；计算定额成本的原材料的计划价格也不变，但其他费用的计划费用率则可能经常变动。导致计划成本在计划期内通常是不变的，定额成本在计划期内则是随着各项定额的变动而变动。

（3）计划成本一般是企业投资人对企业经营管理者经营业绩的考核指标；定额成本则是企业内部经营管理、成本管理的重要内容，其目的是要保证计划成本的完成，是企业控制成本、降低成本的重要手段。

二、产品定额成本的计算

采用定额法计算产品成本，必须首先制定产品原材料、动力、工时等消耗定额，并根据各项消耗定额和计划单价（计划费用率）资料，计算产品的各项费用定额及产品定额成本。

制定产品的定额成本，主要是指制定产品的单位定额成本。单位产品定额成本是分成本项目计算的，其计算公式如下：

单位产品直接材料定额成本 = ∑单位产品材料消耗定额 × 原材料计划单价

单位产品直接工资定额成本 = 单位产品生产工时定额 × 计划工资费用率

单位产品制造费用定额成本 = 单位产品生产工时定额 × 计划制造费用率

产品单位定额成本的制定，应包括零件、部件的定额成本和产成品的定额成本，通常是通过编制定额成本计算表进行，由计划、会计部门共同制定。编制定额成本计算表时，所采用的成本项目和成本计算方法，应与编制计划成本、计算实际成本时所采用的成本项目和成本计算方法一致，以便成本考核和成本分析工作的进行。一般是先制定零件的定额成本，然后汇总计算部件和产成品的定额成本。直接材料和直接工资定额成本应该依据月初零部件定额卡片上的现行定额编制；制造费用定额成本应根据全年的预算进行分配编制。零件定额卡和部件定额成本计算卡的格式分别见表 12－1 和表 12－2，产品定额成本计算表见表 12－3。

表 12－1　零件定额卡

零件：A

材料名称	计量单位	材料消耗定额
甲	千克	20
工序编号	工时消耗定额	累计工时定额
1	20	20
2	15	35
3	5	40

表 12－2　部件定额成本计算表

部件：101

所需零件名称	零件数量	材料数量和金额							工时定额
		甲			乙				
		数量	单价	金额	数量	单价	金额		
A	3	60	15	900				900	120
B	5				10	40	400	400	50
装配									30
合　计				900			400	1 300	200

（续上表）

部件定额成本					
直接材料	直接工资		制造费用		合　计
	计划工资率	金　额	计划费用率	金　额	
1 300	4	800	5	1 000	3 100

表 12－3　单位产品定额成本计算表

产品名称：W

项　目	部件数量	直接材料	直接工资	制造费用	合　计
101	2	2 600	1 600	2 000	6 200
102	1	600	100	200	900
装配	20 小时		80	100	180
合计		3 200	1 780	2 300	7 280

第三节　各种差异的核算

按定额成本法计算产品实际成本，其日常核算工作主要是确定三个差异：脱离定额差异、定额变动差异、材料成本差异。

一、脱离定额差异的核算

脱离定额差异，是指在生产过程中，各项生产费用的实际发生额大于或小于（偏离）定额或预算的差异，这个数额反映了企业各项生产耗费支出的合理程度和执行现行定额的工作质量。采用定额成本法，就是在日常成本管理中，以是否超过定额成本为标准来考核实际生产费用的超支或节约，及时反映实际生产费用脱离现行定额的差异并分析该差异产生的原因，以便进一步寻找降低成本的途径。因此，脱离定额差异的核算就成为运用定额成本法进行成本核算的关键，是日常监督生产费用发生的重要环节。

脱离定额差异的核算，就是在发生生产费用时，为符合定额费用和脱离定额的条件，分别编制定额凭证和差异凭证，并在有关的费用分配表和明细账中分别予以登记。在有条件的企业里，可以将脱离定额差异的日常核算同车间和班组经济责任制结合起来，依靠各生产环节的职工来控制生产费用。

1. *直接材料脱离定额差异的核算*

在各成本项目中，直接材料费用一般占有较大的比重，而且属于直接费用，因而更有必要和可能在费用发生的时候，按照产品核算定额费用和脱离定额差异。材料脱离定额差异是指实际产量下现行定额耗用量和实际耗用量之间的差额与计划单价的积乘，也就是说只包括材料耗用量的差异——量差，不包括价格差异，材料价格差异单独作为一个实际成本的差异因素进行核算。

直接材料脱离定额差异的核算方法一般有限额法、切割核算法和盘存法三种。

（1）限额法。

在定额成本法下，原材料的领用一般采用限额领料制度。限额范围内的领料，根据限额领料单进行。由于生产任务增加而发生的超额领料，经过办理追加限额手续后，仍可使用限额领料单领用。由于其他原因超额领料时，应填制超限额领料单，超支数就是材料脱离定额差异。如果实际耗用量低于定额耗用量，生产任务完成后有退料的，退料数也是材料脱离定额差异。

采用限额法对于控制领料有一定的作用。但是，材料脱离定额差异应是用料差异，领料和实际用料并不完全相同，领去的材料并不一定就会耗用掉，因为车间可能有期初、期末余料。

（2）切割法。

对于某些贵重材料或经常大量使用且又需要经过在准备车间切割后才能进一步加工的材料，如板材、棒材等，应采用切割法，通过材料切割核算单核算用量差异，控制用料。

材料切割核算单应按切割材料的批别开立，根据实际切割的情况填写实际切割成毛坯的数量和材料的实际消耗量，计算材料脱离定额的差异。

（3）盘存法。

在连续式大量大批生产的企业中，经常有在产品存在。所以，核算期内完工零部件的产量并不等于该期耗用材料的零部件数量，并且期内发料凭证上规定生产的零部件数量，也不等于实耗材料的零部件数量。因此，核算期内材料的定额消耗量与定额费用，不能直接根据限额领料单上所列领料数额确定，不能分批核算原材料脱离定额差异的情况。这种情况下，可以通过盘存的方法计算原材料脱离定额差异。除了平时使用限额领料单等定额凭证和超额领料单等差异凭证，以便控制日常材料的实际消耗外，还应该根据盘存记录所提供的本期实际耗用材料（投产数量）的零部件数量乘以单位消耗定额，计算材料定额耗用额；再根据盘存的期末材料结余额，倒求出材料实际耗用额，即用实际领料金额减去余料金额而得；用材料的定额耗用总额与实际耗用总额相比，即可求出材料脱离定额差异。这种通过盘存确定材料定额成本和材料脱离定额差异的方法称为盘存法。

投产产品数量的计算公式如下：

本期投产产品数量 = 本期完工产品数量 + 期末在产品数量 − 期初在产品数量

按照本期投入产量计算材料脱离定额差异必须具备的条件是，原材料在生产开始时一次投入。

【例 1】某企业生产甲产品，期初在产品 200 件，本月投产 1 000 件，本月完工 950 件，月末在产品 150 件。甲产品耗用的甲材料在生产开始时一次投入，原材料消耗定额是 8 千克，甲材料的计划单价是 4 元。本领料凭证记载的实际领用数量为 8 500 千克，期末车间甲材料实际盘点数为 500 千克。本期材料定额差异计算如下：

本期投产产品数量 = 950 + 150 - 200 = 900（件）

本期材料定额消耗量 = 900 × 8 = 7 200（千克）

本期材料实际消耗量 = 8 500 - 500 = 8 000（千克）

直接材料定额差异 =（8 000 - 7 200）× 4 = 3 200（元）

2. 直接人工脱离定额差异的核算

计件工资形式下，直接人工属于直接计入费用，因而其脱离定额差异的核算与直接材料的核算类似。

计时工资制度下，由于实际工资总额要到月终才能确定，因此直接人工脱离定额差异不能随时按照产品直接计算，只有在月末实际直接人工费用总额确定以后，才能计算。

如果直接人工属于直接计入费用（即只生产一种产品），则某种产品的直接人工脱离定额差异可按下式计算：

某产品直接人工脱离定额的差异 = 该产品实际直接人工 -
（该产品实际产量 × 该产品直接人工费用定额）

如果直接人工属于间接计入费用（即生产多种产品），则某种产品的直接人工脱离定额差异可按下式计算：

计划小时工资率 = 某车间计划产量的定额生产工资/该车间计划产量的定额生产工时

实际小时工资率 = 该车间实际生产工资总额/该车间实际生产工时总额

某产品的定额（实际）直接人工 = 该产品实际产量的定额（实际）生产工时 ×
计划（实际）小时工资率

某产品直接人工费用脱离定额的差异 = 该产品实际直接人工 - 该产品定额直接人工

从以上计算公式可以看出，要降低单位产品直接人工费用，除控制工资总额支出外，还要充分利用生产工时，并且控制单位产品的工时耗费。因此，产品直接人工费用的日常控制，要按照产品核算定额工时、实际工时和工时脱离定额的差异，并及时分析发生差异的原因。

【例2】某企业生产甲产品，单位产品定额工时为10小时，本月实际投入产品产量500件，计划小时工资率为4元；单位产品实际工时为9小时，实际小时工资率为5元。

直接人工脱离定额差异 = 500 × 9 × 5 - 500 × 10 × 4 = 22 500 - 20 000 = 2 500（元）

3. 制造费用脱离定额差异的核算

一般来说，制造费用属于间接计入费用，发生时按车间和具体项目进行归集，月末，按照一定的标准分配计入有关产品的成本。因此，在日常核算中，它不能在耗费发生时直接按产品计算脱离定额差异，只能根据制订的费用计划，按照耗费项目和发生地点，核算脱离计划差异，据以对耗费的发生进行控制和监督。月末，实际发生的耗费分配给各种产品后，经比较，才能确定各种产品制造费用脱离定额的差异。其计算公式如下：

计划小时制造费用率＝某车间计划制造费用/该车间计划产量的定额生产工时

实际小时制造费用率＝某车间实际制造费用总额/该车间实际生产工时总额

某产品的定额（实际）制造费用＝该产品实际产量的定额（实际）生产工时×计划（实际）小时制造费用率

某产品制造费用脱离定额的差异＝该产品实际制造费用－该产品定额制造费用

【例3】某企业生产甲产品和其他产品，本月计划制造费用总额是20 720元，计划产量的定额工时总额是2 960小时；实际发生制造费用21 545元，实际生产工时3 100小时；本月甲产品的定额生产工时是1 836小时，实际生产工时是1 807小时。甲产品制造费用脱离定额差异计算如下：

计划小时制造费用率＝20 720÷2 960＝7

实际小时制造费用率＝21 545÷3 100＝6.95

甲产品定额制造费用＝1 836×7＝12 852（元）

甲产品实际制造费用＝1 807×6.95＝12 558.65（元）

制造费用脱离定额差异＝12 558.65－12 852＝－293.35（元）

可见，影响产品制造费用脱离定额差异的因素仍然是工时差异和小时制造费用率差异，其核算方法与产品计时工资脱离定额差异的方法一样。

上述脱离定额差异，一般应在完工产品和期末在产品之间进行分配。因为采用定额成本法计算产品成本的企业都有现成的定额成本资料，所以该差异的分配大多采用定额比例法进行。其计算公式为：

$$\text{脱离定额差异分配率}=\frac{\text{月初在产品脱离定额差异}+\text{本期发生脱离定额差异}}{\text{完工产品定额成本}+\text{期末在产品定额成本}}$$

完工产品应负担的脱离定额差异＝完工产品定额成本×脱离定额差异分配率

期末在产品应负担的脱离定额差异＝期末在产品定额成本×脱离定额差异分配率

二、材料成本差异的核算

采用定额成本法的企业，为了便于对产品成本进行考核和分析，材料的日常核算都是按计划价格进行的。因而，日常核算中的材料定额成本和材料脱离定额差异也是按计划价格计算的，也就是说，前面的直接材料脱离定额差异，是计划单位成本反映的数量差异，即量差。这样，在月末计算产品实际成本时，还要考虑所耗直接材料应负担的成本差异问题，即价差。其计算公式如下：

某产品应分配的材料成本差异＝该产品材料实际用量×材料计划单价×材料成本差异分配率

根据材料脱离定额差异的计算公式可以得出：

某产品应分配的材料成本差异 =（该产品原材料定额成本 ± 材料脱离定额差异）× 材料成本差异分配率

【例4】某企业本月生产甲产品耗用原材料定额成本为57 000元，原材料脱离定额差异节约800元，本月原材料成本差异分配率为 -1%。该产品应分配的材料成本差异是：

$$(57\ 000-800)\times(-1\%)=-562(元)$$

各种产品应分配的材料成本差异，一般由各该产品的完工产品成本负担，月末在产品不再分配。

三、定额变动差异的核算

定额变动差异，是指因修订消耗定额或生产耗费的计划价格而产生的新旧定额之间的差额，定额成本降低时用正数表示，定额成本提高时用负数表示。定额变动差异与脱离定额差异是不同的，定额变动差异是定额本身变动的结果，它与生产中费用支出的节约或浪费无关，是定额成本法下的一种特定差异。而脱离定额差异则反映了生产费用支出符合定额的程度。

随着经济的发展、企业技术革新、劳动生产率提高、生产条件变化等，企业的各项消耗定额或计划价格也要随之修订，以保证各项定额能够准确有效地对生产经营活动进行控制和监督，定额成本当然也随之进行修订。

消耗定额和定额成本的修改，一般是在年初、季初或月初定期进行。在定额成本变动的月份，其月初在产品的定额成本并未修订，仍是按照旧的定额成本计算的。为了将按旧定额计算的月初在产品定额成本和按新定额计算的本月投入产品的定额成本在新定额的同一基础上相加，需要计算月初在产品定额变动差异，以调整月初在产品的定额成本。

一般情况下，消耗定额的变动表现为不断下降的趋势，这表明月初在产品定额成本是降低的。一方面，应从月初在产品定额成本中扣除大于新定额的差异部分，称为月初定额成本调整；另一方面，由于该项差异是月初在产品生产费用的实际支出，不能无缘无故地被扣减掉，因此应该将该项差异作为定额变动差异加入当月生产费用。

当月初在产品定额变动时，产品实际成本的计算公式应为：

产品实际成本 = 按现行定额计算的产品定额成本 ± 脱离现行定额差异 ± 直接材料成本差异 ± 月初在产品定额变动差异

在构成产品的零件各类较多的情况下，为了简化计算工作，月初在产品定额变动差异，可以根据定额发生变动的在产品盘存数量或在产品账面结存量和修订前后的消耗定额确定月初在产品各成本项目新旧定额之间的差异。即按新旧定额所计算出的单位产品费用进行对比，求出系数，然后根据系数进行计算。其计算公式为：

$$定额变动系数=\frac{各成本项目的新定额成本}{各成本项目的旧定额成本}$$

月初在产品的定额变动差异=按旧定额计算的月初在产品定额成本×（1-定额变动系数）

【例5】某企业生产甲产品，从本月开始实行新的直接材料消耗定额，单位产品旧的直接材料费用为12元，新的直接材料费用定额为11.4元。该产品月初在产品按旧定额计算的原材料定额成本为12 000元。月初在产品定额变动差异计算如下：

$$定额变动系数=\frac{11.4}{12}=0.95$$

月初在产品定额变动差异=12 000×(1-0.95)=600（元）

定额变动差异一般应在完工产品与月末在产品之间进行分配。因为这种差异不是当月工作的结果，不应全部计入完工产品成本，但如果定额变动差异数额不大或者产品的生产周期小于一个月，则可将其差异全部分配给完工产品，月末在产品不分配。

第四节　定额成本法的应用及评价

一、定额成本法的应用

【例6】某企业大批生产甲产品，由一个封闭式车间进行，采用定额成本法计算产品成本。为了简化核算手续，该产品的材料成本差异和定额变动差异全部由完工产品负担，脱离定额差异按完工产品定额成本和在产品定额成本比例分配。该企业本月生产甲产品的有关成本核算资料如下：

（1）甲产品单位定额成本为376元，其中：直接材料266元，直接人工60元，制造费用50元。

（2）本月甲产品完工1 000件，月末在产品200件，完工程度50%。

（3）

甲产品成本核算资料

成本项目	月初在产品成本		本月生产费用	
	定额成本	脱离定额差异	定额成本	脱离定额差异
直接材料	28 000	1 268	292 600	11 500
直接人工	3 000	-120	63 000	2 100
制造费用	2 500	100	52 500	1 000
合　计	33 500	1 248	408 100	14 600

（4）该产品直接材料在生产开始时一次投入，从本月1日起实行新的原材料消耗定额。甲产品原单位产品材料费用定额为280元，新的材料费用定额为266元。甲产品月初

表 12-4　产品成本计算单

产品名称:甲产品　　20××年×月　　完工产量:1 000 件

成本项目	月初在产品成本		月初在产品定额变动		本月生产费用			生产费用累计			
	定额成本	脱离定额差异	定额成本调整	定额变动差异	定额成本	脱离定额差异	材料成本差异	定额成本	脱离定额差异	材料成本差异	定额变动差异
	①	②	③	④	⑤	⑥	⑦	⑧	⑨	⑩	⑪
直接材料	28 000	1 268	-1 400	1 400	292 600	11 500	-6 600	319 200	12 768	-6 600	1 400
直接人工	3 000	-120			63 000	2 100		66 000	1 980		
制造费用	2 500	100			52 500	1 000		55 000	1 100		
成本合计	33 500	1 248	-1 400	1 400	408 100	14 600	-6 600	440 200	15 848	-6 600	1 400

成本项目	差异率	本月产成品成本					月末在产品成本	
	脱离定额差异	定额成本	脱离定额差异	材料成本差异	定额变动差异	实际成本	定额成本	脱离定额差异
	⑫	⑬	⑭	⑮	⑯	⑰	⑱	⑲
直接材料	0.04	266 000	10 640	-6 600	1 400	271 440	53 200	2 128
直接人工	0.03	60 000	1 800			61 800	6 000	180
制造费用	0.02	50 000	1 000			51 000	5 000	100
成本合计		376 000	13 440	-6 600	1 400	384 240	64 200	2 408

在产品按旧定额计算的材料费用为 28 000 元。甲产品本月份材料成本差异额为节约 6 600元。

根据资料登记产品成本计算单如表 12－4。

该产品成本计算表的有关栏目按如下情况分别填列：

（1）栏①和栏②的月初在产品成本资料，根据上月末在产品成本资料填列。

（2）月初在产品定额变动资料，根据甲产品月初在产品定额变动差异的计算登记。栏③的定额成本调整数是定额变动差异数的相反数，栏④数额即为：

$$28\,000 \times (1 - \frac{266}{280}) = 1\,400$$

（3）栏⑤和栏⑥本月生产费用中的定额成本和脱离定额差异，根据材料定额费用和脱离定额差异汇总表与其他相关汇总表、分配表填写，本题已经在甲产品成本核算资料中告知。

（4）栏⑦的材料成本差异，是根据材料成本差异分配计算登记的，本题已告知。

（5）栏⑧＝①＋③＋⑤，栏①＋③使期初在产品成本调整为按新定额计算的成本。只有通过这样的调整，才能使期初在产品成本与栏⑤本期投入产品的定额成本相加。

（6）由于脱离定额差异要在完工产品和月末在产品之间按照定额成本比例进行分配，所以要计算脱离定额差异分配率。栏⑫＝栏⑨÷⑧，即脱离定额差异分配率。

（7）栏⑬完工产品的定额成本，根据产成品入库列示的产成品数量和单位定额成本计算登记。

（8）栏⑭完工产品的应负担的脱离定额差异，根据脱离定额差异分配率计算，即栏⑭＝⑬×⑫。

（9）栏⑱为期末在产品定额成本，可以根据该种产品各工序各种在产品的盘存数量或账面数量，乘以该新的费用定额计算登记；也可以根据本月生产费用合计数栏⑧减去本月完工产品的定额成本栏⑬求得，两者的结果相同。本题中采用第二种。

通过以上实例核算可知，定额成本法是将产品成本的计划工作、核算工作和分析工作有机结合起来，将事前制定定额、事中控制定额、事后分析定额执行情况三个环节的反映和监督融为一体的一种产品成本计算方法和成本管理制度。

二、定额成本法的主要优点

（1）有利于加强成本的日常控制。通过生产耗费及其脱离定额和计划的日常核算，能够在生产耗费发生的当时反映和监督脱离定额（或计划）的差异，便于企业及时发现问题、采取措施，有效地控制超定额现象的发生，从而有利于加强成本控制，促进生产耗费的节约，降低产品成本。

（2）有利于企业定期进行成本分析。由于产品实际成本是按照定额成本和各种差异分别核算的，这就为企业定期对各项生产耗费和产品成本进行分析提供了重要依据，有利于企业进一步分析产生差异的具体原因，落实责任，考核和评估有关人员的工作业绩，进一步调动全体职工的积极性，挖掘企业降低成本的潜力。

(3) 有利于企业提高定额管理水平。核算各种成本差异，一方面可以反映实际生产费用偏离定额的程度，另一方面也可以反映或检验定额成本的制定是否科学、合理，从而有利于企业提高定额管理水平。

(4) 由于有着现成的定额成本资料，因而能够较为合理、简便地解决完工产品和月末在产品之间分配费用的问题。

三、定额成本法的主要缺点

定额成本法既要核定定额成本，又要核算各项差异，最后还要再计算出产品的实际成本。这对初学者来说，确实难以理解。事实上，采用定额成本法要比其他成本计算方法的工作量大，而且采用定额成本法计算产品成本，企业必须具备较为健全的定额管理制度，较为定型的产品和较为稳定的消耗定额，其适用范围较窄。

四、定额成本法的适用范围

定额成本法必须事先制定定额成本，及时核算各种差异，因而，这种方法适用于已制定一整套完整的定额管理制度、产品定型，各项生产费用消耗定额比较稳定、健全、准确，以及财务会计人员的业务水平较高的大批、大量装配式机械制造工业，如生产柴油机、发动机、各种机床、车床、车辆等企业。

需要指出的是，定额法与生产类型并无直接联系，不论哪种生产类型，只要具备上述条件，都可以采用定额成本法计算产品成本。

本章小结

1. 定额成本法是以产品的定额成本为基础，根据产品的实际产量，核算产品的定额（或计划）生产耗费和脱离定额（或计划）差异、材料成本差异和定额变动差异，然后，用完工产品的定额成本加减各种差异，计算出完工产品实际成本的一种成本计算方法。

2. 按定额成本法计算产品实际成本，其日常核算工作主要是确定三个差异：脱离定额差异、定额变动差异、材料成本差异。脱离定额差异是各项生产耗费的实际支出脱离现行定额或计划的数额，其中，直接材料脱离定额差异只是量差；材料成本差异是材料实际成本与计划成本之间的差额；定额变动差异是指由于修订消耗定额而产生的新旧定额之间的差额。

3. 定额成本法的优点：①有利于加强成本的日常控制；②有利于企业定期进行成本分析；③有利于企业提高定额管理水平；④有利于解决完工产品与在产品之间费用分配的问题。

主要名词

产品定额成本　脱离定额差异　材料成本差异　定额变动差异

练习与思考

一、单选题

1.（　　）不仅是一种成本计算方法，而且是一种对产品成本进行事前、事中、事后控制和管理的方法。

A. 分类法　　B. 定额法　　C. 分步法　　D. 分批法

2. 在定额法中，表述不正确的是（　　）。

A. 定额法并非一种基本的成本计算方法

B. 采用定额法计算的产品实际成本为产品定额成本加减各种差异

C. 定额成本是以上期消耗定额为根据计算的产品成本

D. 定额法有利于加强企业的日常成本控制和管理

3. 定额法的主要缺点在于（　　）。

A. 不便于成本控制分析　　B. 只适用于大量大批机械制造企业

C. 较其他成本核算方法工作量大　　D. 不便于成本管理

4. 产品成本计算采用定额法，在适用范围上（　　）。

A. 只适用于大批大量机械制造企业　　B. 与生产类型有着直接关系

C. 与生产类型没有直接关系　　D. 只适用于小批单件生产企业

5. 原材料脱离定额差异是（　　）。

A. 价格差异　　B. 数量差异

C. 原材料成本差异　　D. 一种定额变动差异

6. 在完工产品成本中，如果月初在产品定额变动差异是正数，表示（　　）。

A. 定额提高了　　B. 定额降低了

C. 本月定额管理和成本管理不利　　D. 本月定额管理和成本管理取得了成绩

7. 原材料脱离定额差异是（　　）。

A. 材料成本差异　　B. 一种定额变动差异

C. 数量差异　　D. 其他差异

二、多选题

1. 采用定额成本法应具备的条件，包括（　　）。

A. 企业定额管理制度比较健全　　B. 企业产品生产定额比较准确

C. 各项消耗定额比较稳定　　D. 产品生产基本定型

2. 在定额成本法下，当消耗定额降低时，下列说法正确的是（　　）。

A. 月初在产品定额成本降低

B. 月初在产品费用与本月生产费用之和不变

C. 月初在产品定额变动差异增加

D. 本月完工产品成本与月末在产品成本之和不变

3. 定额成本法的优越性体现在（　　）。

A. 有利于加强成本的日常控制　　B. 有利于企业定期进行成本分析

C. 有利于企业提高定额管理水平　　D. 有利于简化成本计算工作

4．与企业产品生产类型没有直接联系的成本计算方法有（　　）。

A．分类法　　B．分步法　　C．定额法　　D．品种法

5．原材料脱离定额差异的计算方法有（　　）。

A．限额法　　B．切割法　　C．估算法　　D．盘存法

6．定额法的主要特点有（　　）。

A．按产品类别设立成本明细账

B．事前制定消耗定额、费用定额和定额成本

C．在生产费用发生的当时，将其符合定额的费用和发生的差异分别核算

D．月末，在产品定额的基础上，加减各种成本差异，计算产品的实际成本

三、判断题

1．定额成本是计划成本的一种。（　　）

2．原材料脱离定额差异核算的限额法可以有效控制材料耗用量。（　　）

3．计算定额变动差异时，如果是定额降低的差异，应从月初在产品定额成本中减去，并加入本月产品成本中。（　　）

4．定额成本法以产品的定额成本作为成本计算对象。（　　）

5．定额成本法下，原材料的日常核算既可以按实际成本，也可按计划成本。（　　）

6．各项消耗定额的修改一般均在年末进行。（　　）

7．编制定额成本计算表时，所采用的成本项目和成本计算方法，应与编制计划成本、计算实际成本时所采用的成本项目和成本计算方法一致。（　　）

四、简答题

1．什么是产品成本计算的定额成本法?

2．定额成本与计划成本有何异同?

3．脱离定额差异、材料成本差异和定额变动差异三者的含义是什么？如何确定?

4．产品成本计算的定额法的优缺点和适用范围如何?

五、计算题

1．某企业采用定额成本法计算产品成本。该企业甲产品生产只消耗一种原材料，原材料在生产开始时一次投入。有关甲产品的其他资料如下：

（1）从本月开始实行新的直接材料消耗定额，即直接材料消耗定额由原来的 20 千克降低到 18 千克；直接材料的计划单价不变，仍为 10 元。

（2）月初在产品的直接材料定额费用为 20 000 元，脱离定额差异为节约 2 200 元。

（3）本月投产 1 000 件，实际耗用直接材料 18 418 千克。

（4）本月直接材料成本差异率是节约 2%，本月完工产品为 900 件。

要求：

（1）计算月初在产品定额变动差异。

（2）根据以下条件计算完工产品和月末在产品的直接材料实际费用：①脱离定额差异按定额费用比例在完工产品与月末在产品之间进行分配；②定额变动差异和直接材料成本差异由完工产品负担。

2. 资料：某企业生产 A 产品的有关资料如下：

（1）产量记录

表 1

单位：件

产品名称	月初在产品	本月投产	本月完工产品	月末在产品
A 产品	20	80	70	30

（2）定额成本资料

表 2

成本项目	计划单价	消耗定额		定额成本		定额变动差异	
		上月	本月	上月	本月	数量	金额
直接材料	5	120 千克	114 千克	600	570	-6	-30
直接人工	2	100 小时	100 小时	200	200		
制造费用	1	100 小时	100 小时	100	100		
合　计				900	870	-6	-30

（3）月初在产品成本资料

表 3

成本项目	月初在产品	
	定额成本	定额差异
直接材料	12 000	400
直接人工	2 000	100
制造费用	1 000	80
合　计	15 000	580

（4）其他资料

① 原材料于生产开始时一次投入；

② 直接材料成本差异率为 -1%，全部由完工产品负担；

③ 定额变动差异全部由完工产品负担；

④ 本期直接材料脱离定额差异（-1 000），直接人工脱离定额差异（+200），制造费用脱离定额差异（-70）。

要求：采用定额成本法计算 A 产品的完工产品实际成本。

第十三章　成本预测与决策

成本会计作为一种经营管理的手段，包括成本管理的全过程，即成本预测、决策、计划、核算、控制等各项活动。成本核算在前面已经阐述，因为它是成本管理的基础环节，不了解成本项目的构成、成本的归集和分配的方法以及成本计算的基本原理，就不可能做好其他工作。从本章起，我们就开始讲述成本会计中的其他内容。由于这些内容在管理会计等课程中还要阐述，故这里仅作简单介绍。

通过本章学习，应该掌握如下内容：

（1）成本预测与成本决策的含义；

（2）成本预测的意义；

（3）成本预测与成本决策的基本程序；

（4）成本预测与成本决策的基本方法。

第一节　成本预测

一、成本预测的含义与意义

1. 成本预测的含义

随着生产日益社会化和现代化，企业规模不断扩大，工艺过程愈加复杂，生产过程中某一环节或者是某一短暂时期的生产耗费一旦失去控制，都有可能给企业造成无可挽回的经济损失。鉴于此，为了防止成本费用管理的失控现象，首先必须科学地预见生产耗费的趋势和程度，以便在此基础上采取有效措施，从而做好成本管理工作。

成本预测（Cost Forecasting），是根据历史成本资料、成本信息数据，结合目前技术经济条件、市场经济环境变化、企业发展目标以及可能采取的措施等内外因素，利用一定的科学方法，对未来成本水平及其变化趋势所进行的推测和估算。

成本预测是现代成本管理工作中的关键一环，是有计划地降低成本、提高企业经济效益的重要手段。成本预测的目的是为挖掘企业降低成本潜力指明方向，并作为计划期降低成本的决策依据，它是为成本决策服务的。通过成本预测，掌握未来的成本水平及其变动趋势，有助于减少决策的盲目性，使经营管理者易于选择最优方案，作出正确决策。

按预测的期限分，成本预测可以分为长期预测和短期预测。长期预测指对一年以上期间进行的预测，如三年或五年；短期预测指一年以下的预测，如按月、按季或按年。

成本预测的内容包括以下几个方面：

（1）预测本企业的目标成本水平及其实现目标成本的可能性。

（2）预测企业改变经营方向后，新投产产品的成本水平及在市场经济中的竞争力。

（3）预测企业劳动生产率提高幅度对企业产品成本水平的影响。

（4）预测社会宏观经济因素发展变化对企业成本水平的影响。

（5）预测企业内部经营管理加强对企业成本水平的影响。

为了做好企业成本管理工作，要树立企业全局观念，既要考虑企业成本升降的有利和不利因素，还要结合考虑产品质量、产品功能、生产安全、资源、市场等情况，全面衡量得失，始终着眼于提高企业整体的综合经济效益。

2. 成本预测的意义

做好成本预测工作，对于生产经营决策科学化，正确制订成本计划，为成本控制提供目标或者方向，改善经营管理，调动员工生产积极性，挖掘降低成本潜力，都具有十分重要的作用。具体来讲，成本预测的意义主要表现在以下几个方面：

（1）成本预测是增强企业竞争力和提高企业经济效益的重要手段。成本预测本身就是动员企业内部一切力量，用最少的人力、物力和财力来完成既定的目标成本的过程，它有利于目标成本和经济效益的实现。

（2）成本预测是正确进行成本决策的基础。成本决策是企业经营决策的核心，正确的成本决策应当以科学的预测为依据。要想使决策科学、合理，就必须根据客观条件，做好调查研究，从实际出发，系统掌握大量的成本资料，进行有效的成本预测。这样有助于对经营管理工作中未知因素作出科学的预测，为决策提供多种可行的方案，避免盲目性。

（3）成本预测是编制成本计划的依据。成本计划的编制必须有科学的依据，探索降低成本的途径，论证和评价各种方案、措施可能产生的经济效果，必须在成本预测的基础上，通过反复测算，确定产品成本水平，提供编制成本计划的科学依据。

（4）成本预测是降低产品成本的重要措施。通过成本预测，可以克服单纯事后分析的不足，帮助企业面向未来，以便发现影响成本降低的不利因素，最大限度地挖掘企业降低成本的潜力。

二、成本预测的基本程序

正确作出成本预测，首先必须要建立一套科学的成本预测程序。成本预测过程一般应当包括以下六个步骤：

1. 确定预测的目标

有目标，才能有目的地收集资料，选择预测方法，否则预测效果往往不显著。成本预测的目标，就是根据企业的总目标，通过预测目标成本，即一定时期内需努力达到的成本水平，寻求降低成本的途径。

2. 调查、收集和分析信息资料

根据确定的目标成本，广泛收集成本预测模型所需资料和数据是预测的第二步工作。由于预测涉及的因素较复杂，因此需要收集范围广泛的资料，同时还要对资料分析、筛选，以剔除虚假和偶然的因素。

3. 建立成本预测模型并进行预测

除了有资料以外，预测还需要建立成本预测的数学模型，对定性预测设定一些逻辑思维和推理程序，对定量预测将经济事件与各影响因素之间或各经济事件之间建立数量关系。成本预测就是将所收集的有关成本资料或变动因素置于模型之中，测算出成本可达到的水平，将此与目标成本比较，找出要达到成本目标的差距，这是进一步预测的基础。

4. 分析各影响因素，提出各种降低成本的方案

上一步骤是预测在不考虑特殊降低成本措施，在现有客观条件下可达的成本水平。发现与目标成本的差距后，就应分析各影响因素，并寻找降低成本途径，进行进一步的预测，以达到目标成本。

5. 分析预测误差，修正预测结果

数学模型不可能包括影响预测对象变化的全部复杂因素，这就需要采用定性分析方法，注意考虑数学模型未涵括在内的因素，对数学模型所作出的预测结果进行修正，使其结果更接近于实际，增加成本预测的准确性。

6. 提出成本方案

针对成本决策目标，将成本预测的多个备选方案的可计量资料分层归类，系统排列，编制成表。然后，将各种备选方案的成本资料逐一进行比较分析，权衡得失，选择最优方案供管理当局决策参考。

以上成本预测程序只是单个成本预测过程，而要达到最终确定的成本预测目标，必须将这种过程反复多次。也就是说，只有经过多次的预测、比较及对初步目标成本的修改完善，才能最终确定正式的成本目标，并按此目标进行成本管理。

三、成本预测的基本方法

成本预测方法种类繁多，按方法本身的性质划分，可以将成本预测方法分为定性分析法和定量分析法两大类。

1. 定性分析法

成本预测的定性分析法（Qualitative Analysis），是指成本预测人员根据个人实践经验和专业知识，依靠逻辑思维及综合分析能力，对产品成本的形成、发展趋势、可能达到的水平所作的分析和推断。也就是说，由熟悉情况和业务的专家根据过去的经验进行分析、判断，提出预测意见，或者通过实地调查的形式来了解成本耗用的实际情况，然后再通过一定形式（如座谈会、函询、调查征集意见等）进行综合，作为预测未来的主要依据。

由于定性预测法一般无须繁杂的技术测试，它通过预测者的经验和主观判断进行预测，因而又常被称为直观预测法。定性预测法的优点是简便，缺点是科学性差，主观臆断强。因此，这种方法一般在缺乏历史资料或有关变量缺乏明显数量关系时采用，尤其被更多地运用于中长期成本预测。采用定性预测方法进行预测时，要特别注意尊重客观实际，切忌主观武断。在实际工作中，该方法并不单独采用，通常是与定量分析法结合，以便对成本水平作出全面的预计和测算。

2．定量分析法

成本预测的定量分析法（Quantitative Analysis Method），是利用历史成本资料及成本与其影响因素之间的数量关系，通过一定的数字模型来推测、计算未来成本水平，借以充分揭示有关变量之间规律性的联系，以此作为预测的依据。这种方法适用于定量化的因素预测。一般有：①因果关系模型；②时间关系模型；③结构关系模型。

因果关系模型是利用数学方法描述预测目标与影响因素之间的函数关系，也就是建立成本 y 与影响因素 x 之间的某种函数关系 $y=f(x)$；时间关系模型是利用数学方法描述预测目标与时间过程之间的演变关系，也就是建立成本 y 与时间变量 t 之间的某种函数关系 $y=f(t)$；结构关系模型是通过因素之间相互依存的结构比例变化，预测成本的数值。

对成本进行预测分析一般采用因果预测分析法，即根据成本的历史数据，并按照成本的习性运用数理统计的方法来预测成本发展趋势。它的具体做法是将成本发展趋势用直线方程 y（总成本）$=a+bx$（产量）来表示。这里应该注意的是，作为预测根据历史成本资料所选用的时期，不宜过长，也不宜过短。由于市场经济形势发展太快，时期过长，则资料会失去可比性；时期过短，则不能反映出成本变动的趋势。通常以最近三至五年的资料为宜。另外，对历史资料中某些金额较大的偶然性费用，如材料、在产品、产成品的盘盈、盘亏等，应予以剔除。确定 a 和 b 的值通常有高低点法和回归分析法。

3．高低点法

高低点法（High and Low Point Method）是根据企业一定期间产品成本的历史资料，按照成本习性原理，求出一定时期历史资料中最高业务量的总成本与最低业务量的总成本之差（Δx）与最高最低业务量之差（Δy）的比值，确定为单位变动成本 b，然后再计算固定总成本额 a 的方法。其计算公式为：

$\because\ y=a+bx$

$\therefore\ \Delta y=b\cdot\Delta x$

则 $b=\dfrac{\Delta y}{\Delta x}=\dfrac{y_1-y_2}{x_1-x_2}$

再将已求出的 b 值代入最高点或最低点业务量的成本方程式，求出 a 的值，然后确定预测期的成本方程式，最后根据预计的产品生产量预测预计的产品总成本。

【例1】某企业1至6月份的成本与业务量的资料如表13－1。

表13－1

月　份	业务量（件）	总成本（元）
1	580	780
2	733	841
3	562	735
4	621	824
5	776	983
6	893	1 115

$$单位变动成本（b）=\frac{1\ 115-735}{893-562}=1.15（元）$$

将已求出的单位变动成本（b）代入最高点的方程式中求固定成本总额：

$$1\ 115=a+893\times1.15 \qquad a=88.05（元）$$

预测未来总成本方程式为：

$$y=88.05+1.15x$$

假设7月份的预计产品生产量为800件，则：

$$产品总成本=88.05+800\times1.15=1\ 008.05（元）$$

高低点法是一种简易的成本预测方法，在产品成本的变动趋势比较稳定的情况下采用比较适宜。如果企业的各期成本变动幅度较大，采用此法则会影响成本预测的准确性。

4. 回归分析法

回归分析法（Regression Analysis），也叫最小平方法，是用来测出一条直线，使之能最适合于一组数据点。因为回归程序使用全部数据点，所以其产生的估计数比仅用高低点法确定的估计数具有更为广泛的基础。

在经济预测中，常用的是一元线性回归分析，即处理一个自变量 x 和一个因变量 y 之间线性关系的方法。

为成本估计获取回归估计资料是最重要的一步，即在影响成本的作业和估计成本之间，建立一组逻辑关系。这些作业可以称之为回归方程式的预计因素，自变量（x），拟予估计的成本为回归方程式的因变量（y）。成本会计人员的任务就在于确定作业水平与成本是否有逻辑关系。

成本的一元线性方程为：

$$y=a+bx$$

将 n 个方程两边分别累计相加得一个方程，然后将方程两边乘以 x 后再累计相加得一组二元一次方程：

$$\sum y=na+b\sum x \qquad ①$$
$$\sum xy=a\sum x+b\sum x^2 \qquad ②$$

解二元一次方程得：

$$a=\frac{\sum y-b\sum x}{n}$$

$$b=\frac{n\sum xy-\sum x\sum y}{n\sum x^2-\left(\sum x\right)^2}$$

【例2】现将【例1】的资料归纳，如表13－2。

表13－2

月　份	产量（x）	总成本（y）	xy	x^2
1	580	780	452 400	336 400
2	733	841	616 453	537 289
3	562	735	413 070	315 844
4	621	824	511 704	385 641
5	776	983	762 808	602 176
6	893	1 115	995 695	797 449
$n=6$	$\sum x=4\ 165$	$\sum y=5\ 278$	$\sum xy=3\ 752\ 130$	$\sum x^2=2\ 974\ 799$

$$b=\frac{6\times 3\ 752\ 130-4\ 165\times 5\ 278}{6\times 2\ 974\ 799-(4\ 165)^2}=1.06$$

$$a=\frac{5\ 278-1.06\times 4\ 165}{6}=143.85$$

预测成本的一元线性方程为：

$$y=143.85+1.06x$$

假设7月份的预计产品生产量为800件，则：

$$\text{产品总成本额}=143.85+1.06\times 800=991.85\ (\text{元})$$

需要说明的是，定性分析法和定量分析法是相互补充、相辅相成的。定量分析虽较准确，但并非所有因素都可以量化，这就需要定性分析。而定性分析虽然可将非计量因素加以考虑，但凭主观判断，准确度不够高。所以在实际工作中，应将这两种方法结合起来应用。

第二节　成本决策

一、成本决策的含义和意义

成本决策（Cost Decision）是指为了实现成本管理的预定目标，根据客观可能性，按照科学的方法进行计算、分析和判断，从各种成本的备选方案中选定一个最佳方案的过程，目的是为了不断降低成本。要进行成本决策，必须要有明确的决策目标，有两个或两个以上的备选方案及最佳方案的选择标准。

决策的关键是最佳方案的选择标准。这个标准一般有两个，即有效性和经济性。有效性是指方案的实现是合理的、可行的；经济性是指方案对有限的资源做到合理利用，以最少的消耗取得尽可能大的经济效果。有效性是前提，经济性是关键。

二、成本决策的基本程序

决策者要作出正确的决策，必须遵循正确的决策程序。成本决策包括四个基本步骤：

1．确定成本决策目标

在科学合理预测的基础上，根据企业的内部条件和外部环境，确定目标成本，目标成本是进行成本决策的总目标。只有明确了决策目标，才能避免决策的失误。

2．拟订备选方案

收集有关资料，并对这些资料进行认真的分析研究，提出实现目标成本的各种备选方案。首先要分析和研究目标实现的外部因素和内部条件。在此基础上，将外部环境和内部环境的各种有利和不利条件，同决策事物未来趋势和发展状况的各种估计进行排列组合，拟定出两个以上的备选方案，并计算相关联的成本和收入等资料数据。

3．评价备选方案

备选方案拟订以后，接着便是对备选方案进行评价和全面权衡。首先，建立一套有助于指导和检验判断正确性的决策原则，再根据可行性（包括技术可行性、经济可行性和社会可行性）、满意程度和可能产生的后果，比较哪一个方案更有利。

4．实施决策方案并进行追踪评价

一旦作出决策，就要予以实施。在决策执行过程中及时收集有关信息，将决策中不符合实际情况的信息及时反馈到有关部门，修正原来的决策，以保证决策的顺利实施。

三、成本决策的基本方法

成本决策所采用的专门方法，因决策的具体内容和掌握的资料的不同而有所差异，主要有差异成本法和机会成本法。

1．差异成本法

差异成本法，也称为差别成本法或差额成本法，是根据决策过程中计算不同方案的成本水平，确定差别成本，从中选择成本最低的方案作为最优方案的方法。差异成本法适用于同时涉及成本和收入的两个不同方案的决策分析，常常通过编制差量损益分析表进行分析。

【例3】某产品由A、B、C三个部件装配而成，装配费用为800元，这三个部件可选择自制、外购和委托加工三种方法完成。试比较三种方法的成本水平，并进行成本决策。

三个部件全部自制，其总成本为5 000元，其中A部件2 600元，B部件1 400元，C部件1 000元。

三个部件全部外购，其总成本为4 900元，其中A部件2 700元，B部件1 300元，C部件900元。

三个部件全部委托加工，其总成本为5 100元，其中A部件2 800元，B部件1 200元，C部件1 100元。

根据上述资料，可列表比较各方案的成本，如表 13－3。

表 13－3

部件名称	备选方案			决　策	
	自　制	外　购	委托加工	最优方案	成　本
A	2 600	2 700	2 800	自　制	2 600
B	1 400	1 300	1 200	委托加工	1 200
C	1 000	900	1 100	外　购	900

最优方案的部件总成本＝2 600＋1 200＋900＝4 700（元）

产品总成本＝最优方案的部件总成本＋装配成本＝4 700＋800＝5 500（元）

2．机会成本法

机会成本是用来优化有限资源的一种重要成本决策方法。在企业决策过程中，因放弃某项备选方案而可能失去的收益，或被放弃方案可能产生的收益，称为已选方案的机会成本。

企业在选择各种备选方案时，由于资源的限制，用此即不能用彼，只能选择一个最优方案（备选方案为互斥），这时必须要放弃次优方案。那个被放弃的次优方案可能产生的收益，应当视为选择最优方案的一种成本。将最优方案所要发生的其他成本与机会成本一并考虑，才能对决策方案的经济效益作出全面评价。尽管这种机会成本并没有实际发生货币支付，但它因选择最优方案而失去了选择次优方案的机会。

【例 4】某投资者可以将资金投放于 A 方案，可取得年投资报酬率 5%，但这位投资者却将其资金投放于 B 方案，取得年投资报酬率 4%。

如果不考虑机会成本，该投资者的投资似乎没有失误，因为该投资者觉得他的投资取得了 4% 的报酬率，获得了收益。但如果考虑机会成本，该位投资者的决策就是失误了。虽然该投资者名义上没有发生亏损，但实际上是亏损了 1%（4% －5% ＝ －1%）。

因此，考虑机会成本能够正确评价投资决策的优劣，有利于投资者作出正确、合理、有效的投资决策。

本章小结

1．成本预测是根据历史成本资料、成本信息数据，结合目前技术经济条件，市场经济环境变化，企业发展目标以及可能采取的措施等内外因素，利用一定的科学方法，对未来成本水平及其变化趋势所进行的推测和估算。

2．成本预测的意义：①成本预测是增强企业竞争力和提高企业经济效益的重要手段；②成本预测是正确进行成本决策的基础；③成本预测是编制成本计划的依据；④成本预测是降低产品成本的重要措施。

3．成本预测的基本程序：①确定预测的目标；②调查、收集和分析信息资料；③建立成本预测模型并进行预测；④分析各因素影响，提出各种降低成本的方案；⑤分析预测误差，修正预测结果；⑥提出成本方案。

4. 成本预测的基本方法：①定性分析法；②定量分析法。

5. 成本决策（Cost Decision）是指为了实现成本管理的预定目标，根据客观可能性，按照科学的方法进行计算、分析和判断，从各种成本的备选方案中选定一个最佳方案的过程，目的是为了不断降低成本。

6. 成本决策的基本程序：①确定成本决策目标；②拟定备选方案；③评价备选方案；④实施决策方案并进行追踪评价。

7. 成本决策的基本方法：①差异成本法；②机会成本法。

主要名词

成本预测　成本决策　定量分析法　定性分析法　高低点法　回归分析法　差异成本法　机会成本法

练习与思考

一、单选题

1. 成本决策的基本方法不包括（　　）。

A. 差异分析法　　B. 差额成本法

C. 机会成本法　　D. 回归分析法

2. 在运用历史资料进行成本预测时，必须先算出 a，才能得到 b 的是（　　）。

A. 直接分析法　　B. 高低点法

C. 散布图法　　D. 回归分析法

3. 在运用高低点法进行成本预测时，选择高点坐标的依据是（　　）。

A. 最高业务量　　B. 最高成本

C. 最高的业务量和最高的成本　　D. 最高的业务量或最高的成本

4. 在成本预测的以下方法中，预测结果最为精确的是（　　）。

A. 直接分析法　　B. 高低点法

C. 散布图法　　D. 回归分析法

5. 成本管理的基础环节是（　　）。

A. 成本预测　　B. 成本决策　　C. 成本核算　　D. 成本计划

6. 产品定价决策中，常常考虑（　　）。

A. 机会成本　　B. 差量成本　　C. 重置成本　　D. 历史成本

二、多选题

1. 按预测的期限，成本预测可以分为（　　）。

A. 事前预测　　B. 长期预测　　C. 事中预测　　D. 短期预测

2. 成本预测里面，定量分析法下的模型有（　　）。

A. 因果关系模型　　B. 结构关系模型

C. 时间关系模型　　　　D. 短期预测模型

3. 下列属因果预测法的有（　　）。

A. 投入产生法　　　　B. 一元线性回归法

C. 本量利分析法　　　　D. 多元线性回归法

4. 成本预测方法种类繁多，按（　　）划分，可以将成本预测方法分为定性分析法和定量分析法两大类。

A. 预测内容　　　　B. 方法本身的内容

C. 方法本身的性质　　　　D. 预测的期限

三、判断题

1. 机会成本不实际支出，也不记入企业的会计账册，所以在成本决策中可以不考虑。（　　）

2. 通过比较有关备选方案的差异成本，就可直接评价项目经济性的优劣，并据以从中择优。（　　）

3. 成本决策不能主观臆断，应由企业高层领导说了算。（　　）

4. 成本预测定量分析法借助一些数字模型来推测，计算未来成本水平，结果很准确，不需与定性分析法结合使用。（　　）

5. 成本决策是成本预测的基础，是为成本预测服务的。（　　）

6. 成本核算是成本管理的基础环节。（　　）

7. 进行成本预测首先必须提出预测目标，才能有目的地收集资料，选择预测方法。（　　）

四、简答题

1. 什么是产品成本预测？为什么要进行成本预测？

2. 成本预测的基本步骤有哪些？要采用什么方法？

3. 什么是产品成本决策？成本决策的基本程序是什么？

五、计算题

1. 某企业甲产品 1—8 月份产品业务量和总成本资料如下表所示：

月　份	业务量（件）	总成本（元）
1	38	550
2	46	690
3	48	715
4	37	520
5	40	588
6	42	615
7	43	628
8	39	570

要求：

（1）假设9月份业务量为45，采用高低点法预测9月份的总成本。

（2）假设9月份业务量为45，采用回归分析法预测9月份的总成本。

2．某产品由A、B、C三个部件装配而成，装配费用为2 000元，这三个部件可选择自制、外购和委托加工三种方法完成。试比较三种方法的成本水平，并进行成本决策。

部件名称	备选方案			决策	
	自制	外购	委托加工	最优方案	成本
A	2 500	2 700	2 800	自制	2 500
B	1 300	1 200	1 100	委托加工	1 100
C	1 100	900	1 100	外购	900

第十四章　成本计划

成本计划（Planning of Cost）是企业生产经营总预算的重要组成部分，它以货币形式规定企业在计划期内产品生产耗费和各种产品的成本水平及相应的成本降低水平和为此采取主要措施的书面方案。它属于成本的事前管理，是企业生产经营管理的重要组成部分，是企业整体预算的主要中间环节。所以做好成本计划对企业的经营管理具有重要的意义。

通过本章学习，应该掌握如下内容：

（1）成本计划的概念和意义；

（2）成本计划的内容；

（3）成本计划的编制原则和编制程序；

（4）成本计划编制的基本方法。

第一节　成本计划概述

一、成本计划的概念和意义

成本计划是指在成本预测和成本决策的基础上，以货币形式规划企业计划年度的生产经营费用和产品成本水平，确定企业可比产品成本降低额和降低率，并且制订企业降低成本的具体措施。成本计划表明了如何在现有的生产经营条件下，使成本水平符合目标成本的预测要求，以及为达到此目的，企业在生产经营活动中应采取哪些具体部署和安排，它既是企业计划管理的有机组成部分，又是企业生产、财务计划的重要组成部分。

正确编制成本计划具有如下重要意义：

1. 编制成本计划是企业组织全体职工确定成本目标，不断降低成本的重要手段

成本计划是为实现企业目标而制订的，是一种确保目标成本落实和具体化的程序，它促使组织经济有效地实现目标。一个企业如果没有成本计划，在生产中究竟应该支出多少生产费用，产品成本究竟达到什么水平，必然心中无数。因此，我们要编制成本计划，为广大职工树立降低成本的具体目标，组织动员职工，为降低成本而努力。

2. 编制成本计划，为成本控制、成本分析和成本考核提供了重要的依据

企业编制成本计划，可以把成本降低目标落实到车间和有关职能部门，实行成本指标归口分级责任管理，从而使各责任部门和个人明确自己的成本责任，并以此作为在日常生产活动中对生产费用进行控制、监督和事后成本分析和考核的依据。

3. 编制成本计划是编制其他计划的依据

企业的整体预算是从销售预算开始，最终流向预计收益表和预计现金流量表，而成本计划是主要的中间环节。编制成本计划，能促使企业考虑技术与经济结合，功能与成本配合，在保证质量的前提下降低成本，在优化成本的基础上提高质量。同时，由于成本的高低直接影响着企业利润水平和资金占用额，因此，企业应以成本计划为基础，编制利润计划、资金计划等其他财务计划。可以说，没有成本计划，企业整个生产经营计划的优化就无从谈起。

由此可知，正确编制成本计划是企业加强计划管理的重要环节，是调动职工节约开支，降低成本积极性的重要手段，是进行成本控制、分析和考核的依据，是编制企业其他计划的基础。

二、成本计划的内容

成本计划的具体内容一般包括如下几个方面：

1. 全部产品成本计划

全部产品成本计划反映企业在计划期内生产的全部商品产品总成本水平，在编制过程中又可以分为两种类型：一是按产品品别（可比产品和不可比产品或甲、乙、丙产品）反映的全部产品成本计划；二是按产品成本项目反映的全部产品成本计划。前者的作用在于反映各种可比产品的成本降低情况和企业全部可比产品成本的降低情况。由于此计划还反映了其他不可比产品的成本情况，因此，通过此计划可以看出整个企业的成本水平。后者的作用在于了解企业全部产品成本项目的结构情况，便于分析企业产品成本项目的结构变动趋势。

2. 主要产品单位成本计划

当企业产品品种较多时，企业无法对每一种产品成本都编制计划，一般选择几种主要产品编制计划。主要产品单位成本计划是按每一主要产品分别编制的单位成本计划。它除了按成本项目反映单位产品的计划成本外，还要反映直接材料、直接燃料和动力的消耗定额及工时消耗定额，它反映了每一主要产品各成本项目及其结构情况。

3. 制造费用预算

产品成本项目中直接费用的性质比较单一，但制造费用属于综合性间接费用，它既包括固定资产折旧等固定性费用，也包括销售费用等变动性费用，还包括一些混合性费用，如修理费。为了编制全部产品成本计划和主要产品单位成本计划，控制制造费用的支出，需要制定制造费用的预算。制造费用预算一般是按费用项目，并依据费用与业务量的关系编制的。

4. 经营管理费用预算

经营管理费用又称为期间费用，它包括直接计入当期损益的产品销售费用、管理费用和财务费用。这些费用同样属于成本会计的对象，影响企业的经济效益，因而需要按费用项目编制经营管理费用预算。

5. 降低成本的有关措施

完整的成本计划不仅仅是单纯的成本计划，还包括执行计划的具体措施。这些措施主要是企业在计划年度降低成本的具体方法和途径，反映成本降低的项目、内容，降低的数额及产生的效益，如产品产量计划增长多少、劳动生产率提高多少、材料耗用量节约多少、各项费用压缩多少等。

三、成本计划的编制原则

企业编制成本计划时，需遵循的原则有如下几个方面：

1. 效益原则

成本计划的编制，要实行统一领导、分级管理的原则，要尽量吸收计划执行者参与，调动一切降低成本的积极性。成本计划只有动员全体职工一起来编制，才能发挥他们的创造性，调动他们的积极性，才能使成本计划更科学、更先进、更合理、更切实可行。

2. 先进合理原则

成本计划的编制既要先进合理，又要切实可行。企业各项定额都是编制成本计划的基础。企业编制成本计划一定要以先进合理的技术经济定额为依据，并有具体的措施保证，才能保证成本计划的科学性、可行性，才能保证成本计划既是职工努力奋斗的目标，又是经过努力可以完成的任务。

3. 可比性原则

编制成本计划要严格遵守成本开支范围，保持成本计划与成本核算的口径一致。成本开支范围是指国家已经规定哪些应该计入成本，哪些不应该计入成本。企业编制成本计划时，应严格按照成本开支范围的规定，划分应该或不应该计入成本的费用界限。

4. 系统性原则

成本计划的编制必须同其他计划的编制密切衔接，相互协调。因为成本计划是编制其他成本计划的依据，只有在编制成本计划时，考虑到与其他计划的关系，反复地进行综合平衡，才能推动和促进各部门改进工作，适应降低成本的要求，采取有效措施，把各项计划制订得既先进，又合理。

5. 弹性原则

成本计划要有充分的预见性，这就要求成本计划建立在科学的成本预测基础上。可是，无论怎样的科学预测，总会有较大的不确定性，这是因为在计划期内，企业内部和外部的条件都会发生各种变化，因而要求在成本计划指标上适当留有余地，当外部情况发生比较大的改变时使得计划较快得到调整。

四、成本计划的编制程序

编制成本计划的程序因企业的规模、经营管理要求的差别有所不同。如果企业规模小，产品品种不多，企业采用一级成本核算，则车间不编制成本计划，只由厂部集中编制成本计划。如果企业规模较大，企业采用两级成本核算，则应先由车间编制半成品或产品成本计划，再由厂部编制汇总的全厂成本计划。成本计划的编制程序一般可分为如下几步：

1. 收集和整理有关资料

收集和整理资料是成本计划的基础工作。主要收集的资料有：①各项成本降低指标及有关的各项规定；②计划期内有关生产、技术、劳动工资、材料物资、销售市场及综合利用和“三废”处理等方面的资料；③计划期内各种直接材料的消耗定额和直接人工的工时定额；④历史最好年份的成本资料和上年实际成本水平及上年成本计划执行情况、上年成本变动的具体原因；⑤国内外同类型企业及本企业上期产品成本的有关资料；⑥计划期内本企业有关产品价格、费用、工资的增长情况和厂内各项费用开支标准及有关规定等。

2. 根据成本决策的成本目标，进行指标测算

财务部门应根据其他计划，特别是利润计划的要求，在对上期成本计划完成情况分析的基础上，考虑计划期各种因素的变化和增产节约的措施，进行反复测算，确定计划期的目标成本。然后对能否实现、怎样实现这一目标进行指标测算。我们需要对每一项因素进行测算，确定各因素变动对成本降低的影响，检查是否能达到目标成本的要求。

3. 各车间、部门编制成本计划及费用预算

实行分级管理的企业，各车间在厂部下达成本控制指标后，应结合其他有关计划和定额资料，挖掘潜力，制定出具体措施，编制车间成本计划上报厂部。各职能部门也应该认真讨论厂部下达的费用预算控制指标，拟定技术经济指标和费用节约措施，编制具体的费用预算上报厂部。

4. 厂部综合平衡后，编制全厂成本计划

一方面，企业对各单位编制上报的成本计划和费用预算进行全厂的综合平衡，使其与企业总的成本目标相一致；另一方面，企业高水平检查各单位的成本计划和各部门的费用预算与企业其他计划是否相互衔接，有无矛盾。厂部经过多次、多方面的综合平衡后，编制正式的成本计划，报经厂领导批准后再下达给各职能部门和车间执行。

实行一级成本核算的企业，其编制成本计划的程序如图 14 – 1 所示。

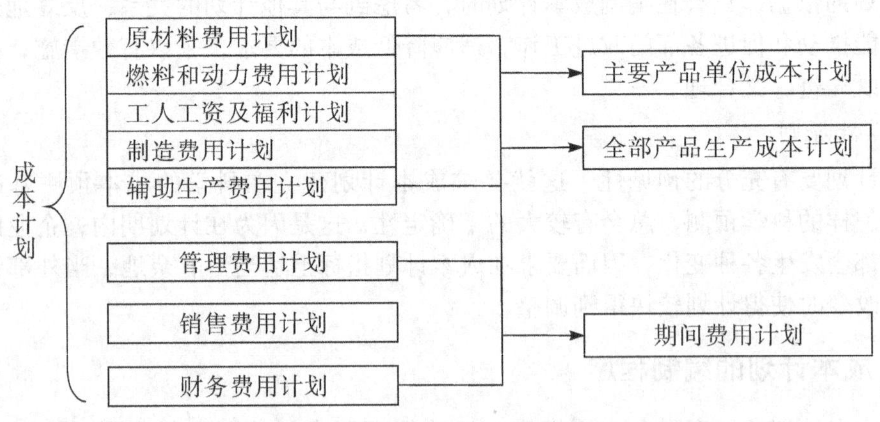

图 14 – 1 编制成本计划的程序

大中型企业，实行分级成本核算，应先由各车间根据财务部门下达的成本控制指标，编制车间成本计划，然后由财务部门汇总编制全厂的成本计划。

五、编制费用预算的方法

按预算的编制基础不同，我们可以把费用预算的编制方法分为固定预算、弹性预算和以作业为基础的预算三种。

1. 固定预算

固定预算（Fixed Budget）又叫静态预算，是按计划期内预定的某种业务水平确定一个固定费用数额的方法。传统的费用预算大多采用固定预算，其预算额一般是厂部按经验提出来的。固定预算法适用于与日常业务量无关或关系不大的费用预算，如管理费用中的各种费用。

固定预算方法存在两个缺陷：

一是过于机械呆板。因为编制预算的业务量基础是事先假定的某个业务量，即使预算期内业务量水平发生了变动，都只按事先确定的那一个业务量水平作为编制预算的基础。

二是可比性差，这是该方法的致命缺点。在实际情况中，由于市场行情的变化或者季节性等原因，各月份的实际业务水平常常与预算产生差异，致使有关预算指标的实际数与预算数因业务量基础不同而失去可比性，无法准确地评价和考核费用预算的执行情况，从而也难以对其实施预算控制。因此，为了预算控制的有效性，就有必要编制弹性预算。

2. 弹性预算

弹性预算（Flexible Budget），又称变动预算或滑动预算，是为了克服固定预算的缺陷而设计的，是指在编制费用预算时，考虑到计划期间业务量可能发生的变动，编制一套适应多种业务量的费用预算，以便分别反映在各种业务量的情况下所应开支的费用水平。由于这种预算是随业务量的变化作机动调整，本身具有弹性，故称为弹性预算。

采用弹性预算对原静态预算作调整的基本原理是这样的：由于制造费用和销售费用预算中均包括变动费用与固定费用两大部分，按照它们的成本习性，在相关范围内，固定费用一般是不随业务量的增减而变动的，因此原费用中固定费用与变动费用的关系即为：

$$Y = A + BX$$

A 为固定费用，B 为单位变动费用。

应该注意的是，由于实际工作中有许多费用项目属于半变动费用或半固定费用，因此需要应用上述调整原理对每个费用子目逐一进行分析计算，并据以编制出一套能适应多种不同业务量水平的费用预算。

弹性预算有两个显著的优点，它分别对应了固定预算的两个不足：

一是预算范围宽。弹性预算能够反映预算期相关范围内多种业务量水平相对应的不同预算额，从而扩大了预算的适用范围，便于预算指标的调整。

二是可比性强。在预算期内，可以将实际指标与实际业务量相应的预算额进行对比，从而使对预算执行情况的评价与考核建立在更加客观和可比的基础之上，便于更好地发挥预算的控制作用。

【例 1】表 14－1 所列的是 W 公司 2010 年制造费用弹性指标。

表 14－1　制造费用弹性指标

直接人工工时：33 200—45 600 小时

项　目	a	b	项　目	a	b
管理人员工资	9 500		辅助材料	2 150	0.22
保险费	3 800		燃　料		0.06
设备租金	5 660		辅助工资		0.75
维修费	2 650	0.32	检验员工资	400	0.03
水　费	600	0.21	其　他	200	

根据以上资料可以随时计算出某一业务量的费用总额。假设业务量为 42 000 小时，则计算制造费用预算如下：

$$
\begin{aligned}
\text{制造费用} &= 9\,500+3\,800+5\,660+2\,650+600+2\,150+400+200+42\,000\times \\
&\quad (0.32+0.21+0.22+0.06+0.75+0.03) \\
&= 24\,960+42\,000\times 1.59=91\,740\ (\text{元})
\end{aligned}
$$

可以采用列表法，在相关范围内每隔一定业务量间隔计算相关数值预算编制弹性预算表，如表 14－2 所示。

表 14－2　制造费用弹性预算表

单位：元

直接人工工时	33 200	34 750	36 300	…	42 500	44 050	45 600
生产能力利用	70%	75%	80%	…	100%	105%	110%
变动成本项目	26 892	28 147.5	29 403	…	34 425	35 680.5	36 936
燃　油	1 992	2 085	2 178		2 550	2 643	2 736
辅助工人工资	24 900	26 062.5	27 225		31 875	33 037.5	34 200
混合成本项目	34 672	32 905	34 114	…	38 950	40 159	41 368
辅助材料	9 454	9 795	10 136		11 500	11 841	12 182
维修费	16 250	13 770	14 266		16 250	16 746	17 242
检验人员工资	1 396	1 442.5	1 489		1 675	1 721.5	1 768
水　费	7 572	7 897.5	8 223		9 525	9 850.5	10 176
固定成本项目	18 960	18 960	18 960	…	18 960	18 960	18 960
管理人员工资	9 500	9 500	9 500		9 500	9 500	9 500
保险费	3 800	3 800	3 800		3 800	3 800	3 800
设备租金	5 660	5 660	5 660		5 660	5 660	5 660
制造费用预算额	80 524	80 012.5	82 477	…	92 335	94 799.5	97 264

3. 以作业为基础的预算

弹性预算将收入和费用分为与产出有关和与产出无关两类，这里隐含的假设是产出是同质的，生产的过程也是重复的，但实际上，许多企业的产品已经越来越多样化，生产过程也越来越复杂，这意味着作业成本的发生有着更丰富的动因。因此，以作业为基础的预算越来越引起人们的关注。

按照编制的参照不同，预算可分为增量预算和零基预算。

（1）增量预算。

增量预算是指以基期成本费用水平为基础，结合预算期业务量水平及有关降低成本的措施，通过调整有关原有费用项目而编制预算的方法。

增量预算的不足有三：

一是受原有费用项目的限制，可能导致保护落后。由于按这种方法编制预算，往往不加分析地保留或接受原有的成本费用项目，可能使原有不合理的费用开支继续存在，造成预算上的浪费。

二是滋长预算中的平均主义和简单化。采用此法容易鼓励预算编制人员凭主观臆断按成本项目平均削减预算或只增不减，不利于调动各部门降低成本和费用的积极性。

三是不利于企业未来的发展。按照这种方法编制的预算，对于那些未来实际需要开支的项目可能因没有考虑未来情况的变化而造成预算不足。

【例2】某企业基年的管理费用实际发生 700 000 元，预计计划年度因扩大业务量需要增加 10% 的费用。

$$\text{计划年度管理预算} = 700\,000 \times (1 + 10\%) = 770\,000\ (\text{元})$$

此预算并没有考虑基年管理费用开支中是否存在不必要的开支，而是在基年开支的基础上一律增加 5%。如果基年存在不合理的开支，这就意味着计划年度不必要的开支也增加了 5%，这就会造成管理费用的浪费，不利于企业加强成本费用的控制与节约。

（2）零基预算。

零基预算全称为以零为基础编制计划或预算的方法（Zero-base Planning and Budgeting），零基预算是为了弥补增量预算的不足而商讨的一种预算方法。

零基预算法的基本原理是：对于任何一个预算期，任何一种费用项目的开支数，不考虑基期的费用开支项目和费用开支水平，一切以零为起点（零项目、零金额），从实际需要与可能出发，逐项审议预算期内各项费用的内容及其开支标准是否合理，在综合平衡的基础上，考虑各个费用项目的必要性及其规模确定其所需费用数额。

零基预算的基本步骤为：

① 要求各部门根据本企业计划期间的战略目标和各该部门的具体任务，确定计划期间内需要发生哪些费用项目，并对每一费用项目编写一套方案，在方案中必须详细说明提出项目的目的、性质、作用，以及需要开支的数额。

② 对每一费用项目进行“成本与效益分析”，将其所费与所得进行对比，用来对各个费用开支方案进行评价。然后，把各个费用开支方案在权衡轻重缓急的基础上，分成若干层次，排出费用开支的先后顺序。

③ 按照上一步骤所定的层次与顺序结合计划期间可动用的资金，分配资金，落实预算。

④ 编制并执行预算。资金分配方案确定后，就制定零基预算正式稿，经批准后下达

执行。执行中遇有偏离预算的地方要及时纠正，遇有特殊情况要及时修正，遇有预算本身问题要找出原因，总结经验加以提高。

采用零基预算法，是以零为起点来观察分析一切生产经营活动，它不存在现存的费用预算开支项目。因此，编制零基预算的工作量比较大。但是，零基预算不受现行预算的束缚，能充分调动各级管理人员的积极性和创造性，而且还能促使各基层合理开支，尽量节约。

第二节　成本计划的编制

一、成本降低指标的测算

成本降低指标的测算，主要是对企业可比产品成本降低率和降低额进行测算。因为只有可比产品才能确定其计划成本比上年成本降低多少。成本降低指标的测算是编制成本计划的一个重要步骤，也是挖掘企业内部潜力，努力降低产品成本的一个重要手段。

由于各工业企业生产特点和管理工作基础的不同，成本降低指标测算的具体方法也不一样。但一般步骤有：①计算上年全年预计平均单位成本；②确定各项主要因素的影响程度；③综合测算计划年度可比产品成本降低率和降低额。

1. 计算上年全年预计平均单位成本

企业计划年度可比产品成本降低任务是指计划年度可比产品的计划成本比上年全年平均成本降低的数额和幅度，即通常所说的可比产品成本计划降低额和计划降低率。

$$\text{可比产品成本计划降低额}=\sum(\text{计划产量}\times\text{上年平均单位成本})-\sum(\text{计划单位成本}\times\text{计划产量})$$

$$\text{可比产品成本计划降低率}=\frac{\text{可比产品成本计划降低额}}{\sum\text{计划产量}\times\text{上年平均单位成本}}\times100\%$$

为了进行成本指标的试算平衡，首先就必须正确确定上年可比产品平均单位成本。由于成本计划是在上年第四季度初编制的，所以上年第四季度的平均单位成本需进行预计。上年预计平均单位成本的计算公式为：

$$\text{上年预计平均单位成本}=\frac{1-3\text{季度实际总成本}+\text{第4季度预计产量}\times\text{第4季度预计单位成本}}{1-3\text{季度实际产量}+\text{第4季度预计产量}}$$

上式中第四季度的产量和成本都是预计数字，通常是根据原定的第4季度计划产量和计划单位成本，并考虑到计划可能完成的程度加以预计。由于劳动生产率的提高和物资消耗定额的下降，同时，第4季度往往是一年生产任务较大的几个月份，单位产品的固定费用也随之相应下降，所以，第4季度预计单位成本应该较以前月份的单位成本略低。

2. 确定各项主要因素的影响程度

影响企业产品成本的因素很多，在试算平衡过程中，不宜过多、过细地去全面预算各种因素的影响，应抓住重点因素进行试算。一般来说，主要考虑产量的调整，劳动生产率的变化，材料用量、燃料用量的调整及价格的变化，工资水平及制造费用水平的变化和废品损失的变动等因素。

各因素变动对成本降低率的影响，是各因素本身的变动率与上年各因素数额占产品成本的比重之积，其计算公式为：

$$\text{各因素变动对产品成本降低率的影响} = \sum\left(\text{各因素本身变动率} \times \text{上年各成本项目占产品成本比重}\right)$$

（1）直接材料费用变动对单位产品成本的影响。

产品成本中直接材料费用的大小，主要受两个因素的影响：一是材料消耗量的高低；二是材料价格的变动。它们对成本降低率的影响计算公式如下：

① 直接材料数量差异，即材料消耗定额变动影响成本降低率为：

$$\text{原材料消耗定额升降率} \times \text{上年材料费用占产品成本的比重}$$

② 直接材料价格差异，即材料价格变动影响单位产品成本降低率为：

$$(1-\text{原材料消耗定额升降率}) \times \text{原材料价格升降率} \times \text{上年材料费用占产品成本的比重}$$

将以上两个公式合并成一个公式计算材料消耗定额和价格变动影响单位产品成本降低率为：

$$[1-(1-\text{原材料消耗定额升降率})(1 \pm \text{原材料消耗定额升降率})] \times \text{上年材料费用占产品成本的比重}$$

（2）直接人工费用变动对成本的影响。

在产品成本中，人工费用的大小主要受企业劳动生产率和人均工资两个因素的影响。劳动生产率提高（下降）会减少（增加）单位产品人工费用，人均工资的提高（下降）会增加（减少）单位产品工资费用。所以，当劳动生产率的提高速度超过人均工资的增长速度时，就可以节约产品成本中的工资费用，从而降低单位产品成本。

① 直接人工效率差异，即劳动生产率变动影响单位产品成本降低率为：

$$\left(1-\frac{1}{1+\text{劳动生产率变动}}\right) \times \text{上年直接人工占产品成本的比重}$$

② 直接人工工资率差异，即人均工资变动影响单位产品成本降低率为：

$$\frac{\text{人均工资变动率}}{1+\text{劳动生产率变动率}} \times \text{上年直接工资占产品成本的比重}$$

将以上两个公式合并为一个公式计算人均工资和劳动生产率变动对单位产品成本降低率的影响为：

$$\left(1-\frac{1+\text{人均工资变动率}}{1+\text{劳动生产率变动}}\right) \times \text{上年直接工资占产品成本的比重}$$

(3) 制造费用变动对产品成本的影响。

单位产品成本中制造费用的大小，主要受产品产量和制造费用总额两个因素的影响。在制造费用中，有一部分费用属于固定性制造费用，如车间管理人员的工资、办公费用、差旅费用等，它的总额不受产品产量的影响；有一部分费用属于半变动费用，如运输费用、低值易耗品摊销等，它的变动幅度如果低于产品产量的变动幅度，会对产品单位成本降低产生有利的影响，反之为不利的影响。

产品产量增长对单位产品成本降低率的影响为：

$$\left(1-\frac{1}{1+\text{产品产量增长率}}\right)\times\text{上年制造费用占产品成本的比重}$$

制造费用总额的变动对单位产品成本降价率的影响为：

$$\frac{\text{制造费用增长率}}{1+\text{产品产量增长}}\times\text{上年制造费用占产品成本的比重}$$

将以上两个公式合并为一个公式计算产品产量和制造费用总额变动对单位产品成本降低率的影响为：

$$\left(1-\frac{1+\text{制造费用增长率}}{1+\text{产品产量增长率}}\right)\times\text{上年制造费用占产品成本的比重}$$

(4) 废品损失变动对单位产品成本降低率的影响。

产品成本中的废品损失，是指因企业生产过程中出现的废品而发生的应由合格品负担的生产费用。它包括不可修复废品的净损失和可修复废品的修复费。

废品损失变动对单位产品成本降低率的影响为：

$$\text{单位产品废品损失降低率}\times\text{上年废品损失占产品成本的比重}$$

二、编制成本计划的方法

大中型企业一般实行分级核算，在编制成本计划时，一般由各车间根据财务部门下达的控制指标，编制车间成本计划，再由财务部门汇总编制全厂成本计划，这种成本计划的编制方法叫做分级编制法。在这种方式下，大体上可以分为五个步骤：①编制辅助生产车间成本计划；②编制基本生产成本计划；③编制主要产品单位成本计划；④编制各职能部门的费用预算；⑤编制全部产品成本计划。

1. 编制辅助生产成本计划

辅助生产车间发生的费用要按一定的方法分配到各受益单位产品成本或费用计划中去。因此，编制成本计划，首先应编制辅助生产成本计划。由于辅助生产车间提供的产品或劳务各不相同，应分别编制各辅助生产车间的成本计划。其编制步骤大致可分为如下两个：

(1) 编制辅助生产费用发生的计划。各项费用一般按成本项目编制，同时还需要按费用要素来反映，这种采用棋盘式对应表的格式，既可以用来确定辅助生产的产品或劳务成本，又可以满足编制生产费用预算。辅助生产车间耗用其他辅助生产车间提供的劳务或产品，其数额可以根据计划耗用量和内部结算价格计算确定。

对于有消耗定额的费用项目，可按计划期的计划产量、单位产品（劳务）消耗定额和计划单位计算，如原材料、燃料、动力等直接材料费用及直接人工费用。

辅助生产车间其他费用项目的内容较多且复杂，要分别按明细项目加以确定。凡有规定开支标准的，按其标准确定；凡没有消耗定额和规定开支标准的，可根据上期的实际数，结合本期车间产量或劳务供应量的增减情况以及计划期节约费用的要求来确定。

为了正确反映辅助生产车间的费用水平，各辅助生产车间相互提供产品或劳务，也应按计划耗用量和计划价格计算，列入各辅助生产费用。

（2）编制辅助生产费用分配的计划。辅助生产车间的全部生产费用，应当分配给各有关受益单位。分配方法是：先计算辅助生产车间所提供的产品或劳务的计划单位成本，再根据各受益单位提供的计划产品和劳务量，计算各受益单位应分配的辅助生产车间的辅助生产费用，编制辅助生产费用分配表。

2. 基本生产车间成本计划的编制

基本生产车间成本计划，要分别由各基本生产车间来编制。各基本生产车间在编制成本计划时，应先将直接费用按产品类别编制直接费用计划。然后，将制造费用按费用项目编制制造费用预算，并按一定标准（如定额工时、直接工资等）在各产品之间进行分配。最后，编制车间的产品生产成本计划。

（1）直接费用计划的编制。对可比产品耗用的直接材料费用（包括原材料、辅助材料、配件、外购半成品、燃料、动力等），应根据各项消耗定额及厂内计划价格，并结合计划期生产产品产量计算编制。不可比产品则可根据其他企业同种产品或本企业相近似的老产品的单位消耗定额，结合本计划年度产量和计划单价进行编制。如果材料的品种多、规格繁、数量少，不便按每种材料制定消耗定额时，也可以比照上年实际耗用数，并考虑计划年度降低消耗的要求和可能来计算。如果材料消耗中包括废料回收价值，则应在直接材料项目下扣除。

直接工资应按计划期劳动定额及工资率或固定计价工资，并结合计划期生产任务进行计算编制。

各基本生产车间相互间转移半成品成本的计算可参照实际成本计算的方法处理，如平行结转、逐步结转、计划成本结转、实际成本结转等。

（2）车间制造费用预算的编制。基本生产车间的制造费用预算包括两部分：一是辅助生产车间分配过来的制造费用；二是基本生产车间发生的制造费用。各基本生产车间制造费用预算的编制方法与辅助生产车间费用预算的编制方法基本相同，即按明细项目和计算费用的各种方法确定制造费用计划数。上述两部分制造费用合起来便是应分配给各种产品的制造费用，分配一般是按照计划工时或生产工人工资进行。编制制造费用预算时，应以计划期的一定业务量水平为基础来规划各个费用项目的具体预算数字。

（3）根据基本生产车间直接费用计划和制造费用预算数可确定基本生产车间产品成本计划数，通过编制“基本生产车间产品成本计划表”来反映。

3. 全厂成本计划的编制

财务部门对各车间上报的车间成本计划进行审查后，就可以着手编制全厂的成本计划。全厂成本计划包括主要产品单位成本计划和全部产品成本计划。

（1）主要产品单位成本计划。

主要产品单位成本计划是根据各车间的产品成本计划，分产品和成本项目加以汇总编制的，一种产品编制一张成本计划表。其基本格式见表 14－3。

表 14－3 主要产品单位成本计划（按成本项目）

成本项目	上年预计	本年计划	降低额	降低率
直接材料	3 800	3 700	100	2.63%
直接燃料	600	586	14	2.33%
直接工资	1 000	895	105	10.50%
制造费用	650	600	50	7.69%
废品损失	110	90	20	18.18%
单位成本	6 160	5 871	289	4.69%

在采用逐步结转分步法时，最后一个车间的计划单位产品成本即为该产品的计划单位成本。如果需要按原始成本项目反映单位产品成本结构，则应将最后一个车间的计划单位产品成本中的“自制半成品”项目逐步还原后编制。在采用平行结转分步法时，将各车间同一产品单位成本的相同项目的份额相加，就是各种产品的计划单位成本。

（2）全部产品成本计划。

全部产品成本计划编制通常有两种方法：一是按照“主要产品单位成本计划表”的内容按成本项目进行编制，以反映企业产品成本的构成及各成本项目的增减变动情况；二是按产品类别进行编制，以反映各种产品成本计划数及可比产品较上年成本升降情况。其基本格式分别如表 14－4 和 14－5 所示。

表 14－4 全部产品成本计划表（按产品类别）

产品名称	单位	计划产量	单位成本		总成本		降低情况	
			上年预计	本年计划	按上年成本计算	按计划成本计算	降低额	降低率
可比产品					20 000 000	19 320 000	－680 000	－3.40%
A 产品	台	1 000	8 000	7 440	8 000 000	7 440 000	－560 000	－7.00%
B 产品	台	1 200	10 000	9 900	12 000 000	11 880 000	－120 000	－1.00%
不可比产品								
C 产品	台	400		2 400		960 000		
合　计						20 280 000		

表 14－5　全部产品成本计划表（按成本项目）

成本项目	可比产品				不可比产品计划总成本	全部产品成本计划
	按上年成本	按计划成本	计划降低额	计划降低率		
直接材料	15 000 000	14 218 400	－781 600	－5.21%	720 000	14 938 400
直接燃料	1 000 000	989 800	－10 200	－1.02%	48 000	1 037 800
直接工资	2 000 000	2 099 200	99 200	4.96%	80 000	2 179 200
制造费用	1 600 000	1 640 000	40 000	2.50%	88 000	1 728 000
废品损失	400 000	372 600	－27 400	－6.85%	24 000	396 600
合　计	20 000 000	19 320 000	－680 000	－5.62%	960 000	20 280 000

4. 期间费用预算的编制

期间费用的预算包括企业管理费用预算、财务费用预算、销售费用预算三部分。期间费用涉及的范围较广、项目较多，一般先由各部门分别编制各该部门的费用预算，然后经财务部门审查、平衡后，汇总编制全厂的期间费用预算。期间费用应分别按规定的明细项目编制预算并汇总。

本章小结

1. 成本计划的构成包括产品成本计划和经营管理费用计划。成本计划的具体内容一般包括：全部产品成本计划；主要产品成本计划；制造费用预算；经营管理费用预算和降低成本的有关措施。

2. 成本计划的编制原则有：①效益原则；②先进合理原则；③可比性原则；④系统性原则；⑤弹性原则。

3. 成本计划的编制程序包括：收集和整理有关资料；根据成本决策和成本目标进行指标测算；各车间编制成本计划和费用预算以及厂部综合平衡后编制全厂成本计划。

4. 按预算的编制基础不同，我们可以把费用预算的编制方法分为固定预算、弹性预算和以作业为基础的预算三种；按照编制的参照不同，预算可分为增量预算和零基预算。

5. 成本降低指标测算的具体方法也不一样。但一般步骤有：计算上年全年预计平均单位成本；确定各项主要因素的影响程度；综合测算计划年度可比产品成本降低率和降低额。

6. 成本计划在分级编制的方式下，大体上可以分为五个步骤：编制辅助生产车间成本计划；编制基本生产成本计划；编制主要产品单位成本计划；编制各职能部门的费用预算；编制全部产品成本计划。

主要名词

成本计划　固定预算　弹性预算　以作业为基础的预算　增量预算　零基预算

练习与思考

一、单选题

1. 成本降低指标的测算，主要是对企业（　　）降低率、降低额进行测算。

A. 可比产品　　B. 主要产品

C. 不可比产品　　D. 相关产品

2. 企业编制成本计划时，应根据其生产的特点和管理的要求进行，在规模比较小的企业，其成本计划的编制可采取（　　）。

A. 一级成本计划编制方式　　B. 二级成本计划编制方式

C. 三级成本计划编制方式　　D. 一级和二级相结合的编制方式

3. 在编制直接材料成本计划时，应根据产品的产量、单位产品材料的定额消耗数量乘以（　　）。

A. 材料的计划消耗数量　　B. 材料的标准消耗数量

C. 材料的计划单价　　D. 材料的采购数量

二、多选题

1. 按预算的编制基础不同，可以分为（　　）。

A. 固定预算　　B. 弹性预算

C. 增量预算　　D. 以作业为基础的预算

2. 基本生产车间编制成本计划时，应编制的计划有（　　）。

A. 车间直接费用计划　　B. 车间间接费用计划

C. 制造费用计划　　D. 车间产品成本计划

3. 下列属于编制成本计划必须经过的步骤有（　　）。

A. 收集和整理资料　　B. 预计和分析上期成本计划的执行情况

C. 进行成本降低指标的测算　　D. 进行期间费用降低指标的测算

E. 正式编制企业的成本计划

4. 成本计划包括的具体内容有（　　）。

A. 全部商品产品成本计划　　B. 主要商品产品单位成本计划

C. 制造费用与经营管理费用预算　　D. 降低成本的有关措施

5. 成本计划编制程序包括（　　）。

A. 收集和整理有关资料　　B. 根据成本目标进行指标测算

C. 各车间部门编制成本计划　　D. 厂部综合平衡后，编制全厂成本计划

6. 影响成本变动的原材料费用因素有（　　）。

A. 原材料利用率的变动　　B. 原材料消耗定额的变动

C. 原材料价格的升降　　D. 材料费用与产品成本的比重

7. 下列属于编制成本计划原则的有（　　）。

A. 效益原则　　B. 合理性原则

C. 可比性原则　　D. 成本最低原则

三、判断题

1．企业在编制成本计划时，应先编制生产计划，再编制销售计划。（　）

2．在编制成本计划时，对于制造费用中相对固定的费用，可根据上期实际数确定。（　）

3．企业编制商品产品成本计划时，需要计算“按本年计划单位成本计算的总成本”，该项指标是用该产品本年计划单位成本乘以该产品的计划产量计算。（　）

4．企业在编制成本计划时需要进行成本降低指标的测算，这种测算一般只需要进行一次就能达到目的。（　）

5．成本计划是成本预测的具体实施，也属于成本的事前管理。（　）

6．成本降低指标的试算平衡在成本计划编制完成之后进行。（　）

7．制造费用的预算一般是按费用项目并根据费用与业务量的关系编制。（　）

8．成本计划的编制可以不遵守成本开支范围。（　）

四、思考题

1．什么是成本计划？成本计划对成本管理有何意义？

2．编制成本计划的原则有哪些？成本计划的程序是怎样的？

3．成本计划编制的方法和内容有哪些？

4．编制预算的方法有哪些？

五、计算题

1．某企业生产甲产品，基年1—9月实际总成本为324万元，产量为8 000件，预计第四季度的产量为2 000件，预计单位产品成本为385元，基年各成本项目的比重分别为：原材料65%，燃料和动力5%，工资及福利15%，制造费用13%，废品损失2%。计划年度有关技术经济指标预计可达到：

（1）生产增长	35%
（2）原材料消耗降低	6%
（3）原材料价格上升	3%
（4）燃料和动力消耗降低	5%
（5）平均工资增长	12%
（6）劳动生产率提高	20%
（7）制造费用下降	10%
（8）废品损失降低	15%

要求：

（1）假设目标单位成本为371元，根据以上资料计算基年预计平均单位产品成本和目标成本降低率。

（2）测算各因素变化对成本降低率的影响。

（3）将测算结果与目标成本降低率比较是否能达到目标？如果不能的话，其差异是多少？

（4）假设只通过进一步降低原材料单位消耗量来完成任务，单位产品消耗量应降低到什么水平？

2. 某企业甲产品上年单位成本为400元，其中单位产品工资占20%，计划年度人均工资将由1 200元上升到1 300元，生产甲产品每小时12件上升到15件，计划年度产量为20 000件。要求：

（1）确定人均工资变动和劳动生产率变动对单位产品成本降低率的影响。

（2）如果规定甲产品从人均工资和劳动生产率方法降低产品成本总额80 000元，问能否完成任务？

（3）如果要达到计划降低任务，问在人均工资不再变动的情况下，劳动生产率应提高到什么水平？

第十五章　成本控制

在产品数量、品种、质量、成本及资本增值这个统一体中，强调成本控制是个核心问题。能够控制成本是科学的组织管理，它能减少不必要的支出，是企业实现成本计划的重要手段。控制成本是成本管理项目的内在化。在市场经济体制下，成本控制是企业适应市场竞争的要求，是在激烈的市场竞争中获得竞争优势的关键所在。

通过本章学习，应该掌握如下内容：

（1）成本控制的概念和意义；

（2）成本控制内容及程序；

（3）采用标准成本控制法控制成本；

（4）采用责任成本控制法控制成本。

第一节　成本控制概述

一、成本控制的概念

成本控制（Control of Cost）是指企业在生产经营过程中，按照既定的成本目标，对构成产品成本的一切生产成本和经营管理费用进行严格的计算、分析、调节和监督，及时发现实际成本、费用与目标的偏差，并采取有效措施，保证产品实际成本和经营管理费用被限制在预定的标准范围之内的一种管理行为。

成本控制有广义和狭义之分。广义的成本控制是指成本控制应贯穿于生产经营过程的各个阶段，渗透到成本管理工作的各个环节当中。广义的成本控制要求实行全员、全过程、全方位的科学控制。也就是说，从产品设计、样品试制、加工制造、对外销售、售后服务等都应讲究成本与效益的原则，并且要使整个企业的各个部门、每一个环节、全体职员都要树立成本观念，加强成本控制，实现成本控制目标化、系统化和科学化。广义的成本控制，包括事前控制、事中控制和事后控制。狭义的成本控制仅指事中成本控制，即在生产经营过程中，从投料开始，对产品成本的形成和经营管理费用的发生进行严格的控制。

二、成本控制的意义

成本控制的过程是运用系统工程的原理对企业在生产经营过程中发生的各种耗费进行计算、调节和监督的过程，同时也是一个发现薄弱环节，挖掘内部潜力，寻找一切可能降低成本途径的过程。科学地组织实施成本控制，可以促进企业改善经营管理，转变经营机制，全面提高企业素质，使企业在市场竞争的环境下生存、发展和壮大。成本控制的主要作用表现在如下几个方面：

1. 成本控制是企业成本管理的核心

在成本管理的各个环节中，成本预测、决策和计划是事前管理；成本核算、成本分析和成本考核是事后管理；成本控制是事中管理。成本控制在企业成本管理的全过程中，处于核心地位，它既要保证成本目标的实现，同时还要渗透到成本的预测、决策和计划之中。成本控制工作是否做得好，直接关系到企业成本目标、成本计划能否实现，从而直接影响企业利润目标的实现。

2. 成本控制是提高企业经济效益的重要手段

成本费用与企业经济效益是一个此消彼长的关系，成本费用高，经济效益就会差；成本费用低，经济效益就会好。所以，降低成本、节约费用是提高企业经济效益的主要途径。要达到这个目的，就必须加强成本管理，其中的一项重要工作就是要强化成本控制。成本控制是对企业生产经营过程中的一切耗费进行约束和调节，使其向着预定的目标发展。

3. 成本控制是提高企业竞争力的保证

在市场经济高度发展的今天，企业之间的竞争也愈来愈激烈。企业要生存、要发展、要在市场上占有一席之地，就必须提高自己的竞争能力。要增强企业的竞争能力，一是要降低产品成本，二是要提高产品质量，三是要不断开发新产品。其中，降低成本是最重要的。因为产品成本降低后，可以通过削减产品价格，从而增加产品销售数量、扩大产品销售市场的销售渠道。产品销路扩大了，经营基础稳固了，便有能力去提高产品质量、创新产品设计，而产品质量的提高受合理的成本水平所制约。根据价值工程分析，过剩的产品质量需要花费较高的成本，其实是一种极大的浪费。它不仅不能增强企业竞争能力，反而会削弱企业的竞争能力。因此，加强成本控制，降低产品成本，节约各项费用是增强企业竞争能力的重要手段。

三、成本控制的内容

成本控制的内容是成本控制对象的具体化。它的内容非常广泛，但是，这并不意味着事无巨细地平均使用力量，成本控制应该有计划有重点地区别对待。各行各业不同企业有不同的控制重点。控制内容一般可以从成本形成过程和成本费用分类两个角度加以考虑。

按成本形成过程划分：

1. 产品投产前的控制

这部分控制内容主要包括：产品设计成本，加工工艺成本，物资采购成本，生产组织方式，材料定额与劳动定额水平等。这些内容对成本的影响最大，可以说，产品总成本的60%取决于这个阶段的成本控制工作的质量。这项控制工作属于事前控制方式，在控制活动实施时真实的成本还没有发生，但它决定了成本将会怎样发生，也基本上决定了产品的成本水平。

2. 制造过程中的控制

制造过程是成本实际形成的主要阶段。绝大部分的成本支出在这里发生，包括原材料、人工、能源动力、各种辅料的消耗、工序间物料运输费用、车间及其他管理部门的费用支出。投产前控制的种种方案设想、控制措施能否在制造过程中贯彻实施，大部分的控制目标能否实现和这一阶段的控制活动紧密相关，它主要属于始终控制方式。由于成本控制的核算信息很难做到及时，会给事中控制带来很多困难。

3. 流通过程中的控制

流通过程中的控制包括产品包装、厂外运输、广告促销、销售机构开支和售后服务等费用。在目前强调加强企业市场管理职能的时候，很容易不顾成本地采取种种促销手段，反而抵消了利润增量，所以也要作定量分析。

按成本费用的构成可划为分：

1. 原材料成本控制

在制造业中，原材料费用占了总成本的很大比重，一般在60%以上，高的可达90%，是成本控制的主要对象。影响原材料成本的因素有采购、库存费用、生产消耗、回收利用等，所以控制活动可从采购、库存管理和消耗三个环节着手。

2. 工资费用控制

工资在成本中占有一定的比重，增加工资又被认为是不可逆转的。控制工资与效益同步增长，减少单位产品中工资的比重，对于降低成本有重要意义。控制工资成本的关键在于提高劳动生产率，它与劳动定额、工时消耗、工时利用率、工作效率、工人出勤率等因素有关。

3. 制造费用控制

制造费用开支项目很多，主要包括折旧费、修理费、辅助生产费用、车间管理人员工资等，虽然它在成本中所占比重不大，但因不引人注意，浪费现象十分普遍，是不可忽视的一项内容。

4. 企业管理费控制

企业管理费指为管理和组织生产所发生的各项费用，开支项目非常多，也是成本控制中不可忽视的内容。

上述这些都是绝对量的控制，即在产量固定的假设条件下使各种成本开支得到控制。在现实系统中还要达到控制单位产品成本的目标。

四、成本控制的程序

成本控制首先应当遵从一定的基本原则：

1. 全面介入的原则

全面介入原则是指对成本的全部、全员、全过程的控制。全部控制是对产品生产的全部费用加以控制，不仅对变动费用要控制，对固定费用也要进行控制；全员控制是要发动领导干部、管理人员、工程技术人员和广大职工建立成本意识，参与成本的控制，认识到成本控制的重要意义，才能付诸行动；全过程控制是对产品的设计、制造、销售过程进行控制，并将控制的成果在有关报表上加以反映，借以发现其缺点和问题。

2．例外管理的原则

成本控制要将注意力集中在超乎常情的情况。因为实际发生的费用往往与预算有出入，如发生的差异不大，也就没有必要一一查明其原因，而只要把注意力集中在非正常的例外事项上，并及时进行信息反馈。

3．经济效益的原则

提高经济效益，不单是依靠降低成本的绝对数，更重要的是实现相对的节约，取得最佳的经济效益，以较少消耗，取得更多的成果。

成本控制的基本工作程序一般有：

1．制定成本控制标准

成本标准是成本控制的准绳，成本标准首先包括成本计划中规定的各项指标。但成本计划中的一些指标都比较综合，还不能满足具体控制的要求，这就必须规定一系列具体的标准。成本控制标准是对各项费用开支和资源消耗规定的数量界限，是成本控制和考核的依据，没有这个标准，也就无法进行成本控制。成本控制标准可以是目标成本、标准成本、定额成本、计划成本及预算费用。这些成本或费用都是事先制定的一个标准，实际成本高于或低于标准，就是超支或节约。成本费用的超支或节约，都直接影响企业的经济效益。

2．执行成本控制标准

执行成本控制标准是成本控制的关键，它的作用就是监督成本的形成。它是指在生产经营过程中，根据预定的标准，控制各项消耗和支出，随时发现偏离标准的现象，并及时采取有效措施，把差异控制在允许的范围之内。执行成本控制过程主要依靠成本信息的反馈和数据的统计分析，建立严格的成本责任制度，实行全员控制和全过程控制。这样才能调动全体职工的积极性，使成本的日常控制有群众基础。

3．考核成本控制结果，及时纠正偏差

考核成本控制结果即阶段性地集中查找和分析产生成本差异的原因，分清责任归属，对成本目标和标准的执行情况作出考核和评价，做到奖罚分明，并采取措施，防止不利因素的再次发生，总结和推广经验，为修订标准提供有用的参考数据。

第二节　标准成本控制

一、标准成本控制的意义

标准成本控制是成本控制中应用最为广泛和有效的一种成本控制方法，也称为标准成本制度、标准成本会计或标准成本法。它是以制定的标准成本为基础，将实际发生的成本与标准成本进行对比，揭示成本差异形成的原因和责任，采取相应措施，实现对成本的有效控制。实行标准成本控制的主要意义在于：

（1）标准成本是以科学测定的定额为依据制定的成本水准，因而，它是衡量和考核实际成本是超支还是节约的尺度，是评价各成本责任单位工作业绩的客观标准。实行标准成本制度，有利于员工增强成本意识，提高降低成本、节约费用的积极性。

（2）企业通过实际成本与标准成本的经常比较，并确定其差额，管理部门可以借以考核企业成本计划的执行情况，以及产品成本是否在控制标准之内。运用成本差异的分析，可确定其有利的方面和不利的方面，并进一步找到不利差异产生的具体原因，以便及时采取有效的措施，达到控制成本的目的。

（3）实行标准成本制度有利于责任会计的推行。推行责任会计必须科学地编制责任预算，并且要对各成本责任中心业绩进行考核，而编制责任成本预算，又是以标准成本为依据。因此，科学地制定标准成本是编制责任预算的基础。

二、标准成本的类型

标准成本（Standard Cost）是在充分调查、分析和技术测定的基础上，根据企业现已达到的技术水平所确定的企业在有效经营条件下生产某种产品所应当发生的成本。标准成本是目标成本的一种，它与定额成本、计划成本大致相同，都可作为控制成本开支、评价实际成本、衡量成本控制绩效的依据。

标准成本将实际发生的成本划分为两部分：其一为标准成本；其二为成本差异。标准成本按其制定的基础不同，可分为理想标准成本、正常标准成本、现实标准成本。

1. 理想标准成本

理想标准成本是在目前生产条件下，以现有生产技术和经营管理处于最好状态为基础制定的标准成本，即用最好的生产设备、最低的原材料价格和最低的消耗量、最好的劳动效率和最高的生产量，同时还要求生产过程中无浪费、无废料、无废品、无停工等，使生产效率达到最高点，产品成本降至最低点。由于这种标准过高，往往无法达到，在成本管理实务中很少采用，但可以作为企业未来奋斗的成本目标。

2. 正常标准成本

正常标准成本是根据企业自身已经达到的生产技术水平和有效经营条件的基础而制定的标准，即根据正常的生产要素耗用量、价格和生产经营能力利用程度制定的成本。制定这种标准把生产经营中一般不可避免的损失估计在内，因此，达到这种标准，既非轻而易举，也不是高不可攀，而是经过努力可以达到的标准。这种标准成本能够在成本控制中发挥积极作用，因而在实际工作中得到广泛的应用。

3. 现实标准成本

现实标准成本是根据最可能发生的生产要素耗用量及价格、生产经营能力利用程度制定的成本。所谓“最可能发生”是指在正常条件下，再考虑到难以避免的生产要素的超量消耗、生产要素的价格波动和生产经营能力的低效率利用情况。这种标准最接近于实际成本，因此，它既可用于成本控制，也可用于存货计价。在经济形势变化不定的情况下，这种标准成本最为适用。

总之，标准成本定得不能过高，也不能过低。定得过高了，可望而不可即，容易挫伤员工的积极性；定得过低了，不能起到挖掘潜力的作用，无法控制实际成本。标准成本允许有一定的变动幅度，实际成本在允许的幅度内波动，仍视为正常成本；超过允许的波动幅度，就视为非正常成本。这样具有一定的机动灵活性，能有效地控制成本。

三、标准成本的制定

标准成本制定的中心问题是建立各成本项目的控制标准。一般情况下，我们都按产品的成本项目进行制定，每单位产品的各成本项目都要规定所消耗的数量和价格。

1．直接材料标准成本

单位产品中直接材料的标准成本是由直接材料的标准用量和直接材料的标准价格决定的。

$$直接材料标准成本 = \sum 单位产品标准用量 \times 单位材料标准价格$$

材料用量标准应根据材料消耗定额制定。在没有消耗定额时，可对过去的消耗记录进行分析，选择耗用材料的平均数作为标准。若生产的是新产品，或者过去记录不能作为可靠基础的，则用量标准应根据企业产品的设计、生产和工艺的现状，结合企业经营管理水平的情况和降低成本任务的要求，考虑材料在使用过程中发生的必要损耗，并按照产品的零部件来确定。

直接材料价格标准一般由成本会计人员与供应部门采购员合作制定。制定时应考虑物价变动趋势及供求关系，同时，应考虑最经济的订购批量、最低廉的运输价格等。

2．直接人工标准成本

产品成本中的直接人工标准包括单位产品消耗工时标准和小时工资率标准。

$$直接人工标准成本 = 单位产品耗时标准 \times 标准小时工资率$$

单位产品耗时标准一般应由工程技术人员制定。在制定时充分考虑工人的休息时间、不可避免的工作或材料迟延时间（如短暂的停工待料）、机器调配及故障检修时间，使制定的工时消耗定额既合理又先进，从而达到成本控制的目的。

标准小时工资率应由成本会计人员与人事部门共同制定。采用计件工资制时，应按各类人员的平均工资率制定。

3．制造费用标准成本

产品成本中的制造费用是指单位产品成本中所应分配的间接生产费用。一般是根据企业在一定时期的工厂间接费用预算总额，按照直接人工工时或机器设备运转工时，计算每单位工时制造费用率，按比例分配于每件产品成本。

$$制造费用标准成本 = 单位产品耗时标准 \times 标准小时制造费用率$$

建立制造费用标准时，应以“部门”为单位分别制定，并从两个方面进行：一是标准制造费用分配率；二是标准制造费用预算。标准制造费用率应选择标准生产能量。标准生产能量是指企业利用生产设备从事产品制造的能力，即正常生产能力。生产能量的大小通常以产品生产数量或工作时间表示。在生产单一产品时，可直接用产品生产量来表示；在生产多种产品时，一般用产品生产量与单位产品耗用工时之积来表示。

$$标准小时制造费用率=\frac{标准制造费用总额}{标准直接人工小时或机器工时或生产数量}$$

【例1】某企业生产甲产品，标准成本的有关资料如表15－1所示。

表15－1　标准成本卡

成本项目	标准用量	标准价格（元）	单位产品标准成本（元）
直接材料	20千克	35	700
直接人工	15小时	6	90
制造费用	12小时	10	120
单位产品标准成本			910

四、标准成本差异分析

标准成本差异指实际成本偏离标准成本所产生的差异。如果实际成本超过标准成本，则为不利差异；如果实际成本低于标准成本，则为有利差异。标准成本差异分析就是具体分析差异形成的原因和分清责任归属，进而采取相关的措施与手段，发展有利差异，消除不利差异，以促进成本的不断降低，提高企业盈利水平。

$$\begin{aligned}产品成本差异&=实际成本-标准成本\\&=直接材料成本差异+直接人工成本差异+制造费用成本差异\end{aligned}$$

1．直接材料成本差异分析

$$直接材料成本差异=直接材料实际成本-直接材料标准成本$$

产生直接材料成本差异的原因一般有两个：一是材料实际用量偏离了材料标准用量产生的差异，称为用量差异；二是材料实际价格偏离标准价格产生的差异，称为价格差异。

$$用量差异=\sum（实际用量-标准用量）\times 标准价格$$
$$价格差异=\sum（实际价格-标准价格）\times 实际用量$$

【例2】某公司生产A产品，单位产品标准材料成本为475元，其中材料标准用量为19千克，材料标准价格为25元，实际材料成本459元，其中，单位材料用量为18千克，实际材料价格为25.5元。

直接材料成本差异 =459 - 475 = -16（元）

材料用量差异 = （18 - 19）×25 = -25（元）

材料价格差异 = （25.5 - 25）×18 =9（元）

将直接材料差异分解为用量差异和价格差异，仅仅完成了直接材料差异成本分析的第一步。差异分解以后，应进一步追查产生差异的原因，分清责任，提出有效的改进措施。

一般来说，产生用量差异的原因有：①产品设计、机器设备或者工艺的改变；②用非标准材料替代标准材料使用或材料质量不好；③没有管理好剩余材料和废料；④工人操作水平差，浪费材料严重；⑤机器设备质量不好影响材料消耗增多；⑥购入材料的规格和型号与企业生产所需材料不完全相符；⑦其他原因。

影响材料价格的因素也有很多，客观上来说，可能是通货膨胀、市场供求关系的变化、国家政策调整等；从主观上来讲，可能是供货单位的更换、运输方式与线路的改变、采购批量的大小及材料需求的缓急等。一般来说，材料用量差异应由产品生产部门负责，材料价格差异应由材料采购部门承担。

2. 直接人工成本差异分析

直接人工成本差异 = 直接人工实际成本 - 直接人工标准成本

影响直接人工成本的因素有单位产品耗用工时（即效率差异）及小时工资率差异。

人工效率差异 = （实际单耗工时 - 标准单耗工时）×标准小时工资率

工资率差异 = （实际小时工资率 - 标准小时工资）×实际单耗工时

【例3】某企业生产 A 产品，单位产品耗用工时标准为 15 小时，标准工资率为 8 元，实际每件产品耗用工时 12 小时，实际小时工资率为 9 元。

直接人工成本差异 =108 - 120 = -12（元）

人工效率差异 =(12 - 15)×8 = -24（元）

工资率差异 =(9 -8)×12 = +12（元）

人工效率差异反映的是劳动生产率水平的变动引起的差异。通常，出现不利差异的原因可能是：材料质量低劣、工人操作能力差、机器设备的工时利用不好、停工维修、停工待料时间多、工人出勤时间用得不够好等。至于工资率差异，可能是人事部门用人不当，造成人才浪费，它主要是由主管工资的部门负责。

3. 制造费用成本差异分析

制造费用分为变动性制造费用和固定性制造费用。变动性制造费用差异分析与直接人工成本差异分析是一样的，分为人工效率差异和小时制造费用率差异。类似地，确定效率差异和小时制造费用率差异的计算公式为：

变动性制造费用差异 = 实际变动性制造费用 − 标准变动性制造费用
人工效率差异 =（实际单耗工时 − 标准单耗工时）× 标准变动制造费用率
变动制造费用率差异 =（实际变动制造费用率 − 标准变动制造费用率）× 实际单耗工时

固定性制造费用差异分析与变动性制造费用差异分析不同。固定性制造费用差异是实际固定性制造费用与标准固定性制造费用之间的差异。

固定性制造费用差异 = 实际固定性制造费用 − 标准固定性制造费用

固定性制造费用差异通常分为三个部分：效率差异、能力差异和预算差异。其中，效率差异是投入的实际工时偏离产品的标准工时所产生的差异；能力差异即生产能力利用差异，是实际投入的活动水平偏离生产能力所产生的差异；预算差异（又称支出差异）则是实际固定性制造费用总额偏离预算总额所产生的差异。分析计算各种差异的公式为：

人工效率差异 =（实际单耗工时 − 标准单耗工时）× 标准小时制造费用
生产能力差异 =（预算单耗工时 − 实际单耗工时）× 标准小时制造费用
费用预算差异 = 实际固定性制造费用 − 预算固定性制造费用
小时标准费用率 = 预算固定性制造费用总额/预算生产工时总数

【例 4】某公司计划生产 A 产品 2 000 件，实际生产 2 400 件。根据弹性预算，标准变动性制造费用总额为 120 000 元，实际发生的变动性制造费用为 132 000 元。预算固定性制造费用为 160 000 元，预算工时为 43 200 小时，实际固定性制造费用为 200 000 元，每件产品标准工时为 20 小时，每件产品实际工时为 16 小时。

（1）变动性制造费用差异分析：

标准小时变动费用率 = 120 000/(2 000 × 20) = 3
实际小时变动费用率 = 132 000/(2 400 × 16) = 3. 437 5
单位产品变动性制造费用差异 = 132 000/2 400 − 120 000/2 000 = −5（元）

其中：

人工效率差异 = (16 − 20) × 3 = −12(元)(有利差异)
小时变动费用率差异 = (3. 437 5 − 3) × 16 = +7(元)(不利差异)

（2）固定性制造费用差异分析：

标准小时固定费用率 = 160 000/43 200 = 3. 703 7
固定性制造费用差异 = 200 000 − 20 × 2 400 × 3. 703 7 = +22 222（元）

其中：

人工效率差异 = (16 − 20) × 3. 703 7 × 2 400 = −35 556(元)(有利差异)
生产能力差异 = (18 − 16) × 3. 703 7 × 2 400 = +17 778(元)(不利差异)
费用预算差异 = 200 000 − 160 000 = +40 000(元)(不利差异)

从以上计算可以看出，该公司在生产2 400件产品的过程中，实际花费38 400小时，而标准工时应为48 000小时，这说明该公司工人的劳动熟练程度有所提高，节约固定性制造费用35 556元。此种差异为人工效率差异。该公司实际拥有生产能力为43 200小时，但该公司只利用了38 400小时，有4 800个小时没有得到利用，按每小时3.703 7元计算，损失费用17 778元。此种差异为生产能力差异。费用预算差异损失40 000元。

由于固定性制造费用是由许多明细项目组成的，上述的差异计算所反映的差异是个总额，不便于对每个项目进行控制与考核。因此，必须根据固定制造费用各项目的静态预算与实际发生数一一进行对比，以发现费用变动的具体原因。

预算差异发生可能是由于：资源价格的变动；有些酌量性固定成本因管理上的新决定而有所增加；人力资源的数量可能增加或减少；有的经理人员担心完不成预算指标而延缓酌量性成本的支出；有些经理人员怕实际支出减少会削减下期的预算而增加一些不必要的开支等。企业分析人员应分不同情况进行分析，采取相应的对策。

至于能量差异，一般不能说明固定性制造费用的超支或节约，它只是反映计划生产能力的利用程度。管理当局应尽量做到充分利用其生产能力。

第三节 责任成本控制

一、责任会计的概念

责任成本（Responsibility Cost），是以具体的责任单位（部门、单位或个人）为对象，以其承担的责任为范围所归集的成本，也就是特定责任中心的全部可控成本。所谓可控成本指在责任中心内，能为该责任中心所控制，并为其工作好坏所影响的成本。确定责任成本的关键是可控性，它不受发生区域的影响。

责任会计（Responsibility Accounting）是为了适应经济管理的要求，在企业内部建立若干责任中心（Responsibility Center），并对它们分工负责的经济活动进行规划与控制的一套专门制度。实施责任会计，首先要按照分工明确、责任易辨、绩效易于考核的原则，合理划分责任中心。责任中心，即在分权经营方式下，企业具有一定权力并承担相应的工作责任的各级组织和各个管理层次。在实践中，责任中心一般分为三类：成本中心、利润中心和投资中心。

成本中心（Cost Center）是成本发生的区域，它只能控制成本，即只对成本负责。通常成本中心是没有收入的。因此它无须对收入、收益或投资负责。

计算责任成本必须首先把成本按其可控性分为“可控成本”（Controllable Cost）与“不可控成本”（Uncontrollable Cost）两类。

可控成本必须符合以下三个条件：

（1）责任中心有办法知道将发生什么性质的耗费。

（2）责任中心能计量它的耗费。

（3）责任中心能控制并调节它的耗费。

凡不符合上述三个条件的，即为不可控成本。属于某成本中心的各项可控成本之和，即构成该中心的责任成本。

应该指出，可控成本与不可控成本是相对的。一个成本中心的不可控成本往往是另一个成本中心的可控成本；下一级成本中心的不可控成本，对于上一级成本中心来说，则往往是可控的。如在材料供应正常的情况下，由于材料质量不好而造成的超过消耗定额使用的材料成本，对生产车间来说是不可控成本，而对供应部门来说则是可控成本。

二、责任成本

明确了可控成本与不可控成本的区别和联系以后，就可以进一步探讨传统会计中的“产品成本”与责任会计中的“责任成本”的区别和联系。产品成本与责任成本的区别主要体现在以下五个方面：

1．成本计算对象不同

责任成本是以责任单位或责任人为成本计算对象归集和分配费用的；产品成本是以产品为成本计算对象归集和分配费用的。

2．成本计算原则不同

责任成本是按照“谁负责，谁承担”的原则计算责任成本的；产品成本是按“谁受益，谁承担”的原则计算产品成本的。这是两者的显著区别。

3．成本计算的内容不同

责任成本计算只归集各责任单位的可控成本；产品成本计算则要归集为生产产品而发生的全部费用。但就某一时期来说，全厂的产品总成本（含期间费用）与全厂的责任成本的总和还是相等的。

4．成本计算的归属期不同

责任成本是反映各责任单位当月发生的责任成本；产品成本可能包括上期的费用（期初在产品成本），但可能不完全包括本期的费用（本期未完工产品成本）。

5．成本计算目的不同

责任成本是计算各责任单位可控制的成本，目的是考核各责任单位的责任预算执行情况，控制各项耗费，考核各单位的责任成本控制业绩。产品成本计算的目的是考核产品成本的计划完成情况，为确定利润、制定价格、计算税金提供重要的参考资料。

根据对产品成本与责任成本的比较，可以归纳出责任成本控制的特点：

（1）以责任单位为成本计算对象，归集和分配各种耗费，计算和控制责任成本。这就把成本计算和控制与责任单位联系起来，从而使成本控制能够落到实处，具有可计量性。

（2）以“谁负责，谁承担”为责任成本计算原则，建立责任成本中心，并按责任归属，传递成本信息，考核责任成本，具有可考核性。

（3）以可控成本作为成本控制的内容，便于正确合理地评价各责任单位的成本控制业绩，具有可控制性。

（4）以服务于经营管理为目的，责任中心有办法知道成本如何发生，具有可预计性。

三、责任成本控制的步骤

进行责任成本控制一般分为四个步骤：确定责任成本中心、编制责任成本预算（分解责任成本指标）、进行责任成本计算以及实行责任成本考核。

1. 确定责任成本中心

进行责任成本控制，首要问题是合理划分责任层次，建立责任成本中心，使每一项成本责任都有一个具体的归属单位。一般情况是，该责任单位在企业整个生产经营活动中，必须具有独立的地位，能独立承担一定的经济责任，该责任单位拥有一定的管理和决策权力；该责任单位的确有能力独立完成上级所赋予的各项业务经营任务，且有明确、具体的奋斗目标。

责任成本中心是责任成本的核算单位，也是成本管理的一级组织。成本中心的设置应以明确责任为出发点，以职责范围作为划分的依据，要便于成本指标的分解和责任成本的归集，一个成本中心必须能独立计算其耗费，否则，就不能作为成本中心。

2. 确定责任成本目标，编制责任预算

成本中心确定之后，就要明确各成本中心的责任成本。各成本中心的责任成本包括的具体内容因企业特点不同而异。企业的生产类型、成本中心的权限、企业机构的设置及成本管理的基础工作都会影响责任成本的内容。一般来说，厂部这一级的责任成本为全厂的产品成本。具体地说，厂部应对降低全部产品成本负责。车间责任成本是车间成本中各自的可控成本部分。

确定责任中心、明确成本责任的过程实际上是我国过去一直执行的"成本归口分级管理"制度，成本归口分级管理就是把成本分解开来，按照发生的部门和地点下放给各责任单位进行管理。这样做，让用钱的部门管理，促使他们怎样去管好用好钱，明白哪些钱该花、哪些钱不该花，哪些材料急需采购、哪些材料已超储积压暂时应停止采购，哪些材料该节约、哪些设备该利用等。这样就能充分地调动全厂职工和责任部门加强成本控制和管理的积极性，保证成本不断降低。

3. 进行责任成本核算

因责任成本是以责任单位或责任者作为成本计算对象的，所以责任成本核算必须按照责任单位或责任者，即各责任中心设置账户，建立明细账，用于归集和计算各自的责任成本。

车间一级的责任成本明细账要按车间分别设置，每个车间各设一个账户。为了兼顾成本的完整性，便于与产品成本核算结合，可将产品生产明细账改成可控成本和不可控成本分别登记。其中，可控成本部分为各车间的责任成本。

科室一级的责任成本明细账，按科室名称进行设置。各科室明细账可由各科室自己登记，也可由财务部门统一登记，实行费用预算控制。

班组一级的责任成本明细账，可以设在班组，由班组自己登记，也可由车间统一登记。

企业内部成本核算的各种凭证，也要适应责任成本核算的要求，注明责任单位，并以责任单位为对象归集。

进行责任成本核算，需要分清各责任中心之间的责任界限，对各成本中心之间发生的经济往来，按照企业内部转移价格，进行责任清算。为了正确组织企业内部各责任中心之间的责任清算，需要制定合理的内部结算价格及结算方式。因此，实行责任成本核算的前提条件或基础工作是制定出合理的内部转移价格，选择合适的内部结算方式。内部转移价格的确定一般有成本加成法、市场价格法和协商价格法等。结算方式一般采用货币结算方式、内部银行支票结算方式、内部转账结算方式等。

假设某公司制造部下属的成本中心有三个层次，即工段、车间和工厂。那么，它们的责任成本逐级汇总的具体做法如下：

（1）工段责任成本由工段长负责，每月至少编制一份本工段的责任成本报告送给车间主任。在报告中列举该工段能控制的成本的实际数、预算数及差异。

$$工段责任成本 = 可控直接材料成本 + 可控直接人工成本 + 可控制造费用$$

（2）车间责任成本由车间主任负责，每月至少编制一份本车间的责任成本报告送给工厂厂长，其中汇总本车间所属各工段的责任成本，再加上不直接属于工段而属于车间的可控成本，如车间发生的各种间接制造费用，并需分别列示其实际数、预算数与差异。

$$车间责任成本 = \sum 各工段的责任成本 + 车间的可控间接成本$$

（3）工厂责任成本由工厂厂长负责，每月至少编制一份全厂的责任报告送给制造部的副总经理，其中汇总本工厂所属各车间的责任成本，再加上厂长及厂部管理人员的各种管理费用，并需分别列出其实际数、预算数和差异。

$$工厂责任成本 = \sum 各车间的责任成本 + 工厂的可控间接成本$$

（4）制造部责任成本由制造部副总经理负责，每月至少编制一份本部的责任成本报告送给公司总经理，其中汇总制造部所属各工厂的责任成本，再加上制造部副总经理和管理人员的工资，以及其他凡是工厂不能控制而应由制造部控制的间接成本，并需分别列出其实际数、预算数与差异。

$$制造部的责任成本 = \sum 各工厂的责任成本 + 制造部可控间接成本$$

（5）销售部门责任成本的归集与制造部相同。最基层的责任成本主要是销售人员的工资和销售佣金。至于广告费、差旅费和其他费用，主要看由哪个层次控制，即属于该层次的责任成本。然后逐级汇总编制责任成本报告，最终交给公司总经理。

（6）财务部的责任成本主要是该部门人员的工资、办公费用、差旅费用等，也应编制责任成本报告最终交给公司总经理。其他各行政管理部门与财务部一样，属于责任费用中心，其责任费用核算方法相同。

（7）公司总经理接到下属制造部、销售部、财务部等其他部门的责任报告后，即可汇总编制全公司的责任报告。先列出本期的收入，再把下属各单位的责任成本与公司总管理处发生的费用进行加总，即为全公司的总成本，再与销售总收入进行比较，即求出本公司的利润。其报告应分别列示收入、成本与利润的预算数、实际数及差异额。

4. 责任成本考核和评价

责任成本考核和评价是发挥责任成本控制作用的关键一环，因为责任成本考核与评价是否得当，直接影响企业职工加强成本管理的积极性。

责任成本的考核就是考核各成本中心所承担的各项成本指标是否完成了任务，主要以各成本中心的责任成本报告提供的资料作为考核的依据。责任成本报告是各责任成本单位在一定时期成本预算执行情况的系统概括和总结。各成本责任单位应定期编制，逐级上报，逐级汇总。这种报告的内容和编制方法有如下特点：

（1）成本责任报告的内容同责任单位承担的成本（费用）责任相一致，它以反映各成本责任单位所能控制的成本项目的执行情况为重点。

（2）成本责任报告应填列预算数、实际数及计算的差异数。

（3）成本责任报告必须注意及时性。过时的报告对于管理者来说是无任何价值的。报告的及时性包括编制报告的时间应尽量缩短和报告报送的时间应及时。

应该注意的是，责任业绩报告中的“成本差异”是评价与考核成本中心责任业绩完成情况的重要指标。若实际数小于预算数，称为“有利差异”（Favorable Variance）；若实际数大于预算数，称为“不利差异”（Unfavorable Variance）。

由于各责任中心是逐级设置的，因而责任成本预算和责任业绩报告也应自下而上，从最基层的成本中心逐级向上汇编，直至最高管理层。每一级的责任成本预算和责任业绩报告，除最基层只有本身的可控成本外，都应包括下属单位转来的责任成本和本身的可控成本，这样就形成了一条“连销责任”（Chain of Responsibility）。某公司装配车间（成本中心）的责任业绩报告如表 15－2 所示。

表 15－2　××公司装配车间责任成本报告

单位：元

摘　要	预　算	实　际	差　异
下属单位转来的责任成本：			
A 工段	15 000	14 800	－200
B 工段	12 000	12 100	＋100
小　计	27 000	26 900	－100
本车间的可控成本：			
间接人工	1 800	1 820	＋20
管理人员工资	3 200	3 260	＋60
设备折旧费	2 000	2 000	0
设备维修费	1 500	1 600	＋100
机物料	900	1 180	＋280
…			
小　计	9 400	9 860	＋460
本车间的责任成本合计	36 400	36 760	＋360

通过责任成本报告，可以揭示各责任单位的责任成本完成情况。在此基础上，企业要将责任成本完成情况与物质利益挂钩，进行考核、评估和奖惩。只有这样，责任成本控制才能真正发挥作用。同时，在责任成本考核中，除了贯彻物质利益以外，还要加强职工的思想和道德教育，要求职工树立全局观念，培养敬业精神，提高管理意识。

本章小结

1. 成本控制是指企业生产经营过程中，按照既定的成本目标，对构成产品成本的一切生产成本和经营管理费用进行严格的计算、分析、调节和监督，及时发现实际成本、费用与目标的偏差，并采取有效措施，保证产品实际成本和经营管理费用被限制在预定的标准范围之内的一种管理行为。

2. 成本控制的程序一般分为：制定成本控制标准；执行成本控制标准；考核成本控制结果。

3. 标准成本是在充分调查、分析和技术测定的基础上，根据企业现已达到的技术水平所确定的企业在有效经营条件下生产某种产品所应当发生的成本。按其制定的基础不同分为理想标准成本、正常标准成本、现实标准成本。

4. 进行责任成本控制一般分为四个步骤：确定责任单位；编制责任成本预算（分解责任成本指标）；进行责任成本核算；实行责任成本考核和评价。

主要名词

成本控制　标准成本　理想标准成本　现实标准成本　正常标准成本　责任成本　可控成本　不可控成本

练习与思考

一、单选题

1. 狭义的成本控制是指（　　）。

A. 事前成本控制　　B. 事后成本控制
C. 事中成本控制　　D. 过程成本控制

2. 通常应对不利的直接材料价格差异负责的部门是（　　）。

A. 质量控制部门　　B. 采购部门
C. 产品设计部门　　D. 生产部门

3. 以资源无浪费、设备无故障、产出无废品、工时都有效的假设前提为依据而制定的标准成本是（　　）。

A. 基本标准成本　　B. 理想标准成本
C. 正常标准成本　　D. 现行标准成本

4. 成本控制的关键是（　　）。

A. 确定成本控制标准　　B. 执行成本控制标准

C. 标准成本的制定　　D. 考核成本控制结果

5. 责任成本核算的原则是（　　）。

A. 谁受益谁承担　　B. 谁负责谁承担

C. 按产品归集　　D. 既核算可控成本，也核算不可控成本

6. 下列属于车间可控成本的有（　　）。

A. 设备折旧费用　　B. 管理人员工资

C. 材料消耗费用　　D. 销售费用

二、多选题

1. 下列可以作为成本控制标准的有（　　）。

A. 标准成本　　B. 责任成本

C. 定额成本或计划成本　　D. 质量成本

2. 责任成本与产品成本的不同之处有（　　）。

A. 成本计算对象不同

B. 成本计算原则不同

C. 成本计算的归属期不同

D. 责任成本只归集各责任单位的可控成本

3. 下列表述中，正确的说法有（　　）。

A. 高层次责任中心的不可控成本，对于较低层次的责任中心来说，一定是不可控的

B. 低层次责任中心的不可控成本，对于较高层次的责任中心来说，一定是可控的

C. 某一责任中心的不可控成本，对另一责任中心来说则可能是可控的

D. 某些从短期看属不可控的成本，从较长的期间看，可能又成为可控成本

4. 标准成本按其制定基础可分为（　　）。

A. 理想标准成本　　B. 正常标准成本

C. 基本标准成本　　D. 现实标准成本

5. 固定性制造费用差异分为（　　）三部分。

A. 效率差异　　B. 能力差异

C. 费用分配率差异　　D. 预算差异

6. 成本控制按成本形成的过程，可以分为（　　）。

A. 制造费用控制　　B. 投产过程控制

C. 直接材料控制　　D. 流通过程控制

7. 成本控制应该遵循的原则包括（　　）。

A. 经济效益原则　　B. 合理性原则

C. 全面介入原则　　D. 例外管理原则

三、判断题

1．成本控制的对象是在企业整个生产经营过程发生的，以货币形式表现的全部费用支出。（　　）

2．正常标准成本在正常条件下，再考虑到难以避免的生产要素价格波动、生产要素的超量消耗，以及生产经营能力的低效利用情况而制定的成本。（　　）

3．产生材料用量差异的全部责任都应该由生产部门承担。（　　）

4．责任成本中心是核算责任成本的核算单位，其设置应尽量与企业的行政组织统一起来。（　　）

5．对于厂部来说，车间管理人员的工资是可控成本。（　　）

6．成本控制应遵从规定，不应该有例外情况。（　　）

7．成本控制应该一视同仁对待企业中发生的各项费用支出。（　　）

四、简答题

1．什么是产品成本控制?

2．成本控制的原则和程序是怎样的?

3．什么是标准成本？它包括哪几种?

4．什么是责任成本？责任成本必须符合哪几个条件？它同产品成本有何区别?

5．如何确定企业责任中心？如何考核和评价责任业绩?

五、计算题

1．某企业基本生产车间有生产工人 45 人，本期实际工作 70 小时，生产产品 10 000 件，按标准车间每小时应生产产品 100 件，每小时标准工资率为 2 元。本期有 5 人工资按每小时 1.5 元计算，其他工人按标准工资率计算支付。

要求：根据以上资料计算直接人工成本差异。

2．某工厂本期有关固定性制造费用资料如下：

（1）固定性制造费用预算总额 7 500 元；

（2）预计生产能力标准 50 000 小时；

（3）实际完成机器工时 4 200 小时；

（4）实际产量应耗标准工时 4 000 小时；

（5）固定性制造费用实际支出总额为 7 750 元。

要求：根据上述资料计算固定性制造费用差异。

3．某产品本月成本资料如下表所示：

（1）单位产品标准成本：

直接材料	50 千克/件 ×9 元/千克	450 元/件
直接人工	45 小时/件 ×4 元/小时	180 元/件
变动制造费用	45 小时/件 ×3 元/小时	135 元/件
固定制造费用	45 小时/件 ×2 元/小时	90 元/件
合　计		855 元/件

本企业该产品正常生产能力为 1 000 小时，制造费用均按人工工时分配。

（2）本月实际产量 20 件，实际耗用材料 900 千克，实际人工工时 950 小时，实际成本如下：

直接材料	9 000 元
直接人工	3 325 元
变动制造费用	2 375 元
固定制造费用	2 850 元
合　计	17 550 元

要求：

（1）计算本月产品成本差异总额。

（2）将成本差异分解为 9 种差异。

第十六章　成本分析

成本分析是成本计划工作的继续，它作为成本管理的最后环节，通过成本分析，发现企业成本管理工作中存在的问题，便于企业管理人员及时了解成本变动的具体原因，可以为事后总结分析、评价和考核各责任部门和责任人的工作业绩提供依据，也为下期进行成本预测、制定成本决策提供可供参考的信息。

通过本章学习，应该掌握如下内容：

（1）成本分析的概念和内容；

（2）成本分析的方法和程序；

（3）可比产品成本分析；

（4）单位产品成本分析；

（5）技术经济指标变动对成本的影响。

第一节　成本分析概述

一、成本分析的概念

成本分析（Analysis of Cost）是成本核算工作的继续，是成本会计的重要组成部分。它是指企业利用成本核算资料及其他有关资料，对企业成本费用水平及其构成情况进行分析研究，查明影响成本费用升降的具体原因，寻找降低成本、节约费用的潜力和途径的一项管理活动。

二、成本分析的内容

从广义上来说，成本分析贯穿于成本管理的始终，其内容可涵盖事前成本预测、决策分析，事中成本控制分析和事后成本总结分析。因事前成本分析和事中控制分析均属于成本预测、成本决策、成本计划和成本控制的内容，所以，本章节内容的成本分析只是事后成本分析，即狭义成本分析。

事后成本分析是指对企业生产经营过程中发生的实际成本、经营管理费用与计划成本和各项费用预算进行比较分析，查明产生差异的原因，提出降低成本、节约费用的措施。通常以成本报表为分析的主要对象，包括全部产品成本分析、可比产品成本分析、主要产品单位成本分析、产品成本技术经济指标分析。

全部产品成本分析是利用全部产品的实际总成本与全部产品按实际产量计算的计划总

成本进行比较，检查全部产品总成本的计划执行情况。由于全部产品包括可比产品和不可比产品，而不可比产品没有上年的成本可比较，因此，只能用实际总成本与计划总成本比较。

可比产品成本分析是检查可比产品成本计划降低任务的完成情况，分析成本计划降低任务完成得好或没有完成的具体原因。可比产品成本降低任务包括可比产品成本降低额和可比产品成本降低率。

主要产品单位成本分析是对企业某些主要产品的单位成本进行分析，了解单位产品成本的变动情况及其构成比例，分析单位产品成本的变动原因及构成比例的变动趋势。

产品成本技术经济指标分析是将技术和经济相结合分析企业产品成本变动的原因，寻找降低成本的重要途径。成本管理问题不是某一个部门的事情，既要从成本管理的角度分析和控制成本，更应该从技术的角度研究影响成本的因素，将技术分析与经济分析相结合，扩展降低成本的途径。

三、成本分析的程序

成本分析的基本程序可以概括为以下几个步骤：

1．确定成本分析目标，制订分析计划

进行成本分析工作，首先要确定成本分析的目标、要求、范围，以及需要解决的问题，并在此基础上，制订成本分析计划，合理进行组织分工，周密安排分析进度，以提高成本分析的效率和工作质量，这是进行成本分析的起点。企业在日常成本管理中发现的问题，或者根据企业经营管理的需要而确定的成本分析对象往往是成本分析所要解决的问题。

2．收集成本信息，掌握全面资料

进行成本分析工作，各种大量的成本资料是进行成本分析的基础。成本分析所需的资料是多方面的，不仅需要收集各种成本核算的实际资料，还要收集成本的计划资料、定额资料；不仅需要收集企业内部的成本资料，还要收集同行业先进企业的成本资料和国际先进企业的成本资料。在收集各种有关资料的基础上，还需对这些资料进行必要的加工整理，即从实际出发，实事求是地对所收集的资料进行去粗取精、去伪存真的加工处理。只有这样，才能使收集的大量资料真正成为成本分析中有用的东西。

3．从总体分析入手，深入进行因素和项目分析，确定各种差异及其影响因素

成本分析应从全部产品生产成本计划和各项费用计划完成情况的总括入手，然后按影响成本计划完成情况的因素逐步分析，为进一步查明原因的分析提供依据和方向。之所以从总体入手，是为了避免“只见树木，不见森林”的片面性。为了弄清成本变动的原因，还要在总括分析的基础上，根据总括分析中发现的问题及影响因素，对重点产品的单位成本及其成本项目进行深入分析。

4．结合实际情况，查明各种因素变动的具体原因

成本分析的目的就是要查明影响各项成本指标变动的原因。分析原因主要是将影响成本指标的各个因素加以分类，衡量各因素变动对成本指标变动的影响程度和方向，进而确

定起决定性作用的主要因素。分析原因是分析过程中最关键的一步，在这一步骤中，需要运用较多的定量技术分析方法。

5. 作出综合评价，提出改进建议

在发现问题、分析原因之后，要根据分析的结果对成本管理工作作出综合评价，分清责任、提出建议和措施。在分析的时候，既要立足现在，又要放眼未来，注意企业内部条件和外部环境的变动对企业成本管理的影响，正确处理短期经济利益与长期经济利益的关系。只有不断地发现问题、分析问题、解决问题，才能不断地降低产品成本，提高成本管理水平。

6. 编写成本分析报告

在上述各方面、各层次成本分析和全面、客观评价的基础上，编写成本分析报告。

四、成本分析的方法

在研究各项成本指标的数量变动和指标之间的关系、测定各种因素对成本指标的影响程度时，要用到一定的数量分析方法，常见的有比较分析法、比率分析法、连环替代分析法。

1. 比较分析法

比较分析法（Comparative Analysis Method）是指经济指标通过减法的形式对比，从数量上确定差异的一种分析方法。它是日常分析工作中最常用的一种方法。通过比较分析，发现各项成本指标的变动差异，便于分析者进一步分析产生差异的原因。

比较分析的基数因分析目的的不同而有所不同。一般来说，比较分析的基数有计划数（预算数）、定额数、以往年度同期实际数及本企业历史最高水平和国内外同行业先进水平。

通过实际数与计划数、定额数或预算数对比，可以揭示各项成本指标的计划或定额、预算的执行情况。但在分析时应检查计划、定额或预算数本身是否先进合理。因为实际数与计划数、定额数或预算数之间产生的差异，除因实际执行中存在问题以外，也可能是由于计划、定额或预算本身太紧、太松或不切合实际。

比较分析法是一种绝对数的比较分析，它只适用于同类型企业进行对比分析。因此，采用对比分析法时，应注意相比指标的可比性。进行对比的成本指标，在经济内容、计算方法、计算期间和影响指标形成的客观条件等方面，均应有可比的共同基础。

比较分析法具有计算简单、通俗易懂的优点，对比的范围越广泛，就越能发现差异，越有利于企业挖掘潜力。但是该方法只能确定成本指标的差异，并不能找到影响指标变动的具体原因，更不能确定各种因素变动对成本指标产生其差异的影响数额，也就不能为分清责任提供依据。

2. 比率分析法

比率分析法（Ratio Analysis Method）是通过计算和对比经济指标的比率进行数量分析的一种方法，它可以根据分析内容和要求的不同，计算不同比率并结合比较分析法进行成本分析。采用这一方法，首先要把对比的数值变为相对数，再计算比率。比率分析法一般有以下三种形式：

（1）相关比率分析法。相关比率分析法是把两个性质不同但又相关的指标对比求出比率，借以进行成本分析的一种方法。在实际工作中，由于企业规模不同等原因，单纯采用比较分析法对比产值、销售收入、利润或成本等指标的绝对数，不能说明企业经营效益和成本管理的好坏。如果把成本与产值、收入或利润联系起来，计算一些相关比率指标，就可以真实地反映企业的经营效益和成本管理的好坏。计算的相关比率指标通常有：

$$产值成本率=\frac{成本}{产值}\times 100\%$$

$$销售收入成本率=\frac{成本}{销售收入}\times 100\%$$

$$存货周转率=\frac{销售成本}{存货平均占用额}\times 100\%$$

（2）构成比率分析法。构成比率分析法是指计算某项指标的各个组成部分占总体的比重，即以部分与总体的比率进行数量分析的一种方法。例如，将构成产品总成本的各成本项目分别与产品成本总额相除，计算各成本项目的结构比例，就可以发现各成本项目在产品成本中的比重是上升了还是下降了，这种上升数或下降数是否合理。

$$直接材料费用构成比率=\frac{单位产品直接材料}{单位产品成本}\times 100\%$$

$$管理费用占期间费用的比率=\frac{管理费用}{期间费用总额}\times 100\%$$

（3）趋势比率分析法。趋势比率也叫动态相对数，是通过两个时期或连续若干时期相同经济指标增减的对比，计算比率来揭示各期之间的指标增减数额，据以预测成本发展趋势的一种分析方法。由于对比的标准不同，趋势比率又分为定基发展速度和环比发展速度两种。其计算公式如下：

$$定基发展速度=\frac{比较期成本}{基期成本}\times 100\%$$

$$环比发展速度=\frac{比较期成本}{前一期成本}\times 100\%$$

比率分析法可以把某些不可比的企业变成可比的企业，便于外部或内部决策者选择投资方案时进行比较分析。但比率法也存在不足之处：①比率的数字只反映比值，不能说明其绝对额的变动；②比率分析法与比较分析法一样，均无法说明指标变动的具体原因。成本分析的目标，一方面是发现问题，更重要的还是查明原因，解决问题。

3. 连环替代分析法

连环替代分析法是根据因素之间的内在依存关系，依次测定各因素变动对经济指标差异影响程度的一种分析方法。运用此方法可解决比较分析法和比率分析法不能解决的问题，即可以测算各因素的影响，有利于查明原因，分清责任，评估业绩，并针对问题，提出相应的措施。

连环替代分析法的分析程序为：

（1）分解指标因素并确定因素的排列顺序。将影响某项经济指标完成情况的因素，按其内在依存关系，分解其构成因素，并按一定的顺序排列这些因素。

（2）逐次替代因素。每次将其中一个因素由基期数替换成分析期数，其他因素暂时不变，每个因素替换为分析期数后不再返回为基期数。后面因素的替换均是在前面因素已经替换成分析期数的基础上进行的。如此类推，有几个因素就需要替换几次，逐一替换。

（3）确定影响结果。每个因素替换以后，均会得出一个综合指标的结果。将每个因素替换以后的结果与替换以前的结果相减，得出该替换因素变动对综合指标的影响数额。

（4）汇总影响结果。将已计算出来的各因素的影响额汇总相加与综合指标变动的总差异比较，确定其计算的正确性。

连环替代法的典型模式是：假设某项指标是由 A、B、C 三个因素组成，诸因素与经济指标的关系为：

$$\text{上年数}\quad A_0 \cdot B_0 = N_0$$
$$\text{本年数}\quad A_1 \cdot B_1 = N_1$$

则 N_1 与 N_0 的差异是由 A、B 两个因素变动而引起的。采用连环替代分析计算如下：

$$\text{综合指标}\quad A_0 \cdot B_0 = N_0 \qquad ①$$
$$\text{第一次替换}\quad A_1 \cdot B_0 = N' \qquad ②$$
$$\text{第二次替换}\quad A_1 \cdot B_1 = N_1 \qquad ③$$

② - ①即 $N' - N_0$ 是 A 因素变化影响综合指标的结果：

$$\begin{aligned} N' - N_0 &= A_1 \cdot B_0 - A_0 \cdot B_0 \\ &= (A_1 - A_0) \cdot B_0 \\ &= \Delta A \cdot B_0 \end{aligned}$$

③ - ②即 $N_1 - N'$ 是 B 因素变化影响综合指标的结果：

$$\begin{aligned} N_1 - N' &= A_1 \cdot B_1 - A_1 \cdot B_0 \\ &= (B_1 - B_0) \cdot A_1 \\ &= \Delta B \cdot A_1 \end{aligned}$$

【例1】假设某企业有关产量、材料单耗和材料单价及材料总成本资料如表 16 - 1 所示：

表 16-1

项　目	单　位	上年数	本年数	差　异
产品产量	台	300	320	+20
材料单耗	千克	20	18	-2
材料单价	元	30	35	+5
材料总成本	元	180 000	201 600	+21 600

材料总成本差异 201 600 - 180 000 = +21 600（元）

上年材料总成本 300×20×30 = 180 000（元）　①

第一次替代　320×20×30 = 192 000（元）　②

第二次替代　320×18×30 = 172 800（元）　③

第三次替代　320×18×35 = 201 600（元）　④

②-①即产品产量增加使材料总成本增加：

192 000 - 180 000 = +12 000（元）

或（320-300）×20×30 = +12 000（元）

③-②即材料单耗节约使材料总成本节约：

172 800 - 192 000 = -19 200（元）

或（18-20）×320×30 = -19 200（元）

④-③即材料单价上升使材料总成本增加：

201 600 - 172 800 = +28 800（元）

或（35-30）×320×18 = +28 800（元）

因产量、单耗、单价 3 个因素变化对材料总成本影响为：

12 000 +（-19 200）+28 800 = +21 600（元）

此结果正好与材料总成本的总差异相等。

从上述计算程序中，可以看出连环替代法的特点：

（1）因素替代的顺序性。在运用连环替代法时，首先要正确地排列综合指标各构成因素的排列顺序。尽管乘法具有交换律的性质，但在连环替代法中，如果随意改变各构成因素的排列顺序或替换顺序，就会得出各因素对综合经济指标影响的不同结果。为了使分析结果具有可比性，避免各行其是，我们要按以下规定正确确定各因素的排列顺序：在实际工作中，“先替换数量指标，后替换质量指标”；“先替换实物量指标，后替换价值量指标”；如果同时出现几个数量指标或几个质量指标，应“先替换基本因素，后替换从属因素”。

（2）计算程序的连环性。连环替代法在计算每一个因素变动的影响时，都是在前一个因素已经替换的基础上进行的。

（3）计算条件的假设性。连环替代法会随各因素的排列顺序不同而得出不同的分析结果。按照前述连环替代的顺序要求，确定各因素对综合经济指标的影响不可避免地具有假设性。因为“先数量指标，后质量指标；先实物量指标，后价值量指标；先基本因素，后从属因素”这本身就是假设的，按此假设计算的结果当然也就具有假设性。

成本分析方法除了以上介绍的方法以外，还有许多其他具有专门用途的方法，如直接法、余额法、因素分析法、成本性态分析法等。

第二节　主要产品单位成本分析

分析主要产品单位成本的意义，在于揭示各种产品单位成本及其各个成本项目的变动情况，尤其是各项消耗定额的执行情况；确定产品结构、工艺和操作方法的改变，以及有关技术经济指标变动对产品单位成本的影响，查明产品单位成本升降的具体原因。

一、产品单位成本的比较分析

产品单位成本的比较分析，是依据企业内部的主要产品单位成本表、成本计划和各项消耗定额资料，以及反映各项技术经济指标的业务技术资料等，利用比较分析法，分析本期实际单位成本比计划或预算、比上期、比本企业历史最高水平及先进企业成本水平的升降情况，然后着重对某种或某几种产品进一步按成本项目对比研究，查明影响单位成本升降的原因。

假设某企业甲产品单位成本资料如表 16－2 所示。

表 16－2　甲产品单位成本表

单位：元

成本项目	历史先进水平	上年实际	本年计划	本年实际
直接材料	280	300	297	294
直接工资	70	65	65	66
制造费用	130	135	133	130
废品损失	0	0	0	0
合　计	480	500	495	490

以本年实际单位成本同本企业历史最高水平、上年单位成本、计划单位成本比较的分析结果，如表 16－3 所示。

表 16-3 甲产品单位成本比较分析表

成本项目	比历史先进水平		比上年		比计划	
	增减额（元）	增减率（%）	增减额（元）	增减率（%）	增减额（元）	增减率（%）
直接材料						
直接工资	+14	+5.00	-6	-2.00	-3	-1.01
制造费用	-4	-5.75	+1	+1.54	+1	+1.54
废品损失	0	0	-5	-3.70	-3	-2.25
合　计	+10	+2.08	-10	-2.00	-5	-1.01

从表 16-3 的分析结果看，甲产品本年实际单位成本比计划成本降低了 5 元，比上年降低了 10 元，比历史最好水平提高了 10 元，并且本年实际单位成本的项目除直接工资以外，其他两个项目均比上年计划节约了。这说明该企业本年在降低成本方面做出了成绩，但与历史最好的成本水平还有较大差距，说明还有潜力可挖。

应当指出，在产品品种较多的企业，进行单位成本的比较分析时，应着重对一种或几种主要产品或对成本发生升降幅度较大的产品进行分析，以便抓住关键，把握重点。在进行主要产品单位成本比较分析的基础上，要按直接材料、直接人工和制造费用三个成本项目进行分析，查明造成单位成本升降的具体原因。

二、单位产品成本项目变动原因分析

1. 单位直接材料变动原因分析

直接材料在产品成本中占有重要地位，是成本项目分析的重点，它的变动主要受单位产品原材料消耗数量和原材料价格两个因素的影响。在分析单位产品直接材料的变动原因时，一般用连环替代法进行差异分析。可以用本年实际水平与计划成本比较，也可以与上年成本比较，分析本年实际与计划或上年成本水平变动的具体原因。

单位产品直接材料 = ∑单耗材料用量 × 材料单价
单耗材料用量变动的影响 = ∑（实际材料单耗 - 计划材料单耗）× 计划单价
单位材料价格变动的影响 = ∑（实际材料单价 - 计划材料单价）× 计划材料单耗

假设某企业 A 产品单位材料成本资料如表 16-4 所示。

表 16-4 单位产品材料成本资料

材料名称	上年数			本年数		
	用量（千克）	单价（元）	材料成本（元）	用量（千克）	单价（元）	材料成本（元）
甲材料	20	4.5	90	18	4.5	81
乙材料	50	3	150	50	3.1	155
材料成本			240			236

分析对象：

$$A\text{ 产品单位材料成本本年比上年变化} = 236 - 240 = -4(\text{元})$$

（1）单耗变动影响单位产品材料成本：

$$(18-20)\times 4.5+(40-40)\times 3=-9(\text{元})$$

（2）单价变动影响单位产品材料成本：

$$(4.5-4.5)\times 18+(3.1-3)\times 50=+5(\text{元})$$

分析计算表明，A 产品单位材料成本下降低了 4 元，主要是由于单位产品耗用甲材料节约了 2 千克，导致节约材料成本 9 元，但乙材料的价格上升了 0.1 元，使得单位产品材料成本超支 5 元。两个因素共同影响，使单位产品材料成本节约了 4 元。

在分析出材料单位耗用量和材料价格变动对单位产品成本影响后，还要进一步分析材料用量变动和材料价格变动的具体原因。

影响材料消耗量变动的因素很多，作用的方向也不一样。归纳起来，影响材料消耗量的因素一般有：

（1）产品或产品零部件结构的变化；

（2）改进工艺或原材料加工方法的改变以及职工操作技术水平的变化；

（3）材料质量的变化；

（4）原材料代用或者配料比例的变化；

（5）综合利用原材料，合理下料，充分利用边角余料；

（6）生产中废料数量和废品率的变化；

（7）生产工人的劳动态度、技术操作水平、机械设备性能及材料节约奖励制度的实施等。

单位产品材料费用支出的节约或超支，不仅同生产技术有关，而且同企业的生产经营管理有关。因此，在进行材料用量情况分析时，应结合生产技术和生产经营管理情况，才能进一步了解产品单位成本中材料费用支出节约或超支的具体原因，也便于企业从这些方面去寻求降低成本的途径。

2. 单位直接人工变动原因的分析

分析单位产品成本中的直接人工费用，必须按照不同的工资制度来进行。计件工资制度下，除非工艺过程或劳动组织方面有所变动，直接人工不会变动。运用计时工资制或计时工资加奖励制时，企业产品的工资费用是按生产工时消耗的比例分配计入每种产品成本。因此，单位产品成本中工资费用的高低，取决于单位产品的工时消耗和小时平均工资率两个因素。单位产品工时消耗反映劳动生产率水平的高低，小时工资率则反映平均工资水平的高低。

$$单位产品工资 = 单位产品工时消耗 \times \frac{生产工人工资总额}{生产工时消耗总数}$$
$$= 单位产品工时消耗 \times 小时工资率$$

假设某企业生产多种产品，其中，甲产品的有关单位产品工资成本资料如表 16 - 5 所示。

表 16 - 5

项　目	计划数	实际数	差　异
单位产品耗用工时（小时）	15	12	-3
小时工资费用率（元/小时）	8.4	11.5	+3.1
单位产品工资成本（元）	126	138	+12

分析对象：

单位产品工资成本实际比计划上升 = 138 - 126 = +12（元）

（1）单位产品耗用工时变动的影响：

（实际单耗工时 - 计划单耗工时）×计划小时工资 =
(12 - 15) ×8.4 = -25.2（元）

（2）小时工资变动的影响：

（实际小时工资 - 计划小时工资）×实际单耗工时 =
(11.5 - 8.4) ×12 = +37.2（元）

分析结果表明，甲产品单位产品工资成本上升了 12 元，是由于单位产品耗用工时的节约而节约工资成本 25.2 元，由于小时工资上升 3.1 元使单位产品工资成本提高了 37.2 元，两因素共同影响的结果是使单位产品工资成本上升 1 元。单位产品耗用工时节约，表明企业生产职工劳动生产率提高了，这是企业工作成绩的表现。小时工资率提高是影响单位产品工资成本提高的因素。企业应结合生产职工平均工资的增长情况，作进一步的分析。

不论采用计时工资制，还是计件工资制，如果企业只生产一种产品，则单位产品成本的高低直接受生产职工工资总额和产品产量的影响。如果产品产量的增长速度超过了生产职工工资总额的增长速度，则单位工资成本就会下降；反之，单位工资成本将会上升。

$$单位产品工资成本 = \frac{生产工人工资总额}{产品产量}$$

假设某企业只生产单一产品 A 产品，有关工资总额和产量资料如表 16 - 6 所示。

表 16－6

项　目	上年数	本年数	差　异
生产职工工资总额（元）	32 000	32 342	+342
产品产量（台）	160	150	－10
单位产品工资成本（元）	200	215.6	+15.6

分析对象：

本年单位产品工资成本比上年上升 = 215.6 － 200 = ＋15.6（元）

（1）产量变动的影响（先实物量指标变动）：

$$\frac{上年工资总额}{本年产品产量}-\frac{上年工资总额}{上年产品产量}=\frac{32\ 000}{150}-\frac{32\ 000}{160}=+13.33\ （元）$$

（2）生产职工工资总额的影响：

$$\frac{本年工资总额}{本年产品产量}-\frac{上年工资总额}{本年产品产量}=\frac{32\ 342}{150}-\frac{32\ 000}{150}=+2.27\ （元）$$

分析结果表明，该企业单位产品工资成本上升 15.6 元，是由于生产职工工资总额上升了 1.07%，使单位产品工资成本上升了 2.27 元；由于产品产量下降了 6.25%，使单位产品工资成本上升了 13.33 元。产品产量下降属于企业主观上的因素，企业应进一步分析产量下降的原因。

3. 单位制造费用变动原因的分析

单位产品制造费用的分析类似于单位产品直接人工成本的分析，一般按生产工时分配计入每种产品中。因此，单位产品制造费用计算公式为：

单位产品制造费用 = 单位产品耗用工时 × 小时制造费用率

在生产单一产品的企业，单位产品制造费用的计算公式为：

$$单位产品制造费用=\frac{制造费用总额}{产品产量}$$

为了进一步了解制造费用变动的原因，提出改进措施，降低产品成本，企业应按制造费用项目逐项分析。在此基础上，还应结合各生产环节的具体资料，联系责任单位和责任人，查明各项制造费用超支或节约的具体原因。对于某些制造费用项目的支出，如修理费、维护费、劳动保护费等，不应简单片面地理解为开支数降低就是成绩，应将其开支与所取得的效果相比较，才能作出正确的评价。

制造费用的相对节约和绝对节约的分析方法如下：

（1）变动费用部分相对节约额：

变动费用实际数额 - 变动费用预算数额 × 产品产量完成率

（2）固定费用的绝对节约额：

固定费用实际数额 - 固定费用预算数额

（3）费用总额节约额：

调整后的费用预算数 - 实际费用总额

假设某企业费用预算与实际情况如表 16 - 7 所示。

表 16 - 7

单位：元

费用类别	预算数	调整后的预算数	实际数
变动费用	30 000	35 000	32 000
固定费用	12 000	12 000	11 200
费用总额	42 000	47 000	43 200

费用节约总额 = 43 200 - 47 000 = - 3 800（元）

变动费用相对节约 = 32 000 - 35 000 = - 3 000（元）

固定费用绝对节约 = 11 200 - 12 000 = - 800（元）

分析各个费用项目升降原因时，应根据具体情况采用不同的方法。对于消耗性材料的分析，应抓住消耗量大的材料分析其用量差异和价格差异。有些费用，如劳保费用、修理费用，必须与设备维修和劳动安全保护联系起来进行分析。既要尽可能节省支出，又要保证设备正常运转和安全生产，不能片面强调节省。

本章小结

1. 成本分析是指企业利用成本核算资料及其他有关资料，对企业成本费用水平及其构成情况进行分析研究，查明影响成本费用升降的具体原因，寻找降低成本、节约费用的潜力和途径的一项管理活动。

2. 成本分析的内容应包括事前成本预测、决策分析，事中成本控制分析和事后成本总结分析。

3. 成本分析方法是完成成本分析目标的重要手段。通常采用的成本分析方法有比较分析法、比率分析法、连环替代分析法等。

4. 成本分析的基本程序可以概括为以下几个步骤：①确定成本分析目标，制定分析计划；②收集成本信息，掌握全面资料；③从总体分析入手，深入进行因素和项目分析，确定各种差异及其影响因素；④结合实际情况，查明各种因素变动的具体原因；⑤作出综合评价，提出改进建议；⑥编写成本分析报告。

主要名词

成本分析 比较分析法 连环替代法 比率分析法 相关比率分析法

练习与思考

一、单选题

1. 狭义的成本分析是指（ ）。

A. 事前成本分析　　B. 事中成本分析

C. 事后成本分析　　D. 全过程成本分析

2. 产品单位成本分析的重点是指（ ）。

A. 直接人工的分析　　B. 直接材料的分析

C. 制造费用的分析　　D. 直接材料、直接人工和制造费用

3. 定基发展速度属于成本分析中的（ ）。

A. 比较分析　　B. 比率分析　　C. 趋势分析　　D. 因素分析

4. 技术经济指标是指同企业生产技术特点有着内在联系的经济指标，下列选项属于技术经济指标的是（ ）。

A. 劳动生产率　　B. 直接材料　　C. 直接人工　　D. 制造费用

5. 比较成本分析法是指通过指标对比，从（ ）上确定差异的一种分析方法。

A. 质量　　B. 价值量　　C. 数量　　D. 劳动量

6. 连环替代法是用来计算几个相互联系的因素，对综合经济指标变动（ ）的一种分析方法。

A. 影响原因　　B. 影响程度　　C. 影响数量　　D. 影响金额

二、多选题

1. 在使用连环替代法时，应注意（ ）。

A. 因素分解的相关性　　B. 因素替代的顺序性

C. 计算条件的假设性　　D. 顺序替代的连环性

2. 企业常用的成本分析方法有（ ）。

A. 比率分析法　　B. 比较分析法

C. 趋势分析法　　D. 因素分析法

3. 直接影响产品单位成本中工资费用变动的因素主要有（ ）。

A. 单位产品工时消耗　　B. 产品工时定额

C. 工人出勤率　　D. 小时工资率

4. 影响单位产品原材料消耗数量变动的因素有（ ）。

A. 产品或产品零部件结构的变化

B. 材料质量的变化

C. 生产中产生废料数量和废料回收情况的变化

D. 材料价格的变化

5．通常采用的成本分析方法有（　　）。

A．比较分析法　　　　B．比率分析法

C．趋势分析法　　　　D．连环替代法

6．在使用比率分析法进行成本分析时，下列比率指标属于趋势比率的有（　　）。

A．定基发展速度　　　　B．产值成本率

C．环比发展速度　　　　D．存货周转率

三、判断题

1．采用因素分析法时，应将待分析的综合性指标分解成各相关因素，并按先质量后数量的原则将因素进行排列。（　　）

2．比较分析法只适用于同质指标的数量对比。（　　）

3．相关比率指标是指某项经济指标的各个组成部分占总体的比重。（　　）

4．当对比范围比较广泛时，不应采用比较分析法，而应采用比率分析法。（　　）

5．比较分析法与比率分析法可以揭示指标变动的各种因素及其影响程度。（　　）

四、简答题

1．简述成本分析的基本程序。

2．成本分析方法有哪些？分别都有哪些优缺点？

3．事后成本分析在成本管理各个环节中有何意义？

4．单位产品成本分析有何意义？如何分析单位产品成本变动情况？

五、计算题

1．甲产品单位成本表如下所示：

甲产品单位成本表

产品名称：甲　　　　单位：元

成本项目	上年实际平均	本年计划	本期实际
直接材料	4 800	4 800	4 750
直接人工	860	820	750
制造费用	1 420	1 400	1 450
合　计	7 080	7 020	6 950
主要技术经济指标	用量	用量	用量
原材料消耗量（千克）	210	200	180
原材料单价	1.96	2.1	2.3

要求：（1）分析甲产品单位成本变动情况。

（2）分析影响原材料费用变动的因素和各因素变动的影响程度。

2．某厂改进乙产品设计，简化了产品结构，减轻了产品重量，改进了乙产品加工方法，提高了原材料利用率。改进前后的有关资料如下表所示：

乙产品原材料费用变动表

成本项目	上年实际平均	本年计划
直接材料费用（元）	4 800	4 800
材料平均单价（元）	860	820
材料消耗总额（元）	1 420	1 400
加工后产品净重（千克）	7 080	7 020
产品产量（件）		

要求：（1）计算由于改进产品设计、减轻乙产品重量对单位产品原材料费用的影响。

（2）计算产品加工方法改进前后原材料的利用率以及由于原材料利用率变动对单位产品原材料费用的影响。

（3）计算上述两种措施对单位产品原材料费用的影响。

第十七章　作业成本与战略成本管理

自20世纪80年代以来，高新技术的发展、生产的高度自动化和计算机信息化，使产品成本结构发生了很大变化，主要表现为直接成本的比例越来越小，间接成本即制造费用在产品成本中的比重越来越大。在这种情况下，传统的成本计算方法已经不能提供较准确的产品成本信息，其计算出来的产品成本只能勉强用于对外发布财务报告，难以作为企业管理决策的依据。此时，被称作“第三次成本会计革命”的作业成本计算法应运而生，对传统的成本计算方法提出了挑战。

通过本章学习，应该掌握如下内容：

（1）作业成本法的产生和发展；

（2）作业成本法与传统成本计算的差异；

（3）作业成本法的基本原理和操作程序。

第一节　作业成本法的基本原理

一、作业成本法的基本概念

20世纪80年代中后期，由哈佛大学教授卡普兰（Robert S. Kaplan）等所倡导的作业成本计算法（Activity-Based Costing，简称ABC）在美国、加拿大的许多先进制造企业成功应用。结果发现，这一方法不仅解决了成本扭曲问题，而且它提供的相关信息（如各项作业的资源耗费情况、相应的成本动因及其数量等），为企业进行成本分析与控制奠定了很好的基础。

作业成本计算法是一种具有创新意义的成本计算方法，是适应当代高新科学技术的制造环境和灵活多变的顾客化生产的需要而形成和发展的。它改革了制造费用的分配方法，并使产品成本计算更加准确，大大提高了成本信息的真实性。战略成本管理是在成本管理方面引入战略管理思想，将成本信息贯穿于战略管理的整个循环之中，实现成本优势战略。

作业成本法是基于作业的成本计算法，是指以作业为间接费用归集对象，通过资源动因的确认、计量，归集资源费用到作业上，再通过作业动因的确认、计量，归集作业成本到产品或顾客上去的间接费用分配方法。作业成本法为作业、经营过程、产品、服务、客户等提供了一个更精确的分配间接成本和辅助资源的分配方法。作业成本法是一个以作业为基础的管理信息系统，它以作业为中心，而作业是从产品的设计开始，到材料供应、生产工艺流程的各个环节、质量检验、包装，到发运销售的全过程，通过对作业及作业成本的确认、计量，最终计算出相对真实的产品成本。

ABC 系统认为，组织的资源不只在产品的物质生产中消耗，在许多辅助作业中也同样被消耗，为不同顾客提供不同的产品往往需要消耗不同的辅助作业。作业成本法的目标是把所有为不同顾客和产品提供作业所耗费的资源价值测量和计算出来，并恰当地把它们分配给各位顾客和产品。

作业成本管理涉及的四大核算要素是：资源、作业、成本标的、成本动因。其中，前面三个是成本的承担者，成本动因是导致成本发生变化的原因，只要能导致成本发生变化，就是成本动因。

1. 资源

这里的“资源”是指支持作业的成本、费用来源。它是一定期间内为了生产产品或提供服务而发生的各类成本、费用项目，或者是作业执行过程中所需要花费的代价。制造行业中典型的资源项目一般有原材料、辅助材料、燃料、动力费用、折旧、办公费、修理费等。与某项作业直接相关的资源应该直接计入该作业。如果一项资源支持多种作业，那么应当使用资源动因基准将资源计入各项相应的作业中去。

2. 作业和成本标的

作业（Activity）是指相关的一系列任务的总称，或指组织内为了某种目的而进行的消耗资源的活动。它是作业成本管理的核心要素，是连接资源与成本标的的桥梁。

成本标的是指经济组织执行各项作业的原因，是归集成本的终点。一般而言，成本标的与企业目标相联系。如果企业目标是优化产品组合，这个目标需要可靠的产品获利信息，那么产品就可定义为成本标的。典型的成本标的有产品、顾客、服务、销售区域和分销渠道等。一项作业是一个典型的 ABC 模型中的最小成本归集单元，每个作业都有计算成本标的的作业动因。作业可以看作是由一系列的任务构成的。例如，“发出订货单”作业是由以下步骤构成：从使用部门收到购买需求信息；索取供应商报价并评估价格；编制比较分析表；认定供应商，编制并发出订单。

作业中心（Activity Center）是一系列相互联系、能够实现某种特定功能的作业集合。原材料采购作业中，材料采购、材料检验、材料入库、材料仓储保管等都是相互联系的，并且都可以归类于材料处理作业中心。将相关的一系列作业（或任务）消耗的资源费用归集到作业中心（或作业），计入该作业中心（或作业）的作业成本库。作业成本库（Activity Cost Pool）是作业中心（或作业）的货币表现形式。

3. 成本动因

成本动因（Cost Driver）也称为成本驱动因素，是指诱导成本发生的原因，是成本标的与其直接关联的作业和最终关联的资源之间的中介因素，反映作业所耗用的成本或其他作业所耗用的作业量。作业和成本标的是其起因，资源的消耗是其结果。成本动因是成本形成的起因，是确定成本的决定性因素。成本发生的基础因子是资源，而仅有成本基础因子并非形成产品成本的充要条件，还必须实施作业以驱动资源，因而作业是成本驱动因子。成本动因重在揭示具体的成本驱动因子，即作业的量化标准。

成本动因可分为资源动因（Resource Driver）和作业动因（Activity Driver）两类。

（1）资源动因是衡量资源消耗量与作业之间的关系的某种计量标准，它反映了消耗资源的起因，是资源费用归集到作业的依据。

（2）作业动因是指作业发生的原因，是将作业成本库中的成本分配到成本标的的依据，也是将资源消耗与最终产出联系起来的中介。通过作业动因分析，可以揭示哪些作业是多余的，应该减少；哪些作业是关键作业，应密切注意其变化等。

典型的作业动因：产品 X 比产品 Y 有更大的市场需求量，所以，产品 X 有比产品 Y 更多的订购原材料、零部件的订货单。显然，产品 X 应从采购成本库中分配到更多的相关成本。其中，产品 X 与 Y 是成本标的，订单的数目就是作业动因，通过发出的 X、Y 产品的订货单数目，能够比较准确地把材料采购成本分配到 X、Y 产品上去。

将作业按作业产出或消耗的方式，分为单位（产量）级作业、批次级作业、产品品种级作业及管理级作业。其中，单位级作业（即与单位产品产出相关的作业），它们是每产出一单位的产品（或零部件等）便需进行一次的作业，这类作业是随着产量变动而变动的；批次级作业（即与产品的批次数量相关的作业），它们是每生产一批产品进行一次的作业，这类作业是随着产品的批次数的变动而变动；产品品种级作业（即与产品品质相关的作业），这一类作业是随着产品的品种进行的作业；管理级作业也称为生产维持级作业，这类作业是指为维持企业的生产过程而产生的作业。各层级作业及其成本动因如表 17－1 所示。

表 17－1　各层级作业及其成本动因

层　级	代表作业	作业动因
单位级作业	每件产品质量检查 直接人工操作 机器耗用的动力	产品数量 直接工时 机器工时
批次级作业	机器调试准备 每次产品质量检查 采购物料	准备小时 批次数或小时 采购次数
产品品种级作业	产品设计 零件管理 生产流程	产品种类 零件数量 产品种类
管理级作业	厂务管理 应收账款 会计人事	厂房面积 顾客数量 员工人数

二、作业成本法的基本原理和步骤

1. 作业成本法的基本原理

作业成本法认为，由于作业消耗了资源，产品消耗了作业，因此资源应该通过资源动因基准分配给作业形成作业成本，而作业成本应通过作业动因基准分配给产品。这里的成本动因是重要的量化基准，即作业动因是产品消耗作业的量化基准，资源动因是作业消耗资源的量化基准。

作业成本法的基本原理是：依据不同成本动因，分别设置成本库，再根据各种产品消耗的作业量分配其在该成本库中的作业成本，然后汇总各产品的作业总成本和单位成本。

作业成本法涉及两个阶段的制造费用分配过程：

第一阶段，把有关生产或服务的制造费用（资源）归集到作业中心，形成作业成本；

第二阶段，通过作业动因把作业成本库中归集的成本分配到产品或服务（成本标的）中去，最终得到产品的作业成本，即产品成本。

2. 作业成本法的基本步骤

ABC 的实质可归纳为“作业消耗资源，产品消耗作业”。因此，作业成本计算方法下，成本计算程序就是把各资源库价值分解分配给各作业成本库，再将各作业成本库成本分配给最终产品。这一过程可以分为如下三个步骤：

第一步：定义、识别和选择主要作业，确认和计量各类资源耗费，将资源耗费归集到各资源库。这一步骤只是价值归集过程，资源被耗费后，直接将耗费计入各作业比较困难，因此，资源耗费总是在一个比作业大的范围内按资源种类归集的。

价值归集范围一般视企业规模和作业状况而定。对小规模企业，若不分设制造中心，也不设作业中心，则直接在整个企业范围内按类别归集资源耗费；若不分设制造中心但设立作业中心，则应以作业中心为范围归集资源耗费。对大规模制造企业，可能既要设制造中心，又要设作业中心。此时，可以将各制造中心视同为小规模企业，在制造中心内分别以不同作业中心为范围收集资源耗费价值。

第二步：将特定范围内各类资源库汇集价值分解分配到作业成本库中。该步骤成本计算就演化为如何将资源库价值结转到各作业成本库这一具体分配问题。解决这一分配问题要贯彻作业成本计算的基本规则：作业量的多少决定着资源的耗用量，资源耗用量的高低与最终的产量没有直接关系。这种资源耗用量与作业量的关系就是资源动因。资源动因反映了作业对资源的消耗状况。

在成本计算过程中，各资源库价值应根据资源动因一项一项地分配到特定范围内的各作业成本库中去，将每个作业成本库中转入的各项资源价值相加就形成了作业成本库价值。

第三步：将各作业成本库价值分配计入最终产品或劳务成本计算单，计算出完工产品或劳务的成本。该成本计算步骤应遵循的作业成本计算规则是：产出量的多少决定着作业的耗用量，这种作业消耗量与产量之间的关系也就是作业动因。

三、作业成本法的评价

作业成本法之所以日益为人们所重视，是因为它在间接制造成本的分配方面，选择了合理的分配标准，成本的负担与分配标准存在因果关系，因此，作业成本法提供了一种较传统，成本计算方法更为准确的产品成本信息。正是在这一基础上，我们归结出作业成本法的如下优点：

1. 提供的成本信息较准确，有助于管理者作出正确的经营决策

作业成本法通过将企业的资源费用同使用这些资源的经营行为和生产过程相联系，而把作业作为生产成本行为分析的主要因素。从多种信息中收集信息确定作业成本动因，然后再把作业成本分配到产品、服务和产生作业需求的（或受益于作业的）顾客中去。这些过程可以对作业及适用于个别产品、服务和顾客的资源数量和单位成本进行很好的估计。

2. 作业成本法信息有助于企业改善经营管理，提高工作效率

作业成本把成本看作是“增值作业”和“非增值作业”的函数，并以“顾客价值”作为衡量增值与否的最高标准。在这里，作业成本法要关注那些导致成本增加和使成本复杂化的因素，揭示在产品之间分配间接成本的不合理、不均衡所产生的后果。在评价作业时，要深入研究“非增值作业”。有人认为，非增值作业可分为“维持性作业”和“无效作业”，其中后者既不能给最终产品带来利益，也不能给整个组织带来利益。作业成本管理的宗旨就是利用具体而细致的作业信息，提高增值作业的效率，避免无效作业。

需要指出的是，作业成本法也有一定的局限性。由于它提供的仍然是历史成本信息，所以要发挥决策作用必须要有附加条件。此外，作业成本法虽然大大减少了现行方法在产品成本计算上的主观分配，但没有从根本上消除它们。也就是说，由于作业成本法的基础资料来自于现行的权责发生制成本计算，因此其计算的结果必然受诸如折旧和开发等成本期末分配中任意性的影响。这样，作业成本法成本归集库归集成本的正确性和客观性就会受到影响。另外，就作业成本法的最核心内容成本归集库和成本动因的选择而言，带有很强的主观性。这样，用单个成本动因来解释成本归集库内全部作业成本的成本性态就存在问题，而且对诸如公司的广告、关系总体的高层管理活动、外部审计、财务费用和商誉摊销等公共性成本，事实上很难选择有意义的成本动因来加以分配。

尽管作业成本法还存在如上一些问题，但决不能说它对我们毫无借鉴之处。它不仅是一种先进的成本计算方法，同时也是实现成本计算与控制相结合的全面成本管理制度。正如某些学者所说的：“由于作业成本法独具的特点，我们完全可以在成本管理的其他方面采用，尤其是成本控制方面，可以用作业成本法来达到控制和节约成本的目的。”

第二节　战略成本管理

一、战略成本管理产生的背景

从20世纪50年代起，世界进入了一个更新的时代。顾客需求的个性化、复杂化和企业产品的多元化、独特化的趋势，使得企业的国际化趋势日益加快。全球性资源的争夺日趋激烈，企业的外部环境的不确定性大大加剧，使得企业的经营面临着许多难以预料的风险和挑战。在这样的市场环境中，企业必须对其所处的环境进行深入的分析，从全新的角度来重新审视传统的企业管理思想在现代化的竞争环境之间的适用性，采取新的管理方式，谋求企业生存和发展的空间。

新的环境和条件，一方面在客观上促进了企业成本管理的现代化建设，另一方面也对

企业的成本管理提出了更高的要求。正是由于时代的变革导致了企业竞争环境的变化，竞争环境的变化同时推动了管理科学的发展，由此产生了战略管理。战略管理的核心思想就是要寻求企业的长期性竞争优势。竞争优势是以企业的发展战略为核心，它来源于企业能够为客户创造的价值，这一价值必须大于企业创造它所产生的成本。传统的成本管理体制局限于企业的内部成本活动，无视客户价值和产业发展的趋势，在竞争中的缺陷越来越明显，由此引发了企业在成本管理上的革命——战略成本管理。

二、战略成本管理的现实意义

产业升级这一客观趋势的发展，使得企业的制造环境发生了巨大的变化，高级制造环境和适时制的产生和发展改变了企业的生产流程和产品成本的结构。在生产技术方面，弹性制造系统（FMS）和技术信息系统的发展代替了传统的生产过程，计算机辅助设计（CAD）、计算机辅助生产（CAM）、计算机辅助测试（CAT）等信息技术手段在生产中得以广泛运用。流程再造理论的应用，使得以科学管理理论为基础的传统流水线生产方式转化为追求“零缺陷”目标的单元制生产方式。生产环境和生产技术的变化，直接影响着成本结构的变化，导致传统的成本计算体系失去了现实的基础。传统的成本计算与管理方法，在信息时代已经显得不能适用，其具体缺陷表现如下：

（1）成本管理观念的陈旧。传统成本管理侧重于保证企业的短期经济效益，忽视了竞争战略的实现与核心竞争力的培育，使得企业的战略无法获得在成本管理方面的支持，不利于企业在激烈的竞争中获得优势。

（2）成本管理内容的片面性。传统成本管理的目光集中在企业的制造环节中发生的生产成本，而对产品研发设计、采购供应、市场营销等环节的成本考虑不多，对于企业外部价值链的关系更是视而不见。狭窄的目光和缺乏全面的思考，使得企业的成本管理人员患上了“近视症”，不能从战略管理的层次来考虑对企业价值链进行整合，以寻找新的利润源泉。

（3）忽视了客观的成本动因。在传统的成本管理观念中，认为只有材料、人工成本和制造费用等才是构成成本的主要因素，因而往往将生产数量作为主要的成本动因，忽视了企业的产品研发设计、市场的开拓、内部流程的调整等活动对企业成本的影响，从而未能考虑诸如企业的规模、资源的整合情况、地理位置、生产线的布局规划和企业的管理制度、成本文化等客观的、无形的成本动因。国外的文献研究表明，对现代企业而言，往往直观的成本动因并不是影响成本的最主要因素，反而这些无形的成本动因会对成本产生重要的影响。

（4）忽视竞争对手的存在。对于处在激烈竞争环境中的企业而言，要发展持续的竞争优势和取得有利的竞争地位，必须通过分析自身与竞争对手相比较的竞争态势来确定企业的竞争战略。这就要求企业必须了解竞争对手的成本情况，模拟计算出竞争对手的成本。然而，传统的成本管理理念是建立在卖方市场基础上的，仅“就成本论成本”，强调的是降低成本和提高生产率来满足市场的需要。这种传统的观念在当今买方市场的竞争环境中，往往就会表现为忽视竞争对手的存在，仅仅考虑自身的情况。

（5）忽视经营中的不确定因素对企业成本的影响。在传统企业中，稳定的经营环境使得企业能够在所耗费的资金和产生的回报之间建立起容易为人们掌握的函数关系。因而，传统的成本管理模式侧重于对成本的控制采用标准成本制和预算管理制度（包括零基预算与弹性预算）。尽管其控制的范围有弹性，控制过程中也存在一定的不确定性，但总是能够通过对成本形成原因的分析和对费用发生规律的总结来不断促使其标准成本和预算符合实际，并以此来指导企业的正常经营。现代企业所处的市场环境中充满了更多的不确定性，使得企业对成本的管理不能再通过简单的函数关系来进行决策。虽然标准成本、计划成本和费用预算等成本管理形式依然有效，但面对众多的不确定因素，对成本动因的把握和对费用发生规律的掌握更为困难。

综上所述，传统成本管理的核心是降低产品成本，立足于对生产过程的科学管理，将管理的重心放在对生产过程的各个环节的高度标准化，为尽可能提高生产效率创造条件。但对企业管理的战略全局性、企业与外部的关系缺乏必要的考虑。在新的市场环境和科学技术不断转化为生产力的发展趋势下，传统成本管理自身的权限暴露无遗。要改变这些缺陷，必须寻求新的管理思想、技术和方法。因此，战略成本管理的形成和发展是现代市场经济和竞争的必然结果。

三、战略成本管理的内涵与特点

1. 战略成本管理的内涵

战略成本管理（Strategic Cost Management，SCM）是成本管理与战略管理有机结合的产物，是传统成本管理对竞争环境变化所作出的一种适应性变革。所谓战略成本管理就是以战略的眼光从成本的源头识别成本驱动因素，对价值链进行成本管理，即运用成本数据和信息，为战略管理的每一个关键步骤提供战略性成本信息，以利于企业竞争优势的形成和核心竞争力的创造。

战略成本管理的首要任务是关注成本战略空间、过程、业绩，即将成本信息贯穿于战略管理整个循环过程之中，通过对公司成本结构、成本行为的全面了解、控制与改善，寻求长久的竞争优势。成本优势是战略成本管理的核心。

2. 战略成本管理的特点

（1）目标的长期性。战略成本管理的宗旨，是为了取得持久的竞争优势，以便企业长期生存和发展，立足于长远的战略目标。因此，它不再局限于单一的会计期间，而是从长远的角度考虑，如在雇佣员工方面，企业应雇佣年轻的、文化程度高的员工，利用学习曲线，以获得较长时期的成本优势。

（2）对象的全面性。战略成本管理以企业的全局为对象，全面重视企业活动的各个环节和各个方面，根据企业总体发展战略制定策略。它把企业内部结构和外部环境综合起来，企业的价值链贯穿于企业内部自身价值创造作业和企业外部价值转移作业的二维空间，从企业所处的竞争环境出发，不仅包括企业内部的价值链分析，而且包括竞争对手价值链分析和企业所处行业的价值链分析，从而达到知己知彼、洞察全局的目的，并由此形成价值链的各种战略。

（3）管理的外向性或开放性。战略成本管理的着眼点是外部环境，将成本管理外延向前延伸到采购环节，乃至研究开发与设计环节，向后还必须考虑售后服务环节，即更重视与供应商的联系，也重视与客户和经销商的联结。

(4) 策略的竞争性。企业战略成本管理的目标——成本优势，是关于企业在激烈的竞争中如何与竞争对手抗衡的基本竞争战略之一，同时也是企业针对来自各方面的许多冲击、压力、威胁和困难，迎接这些挑战的行动方案。企业推行战略成本管理，就是为了实现成本领先，取得竞争优势，战胜对手，保证自己的生存和发展。

(5) 观念的创新性和信息的多样性。企业在战略成本管理下，越来越注意关注产品的顾客可察觉价值，增加产品的属性。在信息资料方面，也提供了超载成本会计主体范围的更广泛、更有用的信息，更有助于企业作出决策。

四、战略成本管理的内容

1. 价值链

价值链（Value Chain）的概念是由哈佛大学教授迈克尔·波特提出的，是指为提供满足顾客需要的产品和服务所发生的一系列消耗资源的作业。作为一种强有力的战略分析框架，多年来不断发展创新并被成本分析、成本管理、市场营销吸收。波特认为，公司通过完成一系列作业而产生价值。

价值链是企业为客户等利益集团创造价值所进行的一系列经济活动的总称。企业与其上下游各有其价值链，彼此相互关联，所以称之为价值系统。企业从事价值链活动，一方面创造客户认为有价值的产品和劳务，另一方面也需负担各项价值链活动所发生的成本。企业经营的目标在于尽量增加顾客对产品和劳务所愿意支付的价格与价值链活动所耗费用的成本之间的差距。

2. 战略定位

战略定位（Strategic Position）的过程就是要根据企业所处的内外部环境，包括企业竞争者的情况及企业的自身条件制定取得竞争优势的战略。在确定了企业竞争中所应采取的战略以后，企业的工作重点就转移到了这一战略上来，不同的战略定位和不同的市场策略实际上也就确定了企业内部资源配置、成本行为、业绩考核标准的制定与执行。战略定位分析的目的就是分析不同经营战略的选择对成本分析及管理控制系统产生的不同影响。

3. 战略成本动因

成本动因的概念在作业成本法中已作了介绍。成本动因是引起产品成本发生的原因，它是构成成本结构的决定性因素。对成本动因的分析，主要作用有两个：一是借助于作业成本法来为企业提供更为准确的成本信息；二是为改善作业、优化管理、降低成本发挥重要作用。

战略成本动因可分为两类：一类是结构性成本动因，一类是执行性成本动因。结构性成本动因是与企业的战略定位密切相关的成本动因。不同的战略选择会导致不同的生产经营方式，进而导致截然不同的成本动因。执行性成本动因是在企业按照所选择的战略定位进行生产经营的过程中，成功地控制成本所考虑的因素，也是决定企业成本水平的重要因素。执行性成本动因分析主要包括每项生产经营活动所进行的作业动因和资源动因分析。

对于有关结构性成本动因，企业必须作出合理的选择，才能为企业获取优势奠定良好的基础。为此，企业应通过有关组织的经营规模、经营范围和采用技术的基本选择来降低成本。对于执行性成本动因企业应该强化，它是取得成本优势的重要途径。为此企业应该做好：提高企业经营管理者的成本意识，从领导者开始重视企业的成本管理；引导员工参与管理，增强员工责任感；大力推进全面质量管理和全面成本管理；充分利用现有生产能力；产品设计合理化；加强与供应商和客户的沟通。

本章小结

1. 作业成本法是基于作业的成本计算法，是指以作业为间接费用归集对象，通过资源动因的确认、计量，归集资源费用到作业上，再通过作业动因的确认、计量，归集作业成本到产品或顾客上去的间接费用分配方法。

2. 战略成本管理是指管理人员运用专门方法提供企业本身及其竞争对手的分析资料，帮助管理者形成和评价企业战略，从而创造竞争优势，以达到企业有效地适应外部持续变化的环境的目的。战略成本管理的特点有：长期性、全面性、外向性、竞争性、创新性、多样性。

3. 战略成本管理的内容包括：价值链、战略定位、战略成本动因等。

主要名词

作业　作业中心　成本动因　作业动因　战略管理

练习与思考

一、单选题

1. 作业成本法是一种基于（　　）的成本计算方法。
   A. 资源　B. 作业　C. 作业中心　D. 作业成本库
2. 成本动因可以分为（　　）。
   A. 资源动因　B. 作业动因
   C. 成本动因　D. 战略成本动因
3. 战略成本管理的特点包括（　　）。
   A. 长期性　B. 全面性　C. 客观性　D. 多样性
4. 下列各项中，适合作为单位级作业的作业动因有（　　）。
   A. 采购次数　B. 生产准备次数
   C. 产品种类　D. 耗电千瓦时数
5. 战略成本管理的内容不包括（　　）。
   A. 价值链　B. 战略定位
   C. 成本优势　D. 战略成本动因

二、多选题

1．作业成本管理的核心要素包括（　　）。

A．资源　　B．作业　　C．作业中心　　D．作业成本库

2．下列哪种作业属于随着产量变动而变动的作业（　　）。

A．单位级作业　　B．批次级作业　　C．产品品种级作业　D．管理级作业

3．下列有关作业成本法基本理论的观点不正确的有（　　）。

A．企业的全部经营活动是由一系列相互关联的作业组成的

B．企业每进行一项作业都要消耗一定的资源

C．企业生产产品所耗费的全部成本都应该先分配到有关作业，计算作业成本，然后再将作业成本分配到有关产品

D．产品的成本实际上就是企业全部作业消耗资源的总和

三、判断题

1．作业成本法与传统的间接费用分配法原理一样，也是分两步进行的，只是成本库与成本动因增加了。（　　）

2．在选择成本动因时，一定要反映出成本的实际消耗情况，只有这样才能满足同质成本库的要求。（　　）

3．对成本动因的分析，主要是借助于作业成本法来为企业提供更为准确的成本信息和改善作业、优化管理。（　　）

4．从传统成本管理到战略成本管理的转变存在着必然性。（　　）

四、简答题

1．作业成本计算与传统成本计算有何不同？

2．作业成本法的基本步骤是什么？

3．战略成本管理的内涵和特点有哪些？

4．简述战略成本管理的内容。

第十八章 环境成本管理

进入21世纪后，环境问题已引起社会各界更为广泛的关注。为实现经济和社会的可持续发展，环境保护支出和环境赔偿责任越来越大。对社会经济活动具有反映和控制职能的会计应该对环境方面的支出、收益进行反映和控制。本章对有关环境成本的概念、构成，环境成本的核算方法及环境成本控制的方法进行初步的探讨。

通过本章学习，应该掌握如下内容：

(1) 环境成本的概念；

(2) 环境成本管理的意义；

(3) 环境成本管理的内容；

(4) 环境成本管理的方法。

第一节 环境成本与环境成本管理概述

一、环境成本的概念及其构成

什么是环境成本？联合国国际会计和报告标准政府间专家工作组第15次会议文件《环境会计和报告的立场公告》中指出：环境成本是指本着对环境负责的原则，为管理企业活动对环境造成的影响而采取或被要求采取措施的成本，以及因企业执行环境目标和要求所付出的其他成本。罚款、罚金、赔偿等将视为与环境相关的成本，不属于这一环境成本的定义范围，但应予以披露。按照这种定义把环境成本具体分为环境保护维持成本、环境保护发展成本、环境治理成本、环境污染补偿成本、环境损失成本等。

要有效控制环境成本，首先应该明确环境成本的构成内容。

1. 按照费用支出的目标和作用分类

按照费用支出的目标和作用，环境成本可分为环境控制成本和环境故障成本。其中环境控制成本只是企业为了预防或阻止其经营行为可能对环境造成的不良影响，履行自身对社会应尽的环境义务而发生的各项支出。环境故障成本是指除了环境控制成本以外与环境有关的支出。前者具体表现为资源维护、环境保护等行为发生的各种支出；后者则是由于企业不能完全履行环保责任，致使环境遭到破坏而发生的诸如资源效用降级、环保处罚、被破坏环境治理和恢复等支出。

2. 按照成本和环境资产的关系分类

按照成本和环境资产的关系，环境成本可以分为自然资源耗减成本、生态资源降级费用、维持自然资源基本存量成本和生态资源保护费用。这种分类方法扩大了环境成本的内涵，使环境成本不再局限在保护和治理环境的支出范围内。比如，自然资源耗减成本就是指由于自然资源的不断减少而致使其取得成本不断增加所增加的额外支出。

3．按照环境成本是否由企业承担分类

按照环境成本是否由企业承担，可分为内部环境成本和外部环境成本。内部环境成本指应当由企业承担的环境成本，包括那些由于环境因素而发生，并且已经明确是由该企业承受和支付的费用，如排污费、环境破坏罚金或赔偿费、环境治理或环境保护设备投资等。内部环境成本与外部环境成本相比，其中一个显著的特点是，对其已经可以作出货币计量（尽管并非一定合理和精确），从而才可能作为内部成本。外部环境成本是指那些由本企业经济活动所引致但尚且不能精确计量，并由于各种原因而未由本企业承担的不良环境后果。正是由于对这些不良环境后果尚未能作出货币计量，所以尽管已经被认知，却不能追加于始作俑者，因而还不能称之为会计意义上的“成本”。

4．按生产过程的不同阶段分类

按生产过程的不同阶段，环境成本可分为事前环境成本、事中环境成本、事后环境成本。事前环境成本是指为减轻对环境的污染而事前予以开支的成本，如环境资源保护项目的研究、开发、建设、更新费用，企业环保部门的管理费用等。事中环境成本是指企业生产过程中发生的环境成本，包括耗减成本和恶化成本。耗减成本是指企业生产经营活动中耗用的那部分环境资源的成本；恶化成本是指因企业生产经营恶化而导致企业成本上升的部分，如水质污染导致饮料厂的成本上升，甚至无法开工而增加的成本。事后环境成本包括恢复成本和再生成本。恢复成本是指对因生产遭受的环境资源损害给予修复而引起的开支；再生成本是指企业在经营过程中对使用过的环境资源使之再生的成本，如造纸厂、化工厂对废水净化的成本，此类成本具有向环境排出废弃物“把关”的作用。

二、企业环境成本管理的概念及意义

环境成本管理（Environment Cost Management，ECM）是有组织、有计划地对企业的环境成本进行预测、决策、控制、核算、分析和考核等一系列的科学管理工作，其目标是通过成本管理行为的实施来提高环境效益，实现企业经济效益和环境效益的最佳结合。企业环境成本管理从组织管理角度看是一系列的预测、决策、控制、核算和分析的过程，同时从生产、技术、经营的角度看，它又是一种成本形成全过程的管理。

鉴于环境财务会计的对外报告和环境管理会计的内部决策都围绕环境成本信息展开，环境成本成为联系环境财务会计和环境管理会计的桥梁，环境成本会计的发展不仅是环境会计发展的基础，而且还与企业经营活动息息相关。环境成本管理和控制对企业的意义主要有以下几方面：

1．有助于企业管理当局作出正确决策

环境成本是企业管理当局作出正确决策时必须要考虑的相关成本的一部分，与其他成本一样，是流经企业的物质的价值表现。环境成本的投入与企业收益具有密切的关系，为达到环境保护标准而投入的环境成本将对企业的利润产生一定的冲击。因此，对环境成本进行科学合理的管理与控制，将会为企业发展与环境保护进行协调和科学决策及合理规划生产方案提供有力的支持。

2. 有助于企业进行环境绩效考核与评价

随着环境问题的日益加剧及环保法规的强化，企业在环保方面的费用支出越来越大。通过对环境成本进行科学合理的管理与控制，可以实现环境成本与环保效果的最佳配比，从而有助于分析和评价环保工作业绩，满足环境绩效考核与评价的需要。

3. 有助于企业降低环境风险

世界各国对于环境问题的重视，使得环境风险成为企业风险管理工作中必须要考虑的内容。

4. 有助于完善现代企业制度

企业作为市场主体，为追求自身利益最大化，往往忽视社会利益。现代企业制度要求企业由生产型向生产经营型转化，要求企业追求自身效益最大化与社会可持续发展相统一。科学合理的环境成本管理与控制，一方面，使得企业站在自身的角度上考虑环境问题，降低资源消耗，减少环境污染，在一定程度上降低产品成本，增加企业利润，增强市场竞争力，从而有利于现代企业制度的建立与完善；另一方面，资源环境的有效利用与保护，必将促进整个社会经济的可持续发展。

从当前的会计实践看，一般都把环境会计作为财务会计的一个分支，对于环境成本的计算和控制的方法基本上沿用了财务会计的成本计算和控制方法。研究环境成本管理问题的目的，是为了建立规范、科学的环境成本核算与控制框架，并将其纳入到企业成本管理系统之中。

第二节　环境成本核算范围和方法

一、环境成本的核算范围

对于环境成本的核算，首先要解决的是关于环境成本资本化和费用化的界限问题。国际会计准则委员指出可以资本化的环境成本包括：对现有机器设备进行环境改造和购置污染治理设备的支出；环境污染清理支出中能够提高资产的安全性和效率性的支出，如给燃煤锅炉的烟囱加装除尘设备的支出，购置污水净化设备的支出等。可以费用化的环境成本包括：防止环境污染的支出；资产的环境检修支出；环境违规的罚款支出，如污水净化设备运作成本及日常的维护保养费用，有害气体超标排放的罚款等。

二、环境成本核算的方法

在解决了环境成本的资本化、费用化问题后，对于环境成本核算要解决的问题就是环境成本的计算问题。关于环境成本费用的计算问题，关键是对企业行为的外部影响的确认和计量。这种计量需要包括实物量单位和货币单位双重计量。对于实物量的计量，理论界主张依据生命周期全成本的思想来解决计量范围和手段的问题，即不仅要考虑到生产经营过程中所造成的排放对环境的影响，而且还要考虑产品出售后在使用过程中可能造成的环境影响，以及产品最终废除处理时可能造成的环境影响。这里不仅涉及会计的技术问题，还必须借助于对环境科学、环境经济学等诸多学科的交叉运用，才能够较为全面、科学地解决这一问题。解决计算问题的另一个关键在于如何在相关性和可靠性的前提下，将归集好的环境成本分配到相关的成本计算对象或责任中心上。按照传统的成本计算方法的原理，环境成本费用应属于间接费用。而对于间接费用的分配多采用诸如生产工时、生产工人工资等作为分配标准，对于与生产环节没有直接联系的环境成本如果也采用上述标准进行分配显然是不合理的。如果改用作业成本法计算产品成本，即在划分作业成本库和确定成本动因时，将产生环境影响的作业专门设立，以合理分配环境成本。以造纸厂为例，一般的造纸厂在生产各类纸制品时，会产生废水、废气等污染物，企业用于预防控制和治理环境污染，解决环境问题的各类支出是企业成本的重要组成部分。

第三节　环境成本管理

一、环境成本管理的内容

企业环境成本管理包含的内容涉及环境成本目标确定、环境成本预测、控制、评价和监测等方面。

1. 企业环境成本目标

企业环境成本管理的总体目标是以最优的环境成本取得最佳的环境效益与经济效益。企业既不能盲目地为追求经济效益，忽视了企业经济活动所产生的环境污染及破坏的“外部成本”，不对企业环境污染及环境破坏所带来的“外部不经济成本”进行合理估计、确认和计量，虚减企业成本、虚增经济利益；同时，也不能硬性地规定企业增加环境成本的投入，在实践中反而影响企业环境成本管理的效果。企业环境成本的管理目标不是简单地增加与减少的问题，而是一个不断优化的过程。不同的企业在总体目标基础上，可根据自身的实际情况，选择适合自己的具体环境成本管理目标。

2. 企业环境成本预测

环境成本预测是建立环境成本对象和环境成本动因之间的适当关系，用以准确预测环境成本的过程。环境成本预测既是环境成本管理工作的起点，也是环境成本事前控制成败的关键。实践证明，合理有效的环境成本决策方案和先进可行的环境成本计划都必须建立在科学严密的环境成本预测基础之上。通过对不同决策方案中环境成本水平的预测与比较，可以从提高经济效益和生态效益的角度，为企业选择最优环境成本决策和制订先进可行的环境成本计划提供依据。

3. 企业环境成本控制

企业环境成本控制是指企业运用一系列的手段和方法，对企业生产经营全过程涉及有关生态环境的各种活动所实施的一种旨在提高经济效益和环境效益的约束化管理行为和政策实施。它以企业环境成本管理目标为前提，以环境成本预测为依据，采用适合的模式与政策，控制环境成本形成的全过程。

4. 企业环境成本核算

企业环境成本核算的目标是向信息使用者提供对决策有用的环境成本信息。它对企业环境成本的发生过程进行反映，描述企业生产经营全过程发生的环境负荷及治理数据信息，并按成本核算原则确认和计量环境成本费用，衡量评价环境成本投入所带来的环境效果与经济效益，编制出环境成本报告书对外公布。接受外部环境评价，为内部决策提供参考依据。

5. 企业环境成本监测预警

企业采取一系列的方法和手段对环境成本进行监测和控制，建立环境成本监测预警系统。运用企业在环境成本控制和环境成本核算中积累的环境成本数据和信息，摸索环境成本的变化规律，预测企业环境成本变化的趋势，当企业环境成本达到临界值时，提供预警。

6. 企业环境成本的评价与应用

企业环境成本评价是依据经济效益与社会效益两方面的相互关系，借助两者之间的动态变化，比较得出评价结论。分析出影响环境成本变动的因素，制定或修改新的环境成本控制方案。同时，将企业环境成本信息应用于企业战略管理中，参与企业战略决策。

二、环境成本管理的方法

从成本发生的时间角度看，通用的成本管理方法不外乎两种，即事前与事后管理。西方国家的企业对环境成本的管理正在由事后处理法转向事前规划法。此外，新的环境成本管理方法还包括作业成本法和全生命周期法。

1. 事后处理法

所谓事后处理法就是在企业发生环境问题，造成环境影响后才采取措施对已造成的污染设法进行治理和消除，将这一过程发生的费用确认为环境成本。比如，企业将生产过程中产生的废水交由废水处理厂处理，该方法发生名目繁多的各项支出，诸如排污费用、记录成本、储存成本等均计入环境成本。

目前，在我国的管理实践中对于环境支出的控制多采用事后处理法。采用事后处理法的企业对环境污染缺乏预防意识，尽管环境控制成本较低，但对环境故障成本则无法控制。由于采用事后处理法不涉及生产工艺流程，对于生产工艺流程的影响甚微，对由此产生的环境支出也起不到预防和控制的目的。在生产工艺流程既定的情况下，环境成本降低的空间不大，控制效果也不明显，因此当前企业采用这种方法进行环境成本控制显然已不可行了。

2. 事前规划法

事前规划法是指综合考虑整个生产工艺流程，把未来可能的环境支出进行分配并进入产品成本预算系统，提出各项可行的生产方案。然后对各项可能的方案进行价值评估，从未来现金流的比较中筛选出支出最少的方案来实行，以达到控制环境成本的目的。该方法力求达到环境控制成本和环境故障成本的均衡。

事前规划法体现了西方环境成本管理的发展趋势，与传统的事后处理法相比，两者在诸多方面存在明显区别：

首先，两者的管理理念不同。采用事后处理法的企业对环境污染的预防意识不足，尽管环境控制成本较低，但对环境故障成本却无法控制，可能导致环境支出额巨大。而事前规划法则对环境污染采取了积极预防的态度，早期自行支出环境控制成本并控制未来的故障成本，取二者之和即环境成本较小者的方案，充分考虑了两种环境成本的内在联系。

其次，两者的管理过程不同。事后规划法无须对原有的生产工艺流程作改动，因而对企业的日常生产经营活动影响不大。事前规划法却对生产工艺流程进行优化设计，这要求企业有获取环境信息的能力以及企业内部各部门进行信息合作。

最后，两者的管理效果不同。事后处理法作为传统的环境成本管理方式，着眼于对现行生产过程发生的环境支出进行控制，然而在生产工艺流程既定的情况下环境成本降低的空间不大，控制效果也不明显。事前规划法却有所不同，它在一个综合了各方面信息的规划指引下，环境成本被纳入生产工艺流程的设计过程，环境支出的可选性和可控性大大提高，再融入绿色成本战略思想，环境成本管理往往会出现意想不到的效果。

3．作业成本法

作业成本法是把企业消耗的资源按资源动因分配到作业，然后把收集的作业成本按作业动因分配到成本对象的核算方法，其核心理论是：生产消耗作业，作业消耗资源，资源的消耗产生成本。将这一理论应用于环境成本管理与控制中，通过设置作业，针对每一作业寻找成本动因，进行环境成本分析，以作业为中心进行环境成本的确认、归集和分配，能够准确地定位引起环境成本发生的事项，按照因果关系进行环境成本分配，从而比较准确地将环境成本分配到成本对象，克服了传统的成本管理方法在成本分配方面主观武断性的缺陷。

4．全生命周期成本法

产品全生命周期成本是指产品形成至消亡所经历的从企划、研发、生产到客户使用、报废处理这个循环的总成本，而全生命周期成本法就是通过对产品全生命周期的各个阶段进行细致的成本分析，最终实现降低成本的目的。

全生命周期成本法应用到环境成本的管理与控制，就是在产品的设计阶段，强调对于环境影响的预防；在产品的生产阶段，通过使用环保型材料，进行清洁生产，努力降低环境负荷；在产品的使用和报废阶段，进行资源的回收、再生和无害化处理，实现对资源的循环利用。这种方法由于把产品整个生命周期中可能的环境成本都加以考虑，克服了传统成本管理模式下只考虑生产过程的缺陷，使得产品的成本信息更加准确完整，对于环境成本的核算和披露也更加可靠。生命周期成本法的可靠性较弱，但由于能够及时地提供更为完全的环境成本信息，有利于企业产品的正确定价，并且可以使得企业按照既定环境管理战略来有效管理环境成本，是较为理想的环境成本核算方法。

相比较而言，作业成本法侧重于对已确认的环境成本的计量和分配，而全生命周期成本法主要侧重于对环境成本的全程管理，可以考虑这两种方法的结合使用。

在全球推行可持续发展的大形势下，在世界环境污染日益严重、资源日益耗竭的背景下，对环境成本进行管理和控制将会成为未来企业成本管理工作的重要组成部分，企业可以通过科学的环境成本预测与决策，制定符合自身生产经营特点的成本管理与控制标准，选择恰当的方法，对环境成本进行有效的管理与控制，在实现自身经济效益的同时提高环境效益和社会效益。

三、环境成本管理的控制措施

1. 树立企业全体员工的环境成本管理控制观念

树立企业全体员工的环境观念，把保护环境、维护社会经济的可持续发展作为企业在环保时代的社会责任承担起来，有助于加强企业的环境成本控制意识。

2. 建立完善的成本管理控制系统

完善的成本控制系统首先要建立环境成本控制中心，以便于实施统一的规划与控制。从着眼于全局的角度来降低环境成本。在按照产品和部门构建成本控制系统的基础上，考虑产品生产和运行过程中所发生的环境成本，包括主动性支出（污染预防和污染治理支出等）、被动性支出（排污费、罚款、赔偿金等）、已发生的支出和将来发生的支出，将它们作为产品成本和部门运行成本（管理费用等）的组成部分，运用现有的成本控制方式进行成本控制，并在成本预测、计划、核算中充分考虑环境支出。同时，设立专门化成本控制系统，主要涉及能源、废弃物、包装物、污染治理等方面的成本控制。

3. 运用经济手段对企业环境成本管理控制进行外部控制

排污权交易就是对污染物排放进行成本管理控制的一种经济手段，是一种以市场为基础的控制策略。它是通过建立合法的污染物排放权利，并允许这种权利像商品那样买入和卖出来进行排放控制的。

4. 运用法律手段对企业环境成本管理控制进行外部控制

国家可以在不影响经济发展的前提下，制定更为严格的具有强制性的污染物排放标准。通过环境区域治理规划，采用集中排污治理的方式来降低区域内各个企业的环境成本支出。将企业自愿实行的环境标准、环境管理体系和清洁生产逐步变成依法强制执行，使企业更加明确自身在环境保护和可持续发展方面的社会责任和义务。另外，我国可以借鉴国际上通行的经济手段，将环保税收纳入国家税收体系，强化纳税人的环保行为。制定一些更有效地激励企业进行环境成本管理控制的法律法规，如对这些企业进行更为丰厚的奖励的有效法规，也可以对企业环境成本外部控制起到有效的作用。

本章小结

本章介绍了环境成本管理的理论知识。通过本章的学习，应理解环境成本的基本概念，认识环境成本管理的意义和内容，并掌握环境成本管理的方法。

1. 环境成本指企业本着对环境负责的原则，为管理企业经营行为对环境的影响而发生的支出，以及企业因执行环境要求而发生的其他成本。

2. 环境成本管理和控制对企业的意义主要有：①有助于企业管理当局作出正确决策；②有助于企业进行环境绩效考核与评价；③有助于企业降低环境风险；④有助于完善现代企业制度。

3. 企业环境成本管理内容包括：①企业环境成本目标；②企业环境成本预测；③企业环境成本控制；④企业环境成本核算；⑤企业环境成本监测预警；⑥企业环境成本的评价与应用。

4. 环境成本管理的方法主要包括：①事后处理法；②事前规划法；③作业成本法；④全生命周期成本法。

5. 环境成本管理控制的内部控制包括事前控制、事中控制和事后控制。

主要名词

环境成本　内部环境成本　外部环境成本　环境成本管理　环境故障成本　事后处理法　环境控制成本　事前规划法　作业成本法　全生命周期成本法　事前控制　事中控制　事后控制

练习与思考

一、单选题

1. （　　）是指企业本着对环境负责的原则，为管理企业经营行为对环境的影响而发生的支出，以及企业因执行环境要求而发生的其他成本。

A. 环境成本　　B. 内部环境成本

C. 外部环境成本　　D. 环境成本管理

2. （　　）是指应当由企业承担的环境成本，包括那些由于环境方面因素而引致发生，并且已经明确是由本企业承受和支付的费用，如排污费、环境破坏罚金或赔偿费，环境治理或环境保护设备投资等。

A. 内部环境成本　　B. 外部环境成本

C. 环境故障成本　　D. 环境控制成本

3. 从（　　）出发，环境成本由环境控制成本和环境故障成本构成。

A. 事前预防　　B. 成本和环境资产的关系

C. 环境成本发生的空间　　D. 事后预防

4. 环境成本管理控制的内部控制不包括（　　）。

A. 事前控制　　B. 事中控制

C. 作业成本控制　　D. 事后控制

5. 全生命周期成本法主要侧重（　　）。

A. 对已确认的环境成本的计量　　B. 对已确认的环境成本的分配

C. 均衡控制成本和环境故障成本　　D. 对环境成本的全程管理

二、多选题

1. 从成本和环境资产的关系出发，环境成本可以包括（　　）。

A. 自然资源耗减成本　　B. 生态资源降级费用

C. 维持自然资源基本存量成本　　D. 生态资源保护费用

2. 环境成本管理和控制对企业的意义主要有（　　）。

A. 有助于企业管理当局作出正确决策

B. 有助于企业进行环境绩效考核与评价

C. 有助于企业降低环境风险

D. 有助于完善现代企业制度

3. 环境成本管理的方法主要包括（　　）。

A. 事后处理法　　B. 事前规划法

C. 作业成本法　　D. 全生命周期成本法

4. 全生命周期成本法应用到环境成本的管理与控制，就是（　　）。

A. 在产品的设计阶段，强调对于环境影响的预防

B. 在产品的生产阶段，努力降低环境负荷

C. 在产品的使用和报废阶段，实现对资源的循环利用

D. 对产品全生命周期的各个阶段进行细致的成本分析，最终实现降低成本的目的

5. 从环境成本发生的空间来看，环境成本可分为（　　）。

A. 内部环境成本　　B. 外部环境成本

C. 环境故障成本　　D. 环境控制成本

6. 环境成本管理包含的内容涉及（　　）。

A. 环境目标确定　　B. 环境成本预测

C. 环境成本控制　　D. 环境成本评价和监测

7. 事前规划法与传统的事后处理法相比，两者在如下方面存在明显区别（　　）。

A. 两者的管理理念不同　　B. 两者的管理过程不同

C. 两者的管理效果不同　　D. 两者的管理方法不同

三、判断题

1. 目前在我国的管理实践中对于环境支出的控制多采用事处理法。（　　）

2. 环境成本管理控制的事中处理比较被动化，对企业加强环境成本管理控制没有什么太大的作用。（　　）

3. 比较而言，全生命周期法侧重于对已确认的环境成本的计量和分配，而作业成本法主要侧重于对环境成本的全程管理，可以考虑这两种方法的结合使用。（　　）

4. 事前规划法是指综合考虑整个生产工艺流程，把未来可能的环境支出进行分配并进入产品成本预算系统，提出各项可行的生产方案。（　　）

5. 要获得有效的控制环境成本的方法，明确环境成本的意义是首先需要解决的问题。（　　）

6. 环境成本控制是建立环境成本对象和环境成本动因之间的适当关系，用以准确预测环境成本的过程。（　）

7. 对于环境成本的核算，首先要解决的是关于环境成本资本化和费用化的界限问题。（　）

四、简答题

1. 环境成本的概念是什么？
2. 简述环境成本管理的意义。
3. 环境成本管理的内容包括哪些？
4. 环境成本管理的方法有哪些？
5. 环境成本控制方法有哪些？